आधुनिक भारत के निर्माता

टैगोर

उज्ज्वल भट्टाचार्य

सम्पादन

अशोक कुमार पाण्डेय

राजपाल

ISBN : 9789393267306

पहला संस्करण : 2023 © उज्ज्वल भट्टाचार्य

AADHUNIK BHARAT KE NIRMATA : TAGORE (Biography)

by Ujjwal Bhattacharya

राजपाल एण्ड सन्ज़

1590, मदरसा रोड, कश्मीरी गेट, दिल्ली–110006
फ़ोन : 011–23869812, 23865483, 23867791
e-mail : sales@rajpalpublishing.com
www.rajpalpublishing.com
www.facebook.com/rajpalandsons

क्रम

भूमिका 7

ठाकुर परिवार की गंगोत्री 15

द्वारकानाथ ठाकुर – पहले वैश्विक भारतीय 19

ईशावास्यमिदं सर्वं 24

अकेला बचपन 30

पिता से पुत्र का परिचय 35

नयने प्रेम उथल जाय 39

पहली विलायत यात्रा 44

निर्झर का जागरण 48

चोखेर बाली या आँख की किरकिरी 54

आमार सोनार बांग्ला 58

गोरा का यक्षप्रश्न 62

घर में बाहर और बाहर घर की दुनिया 67

ज़मींदारी और आसमानदारी 71

सोने की नाव की यात्रा 76

ज़मीन और जीवन से जुड़ा कहानीकार 81

पाश्चात्य के प्रांगण में प्राच्य का कवि 85

नोबेल पुरस्कार और अवसाद 89

अध्यात्म में अस्मिता की तलाश 93

अन्तरंग रवीन्द्रनाथ 98

यायावर रवीन्द्रनाथ	103
दुनिया तो बाहर है	107
विश्वमानव की विडंबनाएँ	113
गाँधी और रवीन्द्रनाथ	118
कौन है अधिनायक ? : राष्ट्रगान विवाद	123
प्रकृति की गोद में शिक्षा : शान्तिनिकेतन	127
रवीन्द्रनाथ, आप इटली क्यों आये ?	131
इससे पहले कि दिन ढल जाय	136
अवसान के दौर में रविरंग	141
शब्द और सुर का स्वर्गिक मिलन	145
तीर्थयात्रा पूरी हुई	149
दिल अभी भरा नहीं	154
सभ्यता के संकट के सम्मुख	159
कौन हो तुम ? जवाब नहीं मिला	164
संदर्भ ग्रंथ सूची	170
जीवन घटनाक्रम	173

भाई प्रदीप की स्मृति को निवेदित

इक्कीसवीं शताब्दी में रवीन्द्रनाथ

आज यदि रवीन्द्रनाथ होते तो क्या कहते? क्या उनके पास कुछ कहने को होता? अगर कुछ कहने को होता, तो क्या उसे वह अपने जीवन में, अपनी रचनाओं में कह गये हैं? रवीन्द्रनाथ के जीवन पर नज़र डालते हुए बार-बार ये सवाल मेरे मन को कुरेदते रहे हैं।

रवीन्द्रनाथ को अक्सर उन्नीसवीं सदी में बंगाल में उभरे तथाकथित रेनेसां के दायरे में देखा जाता है। मुझे लगता है कि इस दायरे में रवीन्द्रनाथ को देखने की वैसी ही सीमाएँ हैं, जैसी कि इस रेनेसां की थी। कहा जा सकता है कि रवीन्द्रनाथ से पहले इस रेनेसां के तीन प्रमुख प्रतिनिधि थे : उसके जनक राममोहन राय, जिनकी कोशिशें मोटे तौर पर सतीप्रथा के उन्मूलन और मूर्तिपूजा के विकल्प की स्थापना पर केन्दित थीं; डिरोज़ियो के नेतृत्व में 'यंग बंगाल', जिसका प्रभाव पढ़े-लिखे मध्यवर्ग के विद्रोही अभिजात युवकों के एक छोटे से हिस्से तक सीमित था; और ईश्वरचंद्र विद्यासागर, जिन्हें आधुनिक शिक्षा के प्रसार के क्षेत्र में तो उल्लेखनीय सफलता मिली, लेकिन विधवा विवाह का उनका अभियान तत्कालीन भद्र बंगाली समाज में स्वीकृत नहीं हो पाया। इन तीनों में एक समानता देखी जा सकती है : वे ठोस सामाजिक मुद्दों तक सीमित थे। उनके पीछे समाज के समग्र विकास की छिपी हुई धारणा अगर थी भी तो वह उभरकर सामने नहीं आई। समाज में इन मुद्दों की प्रासंगिकता जैसे-जैसे घटती गई, अगली पीढ़ियों के लिये उनकी प्रासंगिकता भी घटती गई—इतिहास की वेदी पर उनकी मूर्तियाँ स्थापित कर उन्हें पूजा जाने लगा।

इनके अलावा और एक महत्त्वपूर्ण समानता है : ये प्रतिनिधि सामाजिक-बौद्धिक जगत में प्रतिष्ठित हो चुके थे। एक विकासवादी (developmental) दृष्टिकोण के साथ इन्होंने समाज सुधार का बीड़ा उठाया था। सुधार का उनका मिशन ऐसे लोगों का उद्धार था, जो उनसे नीचे या कमतर थे।

यह सच है कि अभिजात परिवार की सन्तान के रूप में रवीन्द्रनाथ भी प्रतिष्ठित थे, उनमें भी विकासवादी दृष्टिकोण था, जिनका सुधार वह चाहते थे,

ऐसे लोग उनसे नीचे और कमतर थे। लेकिन वह लगातार दबे हुए आम लोगों के सशक्तीकरण पर ज़ोर देते रहे, उनका मानना था कि यही लोग इतिहास की चालक शक्ति बनेंगे। उनका यह दृष्टिकोण एक प्रक्रिया के रूप में लगातार विकसित होता रहा। इस सन्दर्भ में एक घटना प्रतीकात्मक है। जब पिता के आदेश पर ज़मींदार के रूप में वह साजादपुर गये और उन्होंने देखा कि ज़मींदार ऊँची चौकी पर बैठते हैं और उसकी प्रजा नीचे ज़मीन पर, तो उन्होंने सबसे पहले यह आदेश दिया कि अब से दोनों एक ही फ़र्श पर बैठेंगे।

और सबसे बड़ा अन्तर यह था कि रवीन्द्रनाथ एक कवि थे—अपनी अस्थिमज्जा तक कवि थे। उनका सामाजिक व्यक्तित्व, ऐतिहासिक व्यक्तित्व उनके कवि व्यक्तित्व में से, उनकी कवि सत्ता के साथ-साथ विकसित हुआ। यह एक क्रमागत प्रक्रिया थी, जो किशोरावस्था से शुरू होकर जीवन के अन्तिम दिनों तक चलती रही। इस सन्दर्भ में किसी हद तक गाँधी से उनकी तुलना की जा सकती है।

रवीन्द्रनाथ के जीवन पर नज़र डालते हुए दो बातें विशेष रूप से उभरकर सामने आती हैं। पहली बात है उनकी अतुलनीय प्रतिभा, जिसकी अभिव्यक्ति साहित्य, कला, संगीत के सभी पक्षों में देखने को मिलती है। अपनी सृष्टि के ज़रिये उन्होंने नये मानक तैयार किये, उनकी उत्तराधिकारी पीढ़ियों को उसका अनुगमन करना पड़ा। कुछ उनकी नकल करते हुए विस्मृति के गर्भ में चले गये तो कुछ विद्रोही तेवर अपनाते हुए अन्ततः उन्हीं की विरासत को आगे बढ़ाते रहे। यह बात ख़ासकर बांग्ला कविता के क्षेत्र में दिखाई देती है, लेकिन छायावाद के कवियों पर भी उनका प्रभाव स्पष्ट है।

दूसरी बात यह है कि रवीन्द्रनाथ अपने समय के भी प्रतिनिधि थे। यह तेज़ी से बदलता हुआ समय था, जहाँ पुराने मूल्य टूट रहे थे, नये बन रहे थे। यह प्रक्रिया उनके जीवन व उनकी रचनाओं -में भी दिखाई देती है, साथ ही, अपने समय को उन्होंने निर्णायक रूप से ढाला। यह समय मनीषियों का समय था, गाँधी, ज्योतिबा फुले, पेरियार व उसके बाद, नेहरू, अम्बेडकर का समय, जमशेदजी टाटा का समय, विश्वेश्वरैया का समय। अंगड़ाई लेती हुई भारतीय आधुनिकता निर्मित, विकसित, परिभाषित हो रही थी। आधुनिकता के केंद्र में थी राष्ट्र की परिकल्पना, व इन सभी मनीषियों ने अपने-अपने क्षेत्र में उस परिकल्पना को तैयार करने में ऐतिहासिक योगदान दिया।

रवीन्द्रनाथ के जीवन की यात्रा बाकी मनीषियों से अलग थी। कहा जा सकता है कि अपनी कविता, अपने साहित्य के ज़रिये उन्होंने दुनिया को पहचाना।

रचनाधर्मिता उन्हें वैचारिक उन्मेष के लिये प्रेरित करती रही। स्वत:स्फूर्त ढंग से उनकी पंक्तियाँ आती गईं, शब्द आते गये, और ऐसा लगता है कि मानो उनमें उन्होंने ख़ुद को पहचाना, वे उन्हें रास्ता दिखाते गये।

यह सिर्फ़ कवि का अनुभव नहीं था, उनके पाठकों, और उससे भी बढ़कर उनके संगीत के रसग्राहियों का भी यही अनुभव रहा है। शंख घोष अपने एक अनुभव के बारे में बताते हैं कि एक शाम वे और *भूखी पीढ़ी* के प्रसिद्ध लेखक साथ बैठे हुए थे। अपने स्वभाव के अनुसार बातचीत में वे अक्सर रवीन्द्रनाथ के बारे में कटु टिप्पणियाँ किये जा रहे थे। अचानक बिजली चली गई, बातचीत ठप्प सी हो गई। प्रस्ताव आया कि हर कोई एक गीत गाकर सुनावे और हर किसी ने एक रवीन्द्र संगीत सुनाया। रवीन्द्रनाथ ने ख़ुद भी एक बार कहा था कि लोग अगर बाकी सब कुछ भूल जाएँ, उनका संगीत नहीं वे भूलेंगे।

~

अपने निजी अनुभव के बारे में अगर कहा जाय तो मुझे ठीक-ठीक याद नहीं है कि रवीन्द्र संगीत कब मेरे जीवन में आया। जिस तरह बच्चे हिन्दी फ़िल्म गीत में रम जाते हैं, उसी प्रकार मेरे माहौल में रवीन्द्र संगीत था, और यह पता लगाना मुश्किल है कि कब मैंने चेतन रूप से उन्हें अपनाया। इतना ज़रूर याद है कि *सचित्र रामायण* के बाद मेरे बचपन में दूसरी किताब थी उनका काव्यग्रंथ *शिशु*, जिसकी अनेक कविताएँ मुझे जल्द ही याद हो गई थीं। छन्द में रची ये कविताएँ उनके पाठ के लिये लुभाती थीं, परिवार व परिचितों की ओर से उत्साह मिलता रहा और इस प्रकार 5-6 साल की उम्र में ही कविता पाठ व उसकी शैली विकसित करने का सिलसिला शुरू हो चुका था, जो ज़िन्दगीभर मेरा साथ देता रहा है। वैसे कविताओं के चयन में उनके प्रारंभिक दौर की ऐसी कविताओं को प्राथमिकता दी गई, मंच पर जिनका पाठ प्रभावशाली होता था।

रवीन्द्रनाथ के साथ परिचय का दूसरा पर्व किशोरावस्था के आरंभ में शुरू हुआ, जबकि अपने वय:धर्म के अनुरूप उनकी रूमानी प्रेम कविताएँ और ख़ासकर उनका उपन्यास *शेषेर कविता* हमख़याल मित्रों के बीच अत्यन्त लोकप्रिय होता था। इन कविताओं के साथ प्रेम पर आधारित उनके गीत अक्सर हमारे साथी होते थे। यहाँ यह भी उल्लेखनीय है कि इसी दौर में कविताओं के प्रति पनपा आकर्षण विदेशी कविता के जगत को निकट लाता रहा, और उसने विश्व कविता के परिप्रेक्ष्य में देखने की प्रारंभिक समझ पैदा की। यह भी उस उम्र का तकाज़ा था कि यह पता ही न चला कि रवीन्द्रनाथ कब हमारे लिये एक रूमानी कवि

से सामाजिक व राजनीतिक सरोकार के रचनाकार बन गये। लेकिन अभी भी मैं उनकी ऐतिहासिकता और आध्यात्मिकता के उनके सम्पूर्ण आयाम की समझ से काफ़ी दूर था। कहा जा सकता है कि उनके साहित्य की महानता से अभिभूत होकर उनकी आध्यात्मिकता को उदार मन से स्वीकार कर लेता था। उसके महत्त्व या गहराई में झाँकने की ज़रूरत महसूस नहीं हुई।

इन अनुभवों का उल्लेख इसलिए प्रासंगिक है, क्योंकि न केवल रवीन्द्र रचना व रवीन्द्र जीवन का आयाम विशाल है, उसकी रसग्राहिता के भी विभिन्न स्तर और आयाम रहे हैं। मेरा अनुभव—कम या अधिक—बहुतों का अनुभव हो सकता है।

और आनेवाले वर्षों में रवीन्द्रनाथ के साथ मेरे अनुभव का तीसरा दौर तत्कालीन सांस्कृतिक-राजनीतिक इतिहास व उनकी जीवन कथा के समानान्तर उनकी रचनाओं के पाठ के साथ शुरू हुआ। यह दौर आज भी जारी है।

1880 के आस-पास ही रवीन्द्रनाथ का सक्रिय सृजनात्मक जीवन शुरू हो चुका था। भारतीय राष्ट्रीय कांग्रेस का जन्म पाँच साल बाद हुआ, ईस्ट इंडिया कम्पनी के खिलाफ़ देशव्यापी विद्रोह के बाद दो दशक से अधिक समय बीत चुका था। 1880 में तिलक ने युवाओं की वैकल्पिक शिक्षा के लिये माध्यमिक अंग्रेज़ी स्कूल की स्थापना की, 1882 में बंकिमचंद्र ने *आनन्दमठ* व उसके चार साल बाद *कृष्णचरित* की रचना की और इतिहास खंगालते हुए एक नयी राष्ट्रीय अस्मिता की तलाश शुरू हुई। मार्के की बात है कि 1857 के विपरीत इस तलाश में राजनीतिक विमर्श से पहले ही शिक्षा व संस्कृति के क्षेत्र में विमर्श हो चुका था। आज की दृष्टि से राष्ट्र का विमर्श साम्प्रदायिक विमर्श था और जल्द ही उसकी सीमाएँ स्पष्ट हो गईं।

इस भूमिका में रवीन्द्रनाथ की जीवन कथा कहने का कोई इरादा नहीं है, सिर्फ़ आज के परिप्रेक्ष्य में उन्हें समझने के लिये उस समय की ऐतिहासिक पृष्ठभूमि को रेखांकित करना चाहता हूँ। अपनी पारिवारिक पृष्ठभूमि में भी रवीन्द्रनाथ को उस समय बंगाल के सांस्कृतिक जगत की दो लगभग परस्पर विरोधी धाराएँ विरासत में मिलीं। पितामह द्वारकानाथ अगर रेनेसां के प्रतिनिधि थे तो पिता देवेन्द्रनाथ में रेनेसां से कहीं अधिक रिफ़ॉर्मेशन के तत्व देखने को मिलते थे। और रवीन्द्रनाथ ख़ुद? किशोरावस्था में ही अगर पाश्चात्य समाज की उदारता ने उन्हें मुग्ध किया तो उसके कृत्रिम चरित्र के खोखलेपन ने उन्हें अपनी सभ्यता की अक्सर रूढ़िवादी परम्पराओं की ओर धकेला—1899-1900 के दौरान लेखों से लेकर 1905 के बंगभंग विरोधी आन्दोलन में सक्रिय भागीदारी

के दौर में इसे देखा जा सकता है।

मुझे लगता है कि 1905 से लेकर 1915 तक का दौर—यानी बंग भंग विरोधी आन्दोलन से उपजी निराशा से लेकर नोबेल पुरस्कार की प्राप्ति के बाद अवसाद का दौर—उनके जीवन में सांस्कृतिक-सार्वजनिक व्यक्तित्व के गठन का दौर रहा है। पहले के दौर की कुंठाओं और जड़ताओं से उबरते हुए इसी दौर में एक उन्मुक्त उदारता की ओर उनकी यात्रा शुरू होती है, जिसका समापन अस्सी वर्ष की उम्र में सभ्यता के संकट की चेतना के साथ-साथ मानवता की आन्तरिक शक्ति में असीम आस्था के साथ होता है।

~

जिस रवीन्द्रनाथ को नोबेल पुरस्कार मिला वह एक अधूरे रवीन्द्रनाथ थे, उनकी सर्वव्यापी प्रतिभा का उन्मेष अभी बाकी था। लेकिन विश्व के सांस्कृतिक-साहित्यिक इतिहास में यह घटना अभूतपूर्व थी। पहली बार साहित्य-संस्कृति की यूरोपीय-केन्द्रिक मुख्यधारा में प्राच्य के सांस्कृतिक उत्पादन को स्थान मिला। सांस्कृतिक आकाश में एक धूमकेतु की तरह वह उभरे, उस दौर के मूर्धन्य सांस्कृतिक मसीहे के रूप में वह लोकप्रिय हुए, उतनी ही तेज़ी से उनकी लोकप्रियता घटी, लगभग मिट सी गई, और आज तक फिर कभी उस शिखर को छू न सकी।

मुझे नहीं लगता कि रवीन्द्रनाथ उस लोकप्रियता से प्रभावित नहीं हुए, और उसके घटते रहने से उन्हें निराशा नहीं हुई। बल्कि ऐसा भी कहा जा सकता है कि अन्तर्राष्ट्रीय प्रतिष्ठा में निहित अपनी भूमिका के बारे में वह कहीं अधिक सचेत हो गये। लेकिन उस लोकप्रियता या उसके घटने को उन्होंने अपनी चेतना, अपने कर्म के विकास का मानक नहीं बनाया।

इसमें कोई दो राय नहीं कि रवीन्द्रनाथ की वैश्विकता—और आधुनिकता - सामाजिक-राजनीतिक शब्दावलियों के मुकाबले आध्यात्मिक शब्दावलियों में ज़्यादा प्रभावशाली रूप में अभिव्यक्त होती थी। इसलिए ख़ासकर यूरोप में (वैसे भारत में भी) लोग उनके बारे में ग़लतफ़हमी के शिकार होते रहे। वे उनकी प्राच्य की आध्यात्मिकता से मुग्ध हुए, और फिर निराश भी। रवीन्द्रनाथ आध्यात्मिकता की गहराई से उभरे, आध्यात्मिकता को उन्होंने अपनाया, और जीवनभर उसे विखंडित करते रहे। विखंडन की इस प्रक्रिया से जन्म लेता है यूरोकेन्द्रिक आधुनिकता के विपरीत एक वैकल्पिक आधुनिकता का उनका चिन्तन, जो प्राच्य के समावेश के ज़रिये इतिहास को यूरोप के शिकंजे से मुक्त करने का प्रयास करता है।

इस पूरी प्रक्रिया में अपने समय के राष्ट्रीय व अन्तर्राष्ट्रीय मनीषियों से

रवीन्द्रनाथ कुछ अलग ही ढंग से उभरते हैं, जो उन्हें हमारे समय तक ले आता है। पहली बात यह है कि रवीन्द्रनाथ से पहले किसी भी भारतीय लेखक ने स्त्री विमर्श को अपने साहित्य के केन्द्र में नहीं रखा था। दूसरी महत्त्वपूर्ण बात है उनका राष्ट्र व राष्ट्रवाद विमर्श। राष्ट्रवाद को सम्पूर्ण रूप से नकारते हुए वह राष्ट्र को सभी संकुचित धारणाओं से मुक्त करते हैं, और ऐसा करते हुए समृद्ध परम्पराओं से जुड़े रहते हैं। तीसरा तत्व सशक्तीकरण से जुड़ा हुआ है। गाँधी के नेतृत्व में राष्ट्रीय आन्दोलन से उनके बुनियादी मतभेद इस विचार में निहित थे कि स्वतंत्रता आन्दोलन ऊपर से थोपा हुआ नहीं होना चाहिए, हाशिये के लोगों सहित जनता की चेतना से उसका विकास होना चाहिए। इसमें स्वतंत्रता की एक नयी समझ छिपी हुई थी, जो उनके समय में विरल थी।

इनके अलावा उनके चिन्तन में और एक तत्व छिपा हुआ है, जिस पर अब तक कम ध्यान दिया गया है। चाहे समाज हो या साहित्य—सारे अकादमिक विमर्श में इतिहास को अलग-अलग खाँचों में डालकर देखने की परम्परा है। शायद एक समझ तैयार करने के लिये उसकी ज़रूरत भी हो, लेकिन इस प्रवृत्ति के चलते उसकी समग्रता अक्सर आँखों से ओझल हो जाती है। रवीन्द्रनाथ इतिहास को एक निरन्तर प्रक्रिया के रूप में देखते थे। उनकी यह दृष्टि उनकी आध्यात्मिकता से आई थी। एक कविता में वह कहते हैं :

असीम आकाश में महातपस्वी
महाकाल है जगा हुआ।
जिसे आज भी कोई न जाने,
कहीं भी जिसे न पहचाने,
उस अभावित कल्पनातीत के
आविर्भाव की प्रतीक्षा में
महाकाल है जगा हुआ।

रवीन्द्र विमर्श-समृद्ध होने पर भी—अक्सर रवीन्द्रनाथ के अधूरे पाठ व ज्ञान पर आधारित रहा है।

बहरहाल, कुछ विद्वानों के चिन्तन व कार्य की समग्रता उल्लेखनीय रही है। इस सिलसिले में मैं सबसे पहले उनके जीवनीकार प्रशान्त कुमार पाल का नाम लेना चाहूँगा। वह 12 खंडों में रवीन्द्रनाथ की जीवनी लिख रहे थे, नौ खंडों के बाद उनका देहान्त हो गया था। लगभग हर साल शान्तिनिकेतन की यात्रा के दौरान मुझे सात-आठ बार उनसे मिलने का मौक़ा मिला था, दो-तीन बार लम्बी बातचीत भी हुई थी। किसी-न-किसी रूप में उनका प्रभाव मुझ पर

पड़ा है। इस पुस्तक में अधिकतर बांग्ला स्रोतों का उपयोग किया गया है, उनकी एक सूची पुस्तक के अन्त में दी गई है।

मेरा छोटा भाई प्रदीप सिर्फ़ तीन अध्याय पढ़ पाया था, फिर कोरोना दौर में वह असमय चला गया। उसकी प्रखर आलोचनात्मक दृष्टि का अभाव खलता रहा। पुस्तक के सम्पादक व अनुज मित्र अशोक कुमार पांडेय हर अध्याय के पहले पाठक रहे। साथ ही बचपन के मित्र व किशोरावस्था से ही रवीन्द्र साहित्य के पठन में मेरे साथी अमिताभ चक्रवर्ती भी नियमित पाठक रहे। इन दोनों के समर्थन व सुझाव के लिये आभार एक छोटा सा शब्द होगा।

1 नवंबर 2021 **—उज्ज्वल भट्टाचार्य**

कोलोन, जर्मनी

ठाकुर परिवार की गंगोत्री

> भारतीय परम्परा में इतिहास और गाथाएँ, यथार्थ और मिथक के अंत:सूत्र इतनी जटिलता से गुँथे हैं कि यह कहना अक्सर आसान नहीं होता कि एक कहाँ समाप्त हो जाता है और दूसरा कहाँ से शुरू हो जाता है। और यह अकारण नहीं है कि जब हम ठाकुरों जैसे महत्त्वपूर्ण परिवार की वंश परम्परा के सूत्र ढूँढ़ने लगते हैं तो हम बहुत जल्द ही प्रचलित रूढ़ियों और पारिवारिक कथाओं के गलियारों में खो जाते हैं और उसी अतीत में से हमें अपनी राह बहुत सावधानी से चुननी है।
>
> —कृष्ण कृपलानी, *रवीन्द्रनाथ एक जीवनी*

किंवदंतियों और मिथकों के पीछे से झाँकता हुआ इतिहास तथ्यनिष्ठ भले ही न हो, रोचक होता है। भारत में इतिहास की यह परम्परा आज भी चली आ रही है। मिथक और इतिहास के बीच द्वंद्व भी जारी है, और अकादमिक विमर्श में भले ही इतिहास का वर्चस्व हो, जनमानस में मिथकों का ही दबदबा है। रवीन्द्रनाथ के परिवार का इतिहास भी मिथकों के तले दबा हुआ है।

कुलीन ब्राह्मणों का मिथकीय इतिहास

कुलीन ब्राह्मणों की परम्परा ऐसी ही एक मिथक है। ऐतिहासिक प्रमाण न होने के बावजूद उसकी कुल परम्परा ढीले-ढाले रूप में आज तक चली आ रही है। कहा जाता है कि आठवीं से ग्यारहवीं शताब्दी के बीच किसी समय में बंगाल के राजा आदिशुर ने महायान बौद्ध धर्म के प्रभाव से दूषित ब्राह्मण परम्परा को फिर से जागृत करने के लिये कान्यकुब्ज से पाँच वेदज्ञ सद्ब्राह्मणों को अपने राज्य में आमंत्रित किया। ये थे शांडिल्य गोत्र के क्षितीश, वत्स्य गोत्र के सुधानिधि, सावर्ण गोत्र के सौभरि, भारद्वाज गोत्र के मेधातिथि और कश्यप गोत्र के वीतराग। इन परिवारों ने अपने आपको कुलीन, यानी उच्च कुल का घोषित कर दिया। वीतराग के पौत्र धीर को राजा आदिशुर के पुत्र भूशुर ने गुड़ नामक एक गाँव की

ज़मींदारी प्रदान की। उनके परिवार की यह शाखा धीरगुड़ के नाम से प्रसिद्ध हुई। इस परिवार की सातवीं पीढ़ी के रघुपति आचार्य दंडी अंतिम दिनों में संन्यासी हो गए थे और काशीवास के दौरान दंडी समाज ने उन्हें उपहार के रूप में सोने की दंडी दी थी। इसके बाद से यह परिवार कनकदंडी गुड़ के नाम से जाना जाने लगा। कनकदंडी गुड़ों की एक शाखा को यवनों के साथ सम्पर्कों के कारण पतित घोषित कर दिया गया। इसकी भी कहानी काफ़ी दिलचस्प है।

बंगाल पर तुर्क-पठानों के कब्ज़े के बाद वहाँ के ब्राह्मणों के बीच दो रुझान देखने को मिले। एक ओर जहाँ सम्पन्नता के लोभ में अनेक ब्राह्मण शासकों के नज़दीक आये, वहीं दूसरी ओर शुचिता की रक्षा के लिये सामाजिक नियम कड़े किये गये व उनका उल्लंघन करने वालों को पतित घोषित किया गया। अक्सर पंडितों को उदार मन से दक्षिणा देते हुए इन अनुशासनों से छूट मिल जाती थी, लेकिन कम सम्पन्न परिवार इसके शिकार होते रहे। इन पतितों में से कुछ लोग मुसलमान हो गये, कुछ अपना पुश्तैनी गाँव छोड़कर दूसरे इलाक़ों में चले गये, कुछ सामाजिक बहिष्कार सहते हुए पतित का जीवन जीते रहे।

तुर्क शासन के दौरान ख़ान जहान अली को दक्षिण बंगाल के चेंगुटिया परगना की जागीर मिली थी। उनके दीवान थे ताहिर ख़ान, जो पहले ब्राह्मण थे लेकिन एक मुसलमान स्त्री से प्रेम हो जाने के कारण मुसलमान हो गये थे। वह पिरलिया गाँव के थे, इसलिए उन्हें पिरलिया ख़ान भी कहा जाता था। कनकदंडी गुड़ परिवार के दो भाई कामदेव और जयदेव ताहिर ख़ान के प्रधान कर्मचारी थे। दोनों भाइयों को ज़मींदारी भी दी गई। वे रायचौधरी कहलाने लगे।

कामदेव से कमाल ख़ान

किंवदंती के अनुसार एक बार रोज़े के दौरान ताहिर या पीर अली ख़ान एक नींबू सूँघ रहे थे। कामदेव ने मज़ाक में उनसे कहा : हमारे शास्त्र में कहा गया है— घ्राणेन अर्धभोजनं। यानी आपका रोज़ा तो टूट गया। मुसलमान होने के बावजूद ताहिर ख़ान ब्राह्मण सन्तान थे। बात उन्हें समझ में आ गई, लेकिन वह चुप रहे। कुछ दिनों के बाद उन्होंने एक जलसे का आयोजन किया, जिसमें ब्राह्मणों को भी बुलाया गया था। वहाँ पास ही में गोमांस पक रहा था। उसकी महक पाकर अनेक ब्राह्मण उठकर चले गये। लेकिन ताहिर ने कामदेव और जयदेव को पकड़कर कहा कि घ्राण से अगर अर्धभोजन होता है, फिर गोमांस की महक से तो तुम जातिभ्रष्ट हो चुके हो। दोनों भाई भागने की कोशिश कर रहे थे, लेकिन ताहिर के लोगों ने ज़बरदस्ती उनके मुँह में गोमांस भर दिया। कम-से-कम ब्राह्मण समाज में ऐसी

ही अफ़वाह फैल गई और उन्हें समाज से बाहर कर दिया गया। वे मुसलमान हो गये। कामदेव अब कमाल ख़ान और जयदेव जमाल ख़ान कहलाने लगे। उनके परिवार के लोगों और रिश्तेदारों को पिराली नाम के अनुसार पीर अली ब्राह्मण कहा जाने लगा। उनमें से अनेक लोगों को जातिभ्रष्ट घोषित कर दिया गया। ब्राह्मणों का सामाजिक अत्याचार जब असहनीय होने लगा, तो कामदेव-जयदेव के बाकी दोनों भाई रतिदेव और शुकदेव गाँव छोड़कर चले गये। शुकदेव को अपनी बेटी के विवाह की चिंता लगी हुई थी। आख़िरकार पिठाभोग के श्रोत्रिय ब्राह्मण ज़मींदार जगन्नाथ कुशारी के साथ बेटी की शादी हो गई। लेकिन इस शादी के बाद ब्राह्मणों ने दामाद जगन्नाथ कुशारी को भी पतित घोषित कर दिया। वह ससुराल में रहने लगे। शुकदेव ने उन्हें उत्तरपाड़ा गाँव की ज़मींदारी दिलवा दी।

घर जमाई की परम्परा और पटरी पर ज़िन्दगी

जगन्नाथ कुशारी ठाकुर परिवार के आदिपुरुष थे। जगन्नाथ की पाँचवीं पीढ़ी में दो भाई महेश्वर और शुकदेव पारिवारिक झगड़े से परेशान होकर कलिकाता गाँव के दक्षिण में गोविन्दपुर आकर रहने लगे। बाद में शुकदेव अपने भतीजे पंचानन के साथ आदिगंगा के किनारे सुतानुटी के पास आकर रहने लगे। उस समय वहाँ बसाक और दत्तचौधरी नामक व्यापारियों की काफ़ी धाक थी। अंग्रेज़ भी वहाँ आये हुए थे और व्यापार करने लगे थे। इसके अलावा वहाँ मछुआरों की बस्ती थी। ये सभी शुद्र थे और वहाँ कोई ब्राह्मण परिवार नहीं था। स्थानीय लोग बहुत ख़ुश हुए और उनके रहने की व्यवस्था कर दी। श्रद्धा के साथ उन्हें ठाकुर या देवता कहा जाता था। धीरे-धीरे उनका पारिवारिक नाम लुप्त हो गया और वे ठाकुर नाम से ही परिचित हुए। आदिगंगा के मुहाने पर अंग्रेज़ों के जहाज़ आते थे और पंचानन उनके लिये रसद की आपूर्ति करते थे। कम्पनी की खाताबही में ठाकुर को Tagore लिखा जाने लगा, और इस प्रकार इस परिवार के लोगों को और बाद में सारे विश्व में रवीन्द्रनाथ को इसी नाम से जाना जाने लगा।

कोलकाता के केंद्र में आज जहाँ धर्मतला, मैदान व फ़ोर्ट विलियम है, वहीं ठाकुर परिवार ने ज़मीन-जायदाद खरीदी थी। ईस्ट इंडिया कम्पनी ने बहुत अच्छी क़ीमत देकर यह सम्पत्ति खरीद ली, क्योंकि उन्हें क़िला बनाते हुए इसी इलाक़े में नया शहर बसाना था। इसके बाद ठाकुर परिवार के नीलमणि ने पाथुरेघाटा में रहना शुरू किया। कलिकाता नामक गाँव में यह ठाकुर परिवार का पहला निवास स्थान था। यहाँ उन्होंने काफ़ी ज़मीन खरीदकर मकान बनाये, जहाँ उनका विशाल परिवार व इस बीच उनके आश्रित रिश्तेदार रहने लगे। कम्पनी को जब

मुग़ल दरबार से बंगाल-बिहार-उड़ीसा की दीवानी मिली, तो नीलमणि ठाकुर को उड़ीसा में कलक्टर के सेरेस्तादार (लेखे-जोखे के प्रमुख) के रूप में नियुक्त किया गया। वहाँ से होने वाली कमाई वह कलकत्ता भेज देते थे, और उनके भाई दर्पनारायण ज़मीन-जायदाद खरीदकर व व्यापार में पैसा लगाकर पारिवारिक सम्पत्ति बढ़ाये जा रहे थे।

ऐसा लगता है कि मानो पारिवारिक कलह-क्लेश इस परिवार को विरासत में मिला हुआ था। दोनों भाइयों में सम्पत्ति को लेकर झगड़ा शुरू हो गया, और वे अलग हो गये। नीलमणि ने एक लाख रुपये लेकर पाथुरेघाटा की सम्पत्ति अपने भाई को सौंप दी, और 1784 में मछुआ बाज़ार में अपना नया मकान बनाया। यह वारेन हेस्टिंग्स के शासन के अंतिम दिन थे। यही इलाक़ा बाद में जोड़ासाँको कहलाया।

ईस्ट इंडिया कम्पनी से गहरे सम्बन्धों के चलते ठाकुर परिवार की सम्पत्ति बढ़ती जा रही थी। वे सम्पन्न ज़मींदारों में गिने जाने लगे थे और यह पारिवारिक आय का स्थाई स्रोत था। लेकिन परिवार की ऊर्जा कम्पनी के मातहत विकसित हो रही वाणिज्यिक पूँजी से जुड़ने में लगी हुई थी। सदाचार और सम्पत्ति के कारण नीलमणि ठाकुर की ख्याति फैलने लगी थी, और निष्ठावान ब्राह्मण परिवारों में अपने बेटे-बेटियों की शादी करवाने में उन्हें किसी परेशानी का सामना नहीं करना पड़ा। लेकिन दामाद भी ग़रीब परिवारों के होते थे, और ठाकुर परिवार में दामादों को घर-जमाई के रूप में पालने का सिलसिला चल पड़ा, जो रवीन्द्रनाथ के समय में भी जारी रहा।

नीलमणि के पुत्र रामलोचन ठाकुर इस परिवार से निकले पहले शहरी भद्रलोक थे। वेशभूषा, कला व संगीत से प्रेम आदि के चलते समाज में उनकी प्रतिष्ठा थी। यह वह समय था, जब कलकत्ता के बंगाली समाज में भद्रलोक समुदाय अंकुरित हो रहा था। रामलोचन नि:सन्तान थे, और उन्होंने अपने भतीजे द्वारकानाथ को गोद लिया था। द्वारकानाथ अत्यंत प्रतिभाशाली थे, और बचपन में ही उन्होंने फ़ारसी और अंग्रेज़ी का अच्छा ज्ञान प्राप्त कर लिया था। इसके चलते बहुत कम उम्र में ही उन्होंने कम्पनी के कर्मचारियों के सहयोग से व्यापार के क्षेत्र में कदम रखा। द्वारकानाथ के साथ ठाकुर परिवार का व्यापारिक व साथ ही, सामाजिक-सांस्कृतिक उत्कर्ष का एक नया दौर शुरू हुआ।

द्वारकानाथ ठाकुर - पहले वैश्विक भारतीय

मुझे लगा था टैगोर परिवार के प्रशंसक इतिहासकारों ने द्वारकानाथ की उपलब्धियों को बढ़ा-चढ़ाकर लिखा होगा, और मैं यह जानकर आश्चर्यचकित हो गया कि जितना उन सबने कहा था, वह उससे बढ़कर थे। एक ब्रिटिश प्रभाव वाली व्यापारिक दुनिया में एक बंगाली ब्राह्मण वास्तव में सत्ता के शीर्ष पर था।

—ब्लेयर वी क्लिंग

ठाकुर परिवार कलकत्ते का एक सम्पन्न परिवार बन चुका था। छोटी ज़मींदारियाँ थीं, कम्पनी के सान्निध्य से अच्छी शहरी कमाई भी हो रही थी, कलकत्ता व उसके आस-पास सम्पत्ति बन रही थी। लेकिन कलकत्ता के सामाजिक-सांस्कृतिक परिवेश में उसका कोई प्रभाव न था।

भारत के पहले उद्योगपति द्वारकानाथ

रवीन्द्रनाथ के दादा द्वारकानाथ के आने के बाद यह स्थिति बदल गई। ईस्ट इंडिया कम्पनी के राज में वह पहले अभिजात थे, जो किसी राजघराने के नहीं, बल्कि नागरिक समाज के थे। इतना ही नहीं, उन्हें भारत का पहला उद्योगपति व पहला बैंकर कहा जा सकता है। उनके जीवनकाल में ठाकुर परिवार आर्थिक रूप से जितना सम्पन्न हुआ, वैसा न उनसे पहले कभी हुआ था, और न ही उनके बाद।

1794 में द्वारकानाथ का जन्म हुआ। परिवार के मुखिया नि:सन्तान रामलोचन ठाकुर ने उन्हें गोद लिया था। रामलोचन का मानना था कि नये ज़माने में बांग्ला और फ़ारसी के साथ-साथ अंग्रेज़ी की शिक्षा भी ज़रूरी है। दस वर्ष की आयु में द्वारकानाथ को अंग्रेज़ी सीखने के लिये शेरबोर्न स्कूल में भेजा गया। स्कूल में वह औसत दर्जे के छात्र थे, लेकिन बाद में उनकी अंग्रेज़ी इतनी अच्छी हो गई कि वह कुशलता के साथ फ़ारसी दस्तावेज़ों का अंग्रेज़ी में अनुवाद कर लेते थे। इंग्लैंड में रानी विक्टोरिया अंग्रेज़ी में बात करने की उनकी क्षमता से अत्यंत प्रभावित थीं।

16 वर्ष की आयु में रामलोचन की मृत्यु हो गई और द्वारकानाथ को घरेलू कारोबार सँभालना पड़ा। वे समझ चुके थे कि नये ज़माने में कारोबार के लिये अंग्रेज़ी क़ानून जानना बहुत ज़रूरी है। बैरिस्टर रॉबर्ट कटलर फ़र्गुसन से उन्होंने अंग्रेज़ों का क़ानून सीखना शुरू किया। उनकी शोहरत फैलती गई व कई बड़े-बड़े ज़मींदार व राजा उनसे क़ानूनी सलाह माँगने लगे। इनमें कासिम बाज़ार के कुमार हरिनाथ राय, जेसोर के राजा वरदाकांत राय, यहाँ तक कि त्रिपुरा का राजपरिवार भी शामिल थे। यह उनकी आय का एक स्त्रोत बना। ज़मींदारियों से ठाकुर परिवार की आय सालाना 30 हज़ार रुपये के बराबर थी। क़ानूनी सलाहकार के रूप में द्वारकानाथ की आय इस बीच 15 हज़ार रुपये तक पहुँच चुकी थी।

लेकिन द्वारकानाथ इतने से संतुष्ट नहीं थे। अपनी ज़मींदारियों को वह कॉरपोरेट दृष्टिकोण के साथ चलाते थे। पुराने नायब-सेरेस्तादारों के ऊपर उन्होंने ब्रिटिश मैनेजर नियुक्त किये, और ज़मींदारी में नील, अफ़ीम, रेशम आदि उपजाने लगे। कृषि उपज के ज़रिये व्यापार के जगत में जाते हुए उन्होंने उद्योग जगत में पैर जमाने का बीड़ा उठाया।

कई वामपंथी आलोचकों ने द्वारकानाथ का मूल्यांकन कम्प्राडोर बुर्जुआ या अंग्रेज़ों के पिछलग्गु पूँजीपति के रूप में किया है। किसी हद तक इस मूल्यांकन से सहमत होते हुए भी कहा जा सकता है कि वह लगातार ऐसी सीमाओं को तोड़ने की कोशिश करते रहे। उनका अभिप्राय केवल अपने व अपने परिवार का ही नहीं, समाज का सशक्तिकरण था। ज़ाहिर है कि उनका समाज वहीं तक था, जितना उन्हें दिखाई देता था।

ईस्ट इंडिया कम्पनी के राज में व्यापार पूँजीवाद का आधार बन चुका था। उसके शिखर पर अंग्रेज़ थे, लेकिन भारतीय व्यापारी भी उनके एजेंट, सप्लायर या कॉन्ट्रैक्टर के रूप में सक्रिय थे। कलकत्ता केन्द्रित इस विकास में पहली पाँत में सुवर्णवणिक नामक शूद्र समुदाय के व्यापारी थे। लेकिन धीरे-धीरे ब्राह्मण और कायस्थ भी इस प्रक्रिया में शामिल हो रहे थे और व्यापारिक पूँजीवाद की प्रारम्भिक संरचनाएँ बन चुकी थीं। द्वारकानाथ की पूर्ववर्ती पीढ़ियाँ कलकत्ता आने के बाद इस वर्ग की प्रतिनिधि बन चुकी थीं। नई बात यह थी कि द्वारकानाथ ने तिजारती पूँजीवाद की संरचनाओं का उपयोग करते हुए औद्योगिक पूँजीवाद की नींव डालने की कोशिश की।

इस रूपान्तरण का एक सामाजिक और राजनीतिक पक्ष भी था। वह समझ चुके थे कि एक शिक्षित वर्ग के विकास के बिना, पुरानी सामाजिक कुरीतियों से मुक्ति पाये बिना ऐसा रूपान्तरण सम्भव नहीं है। समाज को कम्पनी की क़ानून

व्यवस्था से जोड़ना इसकी दूसरी पूर्व शर्त थी। इसके अलावा द्वारकानाथ की परिकल्पना में इस नई व्यवस्था के शिखर पर भारत को अपना चुके अंग्रेज़ों के साथ-साथ प्रबुद्ध व उद्यमी भारतीयों का एक वर्ग होना था।

यही वजह है कि द्वारकानाथ ने सती प्रथा के खात्मे के लिये राममोहन राय की मुहिम का पूरी तरह से समर्थन किया। वह सनातन धर्मी थे, लेकिन राममोहन राय के निराकारवादी ब्राह्म आन्दोलन के प्रति सहानुभूतिशील थे, उसकी मदद करते थे। युवकों की शिक्षा के लिये उस समय हिन्दू कॉलेज व मेडिकल कॉलेज की स्थापना की गई, इनमें प्रमुख आर्थिक योगदान द्वारकानाथ का ही था। उन्होंने प्रत्यक्ष व परोक्ष रूप से बांग्ला व अंग्रेज़ी में कई समाचार पत्रों का प्रकाशन शुरू किया। वह राममोहन राय द्वारा शुरू किये गये साप्ताहिक *संवाद कौमुदि* के सम्पादक थे। ख़ुद उन्होंने अंग्रेज़ी साप्ताहिक *Bengal Herald* व बांग्ला में *बंगदूत* नामक अख़बार प्रकाशित किये। इसके अलावा वह *बेंगाल हरकरा, इंडिया गेजेट* या *इंगलिशमैन* जैसे अख़बारों की आर्थिक मदद करते थे।

द्वारकानाथ के इन प्रयासों के प्रति अंग्रेज़ों का दृष्टिकोण विरोधाभासी था। गवर्नर जनरल विलियम बेंटिंक ने उनके प्रयासों की सराहना की थी। कम्पनी के दूसरे अधिकारियों व अंग्रेज़ व्यापारियों के साथ उनकी गहरी मित्रता थी। उनकी पार्टियों में वे नियमित मेहमान होते थे। लेकिन व्यापारिक प्रतिस्पर्धा थी और इस प्रतिस्पर्धा में अंग्रेज़ व्यापारी सुविधाजनक स्थिति में थे। यही वजह है कि रेलवे लाईन की स्थापना व जहाज़रानी के विस्तार की उनकी कई योजनाएँ पूरी तरह से सफल नहीं हो पाईं।

1828 में ईस्ट इंडिया कम्पनी ने उन्हें बोर्ड ऑफ़ कस्टम्स, सॉल्ट एंड ओपियम का दीवान नियुक्त किया। उस वक़्त उनकी उम्र थी 34 साल। यह अतिरिक्त आय का एक स्रोत होने के अलावा सामाजिक प्रतिष्ठा व व्यापारिक संपर्कों की एक विशाल सम्भावना थी। अगले ही वर्ष उन्होंने भारत के पहले निजी व्यापारिक बैंक 'यूनियन बैंक' की स्थापना की। इस बैंक के अधिकतर शेयर होल्डर ठाकुर परिवार के थे। द्वारकानाथ बोर्ड ऑफ़ डायरेक्टर्स के सबसे प्रभावशाली सदस्य थे। इस बैंक से प्राप्त ऋण की सुविधा के चलते उनका व्यापार और फलने-फूलने लगा। उन्होंने एक अंग्रेज़ साझेदार के साथ 'कार टैगोर कम्पनी' की स्थापना की, जो निर्यात के जगत में एक महत्त्वपूर्ण व्यापारिक प्रतिष्ठान बना। इस कम्पनी में उनके पचास प्रतिशत शेयर थे।

बेलगछिया के बाग में

द्वारकानाथ अत्यंत विलासी व्यक्ति थे। सारे शहर में उनके विलासी जीवन की चर्चा थी। सांध्य विलास के लिये बेलगछिया इलाक़े में यूरोपीय असबाबों से सज्जित उनका एक विशाल बंगला था, जहाँ हर शाम को मांसाहारी भोजन के साथ शराब की नदियाँ बहती थीं। अंग्रेज़ अधिकारियों के अलावा कलकत्ता के ख़ास अभिजात लोगों को वहाँ आमंत्रित किया जाता था। सुरा के साथ सुन्दरियों का भी अभाव नहीं था। उन दिनों कलकत्ता के प्रसिद्ध लोककवि रूपचाँद पक्षी ने एक व्यंग्य कविता में कहा था—

बेलगछिया के बाग में छुरी-काँटे का झनझन
शराब के गुण-अवगुण जाने क्या आम जन
ठाकुर कम्पनी मनाये बनठन

ऐसे व्यभिचारी जीवन के चलते पत्नी दिगम्बरी देवी के साथ उनके सम्बन्ध समाप्त हो गये। उनकी पत्नी ने ब्राह्मण पंडितों को बुलाकर उनसे विधान माँगा। ये पंडित वैसे भी सुधारवादी द्वारकानाथ के खिलाफ़ थे। उन्होंने विधान दिया कि धर्मसम्मत विवाह का विच्छेद नहीं हो सकता,लेकिन ऐसे पति के साथ सहवास की अनुमति नहीं है। इसके बाद द्वारकानाथ ने जोड़ासाँको के ठाकुर भवन के अंत:कक्ष में जाना बन्द कर दिया। अगर कभी दोनों को आमने-सामने होना पड़ता था तो उसके बाद उनकी पत्नी शुद्ध होने के लिये—दिन हो या रात—गंगाजल से नहाती थी। 1839 में दिगम्बरी देवी की मृत्यु के बाद पारिवारिक जीवन से द्वारकानाथ के रहे-सहे सम्पर्क भी खत्म हो गये।

पहली विदेश यात्रा

1842 में इंडिया नामक अपने जहाज़ से पहली बार उन्होंने इंग्लैंड की यात्रा की। वहाँ सम्राज्ञी विक्टोरिया के सांध्य भोज में वह नियमित मेहमान हुआ करते थे। लेखक चार्ल्स डिकेन्स व भारतविद् मैक्सम्युलर के साथ उनके गहन सम्पर्क थे। उदारवादी प्रधानमंत्री ग्लैडस्टोन से भी उनकी बातचीत हुई थी और दोनों ने ब्रिटिश संसद में भारतवासियों के प्रतिनिधित्व के सवाल की चर्चा की थी। लन्दन से वह पेरिस भी गये। यूरोप में भी उनका विलास से भरा जीवन जारी रहा। शाम की पार्टी के हर मेहमान को वह उपहार के रूप में एक भारतीय शॉल ओढ़ाते थे, जिसकी उन दिनों बेहद कद्र थी।

मार्च, 1846 में द्वारकानाथ आखिरी बार के लिये विलायत गये। इस बार उनके साथ उनका छोटा बेटा नगेन्द्रनाथ, भानजा नवीनचन्द्र, निजी चिकित्सक,

सेक्रेटरी, रसोइया और तीन नौकर थे। इसके अलावा वे कलकत्ता मेडिकल कॉलेज के चार छात्रों को अपने साथ ले गये, ताकि वे वहाँ सर्जरी की उच्च शिक्षा प्राप्त कर सकें। जून के अन्त में डचेस ऑफ़ इनफ़ेरनेस की पार्टी में अचानक उनकी तबियत बिगड़ गई। हालत सुधरी नहीं और एक अगस्त को सिर्फ़ 51 वर्ष की आयु में उनका देहांत हो गया। लन्दन के केनसेल ग्रीन की क़ब्रगाह में राजकीय सम्मान के साथ उन्हें दफ़नाया गया। उन दिनों लन्दन में शवदाह का प्रचलन नहीं था।

रवीन्द्रनाथ ने अपनी सम्पूर्ण रचनाओं में सिर्फ़ दो बार अपने दादाजी का ज़िक्र किया है, वह भी शिकायत के लहज़े में और व्यंग्य के साथ। एक पत्र में वह कहते हैं कि एक जीवनी लेखक ने लिखा है कि कवि ने जोड़ासाँको के ठाकुर भवन में द्वारकानाथ के कक्ष को तुड़वाकर नष्ट कर दिया। रवीन्द्रनाथ ने लिखा कि उन्होंने कुछ भी नष्ट नहीं किया है। जो कुछ नष्ट करना था, वह ख़ुद अपने जीवनकाल में नष्ट कर चुके थे। हो सकता है कि अपने पिता के प्रभाव के कारण उनका यह दृष्टिकोण बना। पिता देवेन्द्रनाथ ने भी अपनी आत्मकथा में कहा है कि द्वारकानाथ भारी कर्ज़ पीछे छोड़ गये थे, जिसकी वजह से सारा कारोबार दीवालिया हो गया। लेकिन उन्होंने यह भी कहा था कि पिता उनसे बहुत स्नेह रखते थे लेकिन रवीन्द्रनाथ ने अपने दादा के बारे में कहीं कोई सकारात्मक टिप्पणी नहीं की है।

ईशावास्यमिदं सर्वं

बीसवीं-इक्कीसवीं शताब्दी के धरातल से उन्नीसवीं शताब्दी के मानसिक जगत, उसके मूल्यबोध, उसकी नैतिकता को परखना आसान नहीं है। आसान नहीं, लेकिन ज़रूरी है, क्योंकि आधुनिकता के मानकों के निर्माण का वह प्रारंभिक स्तर आज भी हमारे जीवन को निरूपित करता है। ख़ासकर बंगाल के लिये यह एक रत्नप्रसवा शताब्दी थी। राममोहन राय, ईश्वरचंद्र विद्यासागर, बंकिमचंद्र चटर्जी, मधुसूदन दत्त, रामकृष्ण परमहंस, उनके शिष्य विवेकानन्द और सबसे बढ़कर ठाकुर परिवार की तीन पीढ़ियों के प्रतिनिधि—द्वारकानाथ, देवेन्द्रनाथ और रवीन्द्रनाथ—आधुनिकता के विमर्श में सहयोग, संवाद और विवाद के नये मानक तय कर रहे थे। उनके जीवन पर दृष्टिपात भारतीय आधुनिकता के उद्‌भव और विकास का विवेचन है।

बंगाली आधुनिकता और इसके प्रतिनिधि

मेरी राय में बंगाल में आधुनिकता के पहले दो प्रतिनिधि राममोहन राय और द्वारकानाथ ठाकुर थे। दोनों में गहरी मित्रता थी, सहयोग था, लेकिन उनके कार्यक्षेत्र अलग-अलग थे। दोनों के निजी जीवन के मानकों में भी बुनियादी अन्तर था। राममोहन राय के जीवन में संयम था, कहा जा सकता है कि उन पर विक्टोरियाई, यहाँ तक कि प्रोटेस्टैंट चर्च की शुद्धतावादी नैतिकता का प्रभाव था। इसके विपरीत द्वारकानाथ का उद्दाम व्यक्तिगत जीवन भारतीय सामन्तवादी परम्परा के अनुरूप था। यहाँ कहना ज़रूरी है कि ईस्ट इंडिया कम्पनी के अधिकारी भी भारत में ऐसी नवाबी जीवन शैली अपना चुके थे।

इन दोनों के प्रभाव में द्वारकानाथ के पुत्र देवेन्द्रनाथ का जीवन शुरू हुआ था। साथ ही ठाकुर परिवार की दो महिलाओं—दादी अलोकासुन्दरी और माँ दिगम्बरी देवी ने जीवन के प्रति उनके दृष्टिकोण पर निर्णायक प्रभाव डाला।

1817 में देवेन्द्रनाथ का जन्म हुआ। अपनी आत्मकथा में उन्होंने अपने

बचपन के बारे में बहुत कम लिखा है। सिर्फ़ इतना पता चलता है कि वह अपनी दादी के साये में पल रहे थे। दादी अलोकासुन्दरी द्वारकानाथ की दत्तक माता थीं और द्वारकानाथ की आधुनिक शिक्षा में उनका महत्त्वपूर्ण योगदान था। वह अत्यन्त धार्मिक महिला थीं और धर्म के प्रति देवेन्द्रनाथ के स्वाभाविक आकर्षण में शायद उनकी एक भूमिका थी। देवेन्द्रनाथ लिखते हैं—

> दादी को मुझसे बहुत प्यार था। बचपन में मैं उनके सिवाय किसी को नहीं जानता था। उन्हीं के पास सोता था, बैठता था, खाना खाता था। वह जब कालीघाट जाती थीं तो मैं उनके साथ जाता था। जब वह मुझे छोड़कर जगन्नाथ क्षेत्र और वृन्दावन गई थीं, तो मैं बहुत रोया करता था।

देवेन्द्रनाथ के बचपन में उनके पिता की समृद्धि अभी शुरू नहीं हुई थी, वह एक छोटे ज़मींदार थे। धीरे-धीरे उनका आर्थिक साम्राज्य फैल रहा था। वैसे भी, ठाकुर परिवार की जीवन यात्रा काफ़ी सरल थी, अनेक रिश्तेदारों को वहाँ आश्रय दिया गया था, लेकिन शान-शौकत के लक्षण नहीं थे। प्रारम्भ में घर में ही उन्हें अंग्रेज़ी, बांग्ला, संस्कृत और फ़ारसी—इन चार भाषाओं की शिक्षा दी गई, बाद में इनमें संगीत व कसरत की शिक्षा जोड़ी गई। इसी बीच राममोहन राय ने एक अंग्रेज़ी स्कूल की स्थापना की। इससे पहले द्वारकानाथ की पहल पर हिन्दू कॉलेज की स्थापना हो चुकी थी। लेकिन द्वारकानाथ ने हिन्दू कॉलेज के बदले राममोहन राय के स्कूल में अपने बेटे को भेजा। वहाँ कुछ वर्षों की शिक्षा के बाद चौदह वर्ष की उम्र में वह हिन्दू कॉलेज गए। दो साल तक वह यहाँ के छात्र रहे। शिक्षक हेनरी विवियन डिरोज़ियो के प्रभाव से हिन्दू कॉलेज उस समय विद्रोही चेतना का एक केन्द्र बन चुका था। ह्यूम, रूसो, वोल्तेयर, दिदेरो आदि मनीषियों के विचारों से प्रभावित होकर उसके छात्र हिन्दू परम्पराओं को नकार रहे थे। देवेन्द्रनाथ प्रथम वर्ष के छात्र थे, डिरोज़ियो उनके शिक्षक नहीं थे। इसके अलावा उनके हिन्दू कॉलेज में जाने के चार महीनों के बाद ही कॉलेज समिति के हिन्दू अभिजात सदस्यों के विरोध के चलते डिरोज़ियो को कॉलेज छोड़ना पड़ा। इस प्रकार डिरोज़ियो के साथ देवेन्द्रनाथ का कोई सम्पर्क नहीं बन पाया।

हिन्दू कॉलेज छोड़ने के बाद किशोर देवेन्द्रनाथ पूरी तरह से भोग-विलास के जीवन में डूब गये थे। यह वह दौर था, जब द्वारकानाथ के आर्थिक सितारे बुलन्दी पर थे। रोज़ शाम को हिसाब के वक़्त नोटों की गड्डियाँ गिनी नहीं जाती थीं, बल्कि तौली जाती थीं। एक बार तौल का हिसाब कुछ कम लगा और द्वारकानाथ ने इसके बारे में पूछा, तो मैनेजर ने हिचकिचाते हुए जवाब दिया—

जी, वो बड़े बाबू दो गड्डियाँ...द्वारकानाथ ने तुरन्त कहा : ठीक है, कोई बात नहीं। कलकत्ता में बाबू के रूप में देवेन्द्रनाथ प्रतिष्ठित हो चुके थे। कई लाख रुपये ख़र्च करते हुए उन्होंने सरस्वती पूजा का आयोजन किया था, गेंदे के फूलों से विशाल शामियाना बनाया गया था, और उस दिन कलकत्ता के बाज़ार में गेंदे के फूल खत्म हो गये थे। यह फ़िज़ूलखर्ची पिता द्वारकानाथ को भी नहीं सुहाई थी, लेकिन उन्होंने इसका सिर्फ़ आभास दिया था।

1835 में दादी अलोकासुन्दरी की मौत हो गई। अभिजात परिवारों के रिवाज के अनुसार मौत से तीन दिन पहले उन्हें अन्तर्जली यात्रा के लिये गंगा के किनारे पहुँचाया गया। देवेन्द्रनाथ सारा समय उनके साथ रहे। श्मशान के परिवेश और दादी की मौत ने उन पर गहरा प्रभाव डाला। घर लौटने के बाद उन्होंने अपनी सारी शौकीन पोशाकें और बेशक़ीमती असबाब मित्रों के बीच बाँट दिए। वह सादगी से भरा जीवन बिताने लगे। यह सवाल उन्हें काट खाये जा रहा था कि जीवन का तात्पर्य और उद्देश्य क्या है? विद्वानों की मदद से वह शास्त्रों में इस प्रश्न का उत्तर खोजने लगे। लेकिन उन्हें उत्तर नहीं मिल रहा था।

ईशावास्यमिदं सर्वं : एक नई राह

ऐसे ही एक बार वह पंडित श्यामाचरण की मदद से *महाभारत* का अध्ययन कर रहे थे कि एक किताब का फटा हुआ पन्ना उनके सामने आकर गिरा। इस पर एक श्लोक लिखा था—

ईशावास्यमिदं सर्वं यत्किञ्च जगत्यां जगत्।
तेन त्यक्तेन भुञ्जीथा मा गृधः कस्यस्विद्धनम्॥

(सारा जगत ईश्वर के द्वारा आच्छादित कर लो। उसका त्याग ही भोग है, अन्य के धन का लोभ मत करो—*ईशोपनिषद्*)

देवेन्द्रनाथ ने इसका अर्थ पूछा। पंडित श्यामाचरण अर्थ नहीं बता पाये। उन्होंने कहा कि यह ब्रह्मसभा की पुस्तक का पृष्ठ है। वहाँ के पंडित बता पाएँगे। देवेन्द्रनाथ के अनुरोध पर ब्रह्मसभा के पंडित रामचन्द्र विद्यावागीश आये और उन्होंने इस श्लोक की व्याख्या की।

इस घटना के बारे में अपनी आत्मकथा में देवेन्द्रनाथ लिखते हैं—

> मैं मनुष्यों से समाधान पाने का प्रयास कर रहा था, अचानक मानो स्वर्ग से मुझे दैववाणी मिल गई। मेरी आकांक्षा पूरी हो गई...उपनिषद् के आश्रय में मैं प्रतिदिन अपने पथ पर अग्रसर होता रहा।

वह राममोहन राय की परम्परा के अनुयायी बने। लेकिन राममोहन राय ने अपने निराकारवादी चिन्तन के प्रसार के लिये कोई संगठन नहीं बनाया था। देवेन्द्रनाथ ने तत्वबोधिनी सभा के नाम से एक संगठन का निर्माण किया। कुछ समय के पश्चात् इसे ब्राह्म समाज का नाम दिया गया।

देवेन्द्रनाथ का जीवन बदल गया। वे राममोहन राय द्वारा स्थापित ब्रह्मसभा के अनुयायी बन गये और अपना सारा समय आध्यात्मिक चिन्तन व धार्मिक प्रचार में व्यतीत करने लगे। द्वारकानाथ को यह बात पसन्द नहीं आई। उन्हें चिन्ता होने लगी कि उनके बाद उनके आर्थिक साम्राज्य की देखभाल कैसे होगी?

1842 के बाद से उनके पिता आमतौर पर इंग्लैंड में ही रहते रहे। उन्हें हर महीने एक लाख रुपये भेजने पड़ते थे। देवेन्द्रनाथ ज़मींदारी और कारोबार चला रहे थे, लेकिन उनमें अपने पिता जैसी उद्यमशीलता नहीं थी। इस वजह से द्वारकानाथ उनसे बहुत नाराज़ थे। एक चिट्ठी में उन्होंने शिक़ायत की थी कि देवेन्द्रनाथ सारा समय धर्मप्रचार और सामाजिक कामों में व्यस्त रहते हैं और कारोबार में नुकसान हो रहा है। 1846 में जब द्वारकानाथ की मौत हुई तो पता चला कि सारा कारोबार कर्ज़ में डूबा हुआ है। द्वारकानाथ को पता था कि उनके बेटे सम्पत्ति सँभाल नहीं पाएँगे और इसलिए उन्होंने चार बड़ी ज़मींदारियों का एक ट्रस्ट बना दिया था।

सारा कारोबार दीवालिया हो गया। लेकिन जो कुछ बचा था, वह भी मुख्यत: द्वारकानाथ की कमाई थी। ख़ैर, इसके बाद ठाकुर परिवार की जीवन यात्रा में भारी परिवर्तन आया। धूमधाम से पूजा का रिवाज बंद कर दिया गया, गाड़ी और असबाब बेच दिये गये, नौकरों की संख्या घटा दी गई। ट्रस्टियों की देखरेख में ज़मींदारी का काम चलता रहा, ठाकुर परिवार को हर महीने एक निश्चित धनराशि मिलती रही। देवेन्द्रनाथ कुछ समय तक ब्राह्म समाज के कामों में व्यस्त रहे। उसके बाद उनका अधिकतर समय यात्रा में ही बीता।

इन्हीं दिनों की एक दिलचस्प घटना है। देवेन्द्रनाथ आगरा से नाव से दिल्ली जा रहे थे। दिल्ली में उन्होंने देखा कि मुग़ल बादशाह बहादुर शाह ज़फ़र लाल किले की छत पर पतंग उड़ा रहे हैं। आत्मकथा में उन्होंने टिप्पणी की है कि प्रबल पराक्रांत मुग़ल बादशाह के पास अब और कोई काम नहीं रह गया है। ख़ैर, दिल्ली से वह शिमला गए और वहाँ कुछ समय तक रहे। इस बीच 1857 का विद्रोह हो चुका था। वापसी के रास्ते में कानपुर के पास उन्होंने देखा कि अंग्रेज़

सिपाही मुग़ल बादशाह को गिरफ़्तार करके ले जा रहे हैं। आत्मकथा में उन्होंने इस घटना का भी उल्लेख किया है। दूर की घटनाओं के रूप में इनका उल्लेख किया गया है। उनके मनोजगत पर इनका कोई प्रभाव नहीं पड़ा।

भद्रलोक के सितारे देवेन्द्रनाथ

ठाकुर परिवार की शान-शौकत काफ़ी हद तक खत्म हो चुकी थी, लेकिन उनकी सामाजिक प्रतिष्ठा घटने के बदले बढ़ती रही। ब्राह्म समाज कलकत्ता और बंगाल के भद्रलोक समुदाय के बीच एक महत्त्वपूर्ण आन्दोलन बन चुका था। बंकिमचंद्र चट्टोपाध्याय, ईश्वरचंद्र विद्यासागर, रामकृष्ण परमहंस जैसे मूर्धन्य व्यक्तित्व उनके घर आते थे, युवा नरेंद्रनाथ(विवेकानन्द) भी उनसे मिलने आये थे। अपनी तथाकथित ग़रीबी से निपटने का भी देवेन्द्रनाथ का अपना ही तरीका था। एक बार शोभा बाज़ार के राजा के घर एक समारोह में उन्हें निमंत्रण मिला। वहाँ कलकत्ता के अभिजात समुदाय के लोग उस समय के दस्तूर के मुताबिक हीरे-मोती जड़े मोटे-मोटे गहने पहनकर आये थे। देवेन्द्रनाथ ऊपर से नीचे तक सफ़ेद सैटिन की पोशाक में वहाँ पहुँचे, कोई ज़री वग़ैरह की नक्काशी नहीं थी, सिर्फ़ उनके जूते हीरे और मोतियों से जड़े हुए थे। अपने पैर सामने करते हुए वह कुर्सी पर बैठे। शोभा बाज़ार के राजा ने अपने बेटे से कहा था : ''इसे कहते हैं आभिजात्य। हम जिसे गले में पहनते हैं, उसे पैरों में जगह दी गई है।''

देवेन्द्रनाथ ने अपने पिता के सारे ऋण चुका दिये थे। इसमें उन्हें लगभग चालीस साल लग गए। ज़मींदारियों की ज़िम्मेदारी उन्होंने अपने बेटों पर छोड़ दी थी, लेकिन रवीन्द्रनाथ के अलावा बाकी कोई इस काम में कुशल नहीं था। उनके बेटे प्रतिभाशाली व अपने व्यक्तिगत जीवन में सफल थे, लेकिन रवीन्द्रनाथ की ऊँचाई कोई नहीं छू पाया।

समाज सुधारक के रूप में देवेन्द्रनाथ में विरोधाभास भी देखने को मिलते हैं। राममोहन राय का आन्दोलन वैचारिक था, प्रबोधन का हिस्सा था। देवेन्द्रनाथ ने उसे आश्रम की परम्परा से जोड़ते हुए सांगठनिक रूप दिया, एक नये सम्प्रदाय की स्थापना की। वह स्त्री शिक्षा व समाज में उनकी भागीदारी के समर्थक थे। बेटियों व बहुओं की अंग्रेज़ी शिक्षा पर उन्होंने ध्यान दिया। कहने को तो वह विधवा विवाह के भी समर्थक थे, लेकिन जब उनके पोते वलेन्द्रनाथ ठाकुर की युवावस्था में मौत हो गई, उनकी विधवा साहाना देवी इलाहाबाद में अपने माता-पिता के पास चली गई और उन्होंने उसकी दूसरी शादी करनी चाही,

देवेन्द्रनाथ ने अपने बेटों से कहा कि उसे वापस कलकत्ता ले आया जाय, ताकि शादी रोकी जा सके। बाक़ी बेटों ने इस कदम का विरोध करते हुए इसमें मदद करने से इनकार कर दिया, लेकिन रवीन्द्रनाथ पिता की आज्ञा का पालन करते हुए उसे ले आए।

बंगाल में प्रबोधन के इतिहास की सूचना के दौर में द्वारकानाथ का सांकेतिक महत्त्व था। देवेन्द्रनाथ ने उससे आगे बढ़कर ब्राह्म समाज के ज़रिये अपने समय में समाज को ढालने में उल्लेखनीय योगदान दिया। इसके अलावा रवीन्द्रनाथ की चेतना के विकास में उनकी निर्णायक भूमिका थी। और इस सबकी शुरुआत हुई थी हवा में उड़ते एक पन्ने के साथ, जिस पर ईशोपनिषद् का एक श्लोक लिखा हुआ था।

अकेला बचपन

रवीन्द्रनाथ ने बार-बार अपने बचपन के बारे में लिखा है। इसके अलावा उनके कम-से-कम दो कविता संग्रह और कई कहानियाँ हैं, जिन्हें बचपन के उनके अनुभवों से जोड़ा जा सकता है। इनसे पता चलता है कि बचपन की कौन सी घटनाओं, कौन से अनुभवों का उनके जीवन पर कैसा प्रभाव पड़ा।

अपने काव्यग्रंथ *शिशु* की एक कविता में रवीन्द्रनाथ लिखते हैं—

दिन रात यूँ रहते हो खड़े माथे पर जटा लिये साथ
ओ प्राचीन बरगद, क्या तुम्हें वह छोटा बच्चा है याद

भीड़ में पला एकाकीपन

जोड़ासाँको के संयुक्त ठाकुर परिवार में अनेक लोग रहते थे। रवीन्द्रनाथ के हमउम्र बच्चे भी थे, लेकिन उनकी उनसे कभी नहीं पटी। देवेन्द्रनाथ के 15 बच्चों में से वह सबसे छोटे थे। उनके बाद एक बेटे का जन्म हुआ था, जिसकी बचपन में ही मौत हो गई। पारिवारिक ज़िम्मेदारी व लगातार गर्भावस्था के कारण माँ भी दूर-दूर रहती थीं। ऐसी हालत में बालक रवीन्द्रनाथ नौकरों की देखरेख में पल रहे थे, जो आधे मन से बच्चे की परवरिश की ज़िम्मेदारी निभाते थे। बच्चे को शैतानी करने से रोकने के लिये एक नौकर उनके चारों ओर खड़िये का एक घेरा बना देता था, इस चेतावनी के साथ कि घेरे से बाहर निकलने पर घातक परिणाम हो सकते हैं। बालक ने सीता की कहानी सुन रखी थी। वहीं खड़े-खड़े वह खिड़की से बाहर झाँकता था। वहाँ बाहर का अपरिचित जगत था, और दूर खड़ा एक विशाल बरगद का पेड़।

रूखे-सूखे पारिवारिक व सामाजिक परिवेश में अकेलेपन के बीच प्रकृति से लगाव। बचपन का यह अनुभव जीवनभर उनका साथी बना रहा।

घर में कई चचेरे भाई व भतीजे थे, जिनकी उम्र रवीन्द्रनाथ से कुछ अधिक थी। शुरू में सबको घर में प्रारम्भिक शिक्षा दी जा रही थी, फिर उनके अलावा बाक़ी सबको स्कूल में भर्ती किया गया। वे सज-धजकर स्कूल जा रहे थे, और

बालक रवि स्कूल न जाने की वजह से दहाड़ मारकर रो रहा था। घरेलू शिक्षक ने एक थप्पड़ लगाकर कहा था, "आज तू स्कूल न जा पाने की वजह से रो रहा है, बाद में स्कूल जाने से बचने के लिये रोएगा।" अपने संस्मरण में कवि कहते हैं : वह भविष्यद्रष्टा थे।

स्कूल में रवीन्द्रनाथ कलोकी पुलोकी सिंगिल

आखिरकार बालक रवि को भी स्कूल भेजा गया। स्कूल का नाम था ओरिएंटल सेमिनरी। कुछ महीनों के बाद अभिभावकों को लगा कि वहाँ ठीक से अंग्रेज़ी की शिक्षा नहीं दी जाती है। सारे बच्चों को नॉर्मल स्कूल में भेजा गया, जहाँ अंग्रेज़ी पद्धति से शिक्षा दी जाती थी। बच्चों को प्रतिदिन सुबह एक अंग्रेज़ी गीत गाना पड़ता था, जो बच्चों की भाषा में कुछ इस प्रकार का था : 'कलोकी पुलोकी सिंगिल मेललिं मेललिं मेललिं'

अपने संस्मरण जीवनस्मृति में रवीन्द्रनाथ लिखते हैं कि वह कलोकी शब्द का पाठोद्धार नहीं कर पाये, लेकिन बाकी पंक्ति शायद इस प्रकार थी : Full of glee, singing merrily merrily merrily

स्कूल में शिक्षकों का कड़ा शासन, और बच्चों का उद्दंड अशालीन बर्ताव। उनका अनुभव इतना कटु था कि अपने संस्मरण में स्पष्ट रूप से कुछ कहने के बदले वयस्क कवि ने सिर्फ़ हल्का आभास दिया था। शिक्षा की विषयवस्तु भी उस कल्पनाशील बालक के लिये पूरी तरह से कृत्रिम थी। शायद इन्हीं अनुभवों से सीख लेकर बाद में उन्होंने शांतिनिकेतन में जीवनमुखी शिक्षा की अपनी परिकल्पना विकसित की।

आज भी हम छोटे नन्नों पर स्कूल से लादे गये बोझ की शिकायत करते हैं। ज़रा सात-आठ वर्ष के बालक रवीन्द्रनाथ की दिनचर्या देखिये—

> उसे मुँह अँधेरे ही जगा दिया जाता और कुश्ती के अभ्यास के लिये काने पहलवान से भिड़ना पड़ता...जैसे ही कुश्ती का मुक़ाबला खत्म होता और देह पर से धूल-माटी साफ़ की जाती वैसे ही मेडिकल कॉलेज में पढ़नेवाला एक छात्र आ खड़ा होता और 'अस्थि-संस्थान' के बारे में पढ़ाने लगता...ठीक सात बजे गणित के शिक्षक आ धमकते और हाथों में पट्टी लिए इस बालक को अंकगणित, ज्यामिति और रेखागणित के सवालों से जूझना पड़ता। कभी-कभी प्राकृतिक विज्ञान का भी पाठ तैयार कराया जाता, जिसमें छोटे-मोटे प्रयोग भी किए जाते। इसके बाद बांग्ला और संस्कृत के पाठों को पढ़ना पड़ता। साढ़े नौ बजे भात, दाल

और झोलवाली मछली का थाल आ जाता...दस बजते-बजते उसे स्कूल रफ़ा-दफ़ा कर दिया जाता।

अपराह्न साढ़े चार बजे स्कूल से वापस आकर वह पाता कि व्यायाम शिक्षक उसका इंतज़ार कर रहे हैं...वह जैसे ही विदा होते, ड्रॉइंग मास्टर आ जाते। फिर शाम के अल्पाहार के बाद ही अंग्रेज़ी के मास्टर आ जाते और तेल से जलने वाले लैंप की रोशनी में जैसे ही पढ़ाई शुरू होती बालक ऊँघने लगता...

—*रवीन्द्रनाथ टैगोर, एक जीवनी,* कृष्ण कृपलानी

अनु. रणजीत साहा

नॉर्मल स्कूल में रवीन्द्रनाथ एक साल रहे। उनका मन इतना उचट गया था कि वह क्लास में चुपचाप रहते थे। लेकिन वार्षिक परीक्षा में उन्हें पहला स्थान मिला। एक शिक्षक ने शिकायत की कि धाँधली हुई है। दुबारा उनकी परीक्षा ली गई और इस बार भी उन्हें अच्छे नम्बर मिले। बहरहाल, एक साल बाद उन्हें बेंगाल ऐकेडमी नामक एक अंग्रेज़ी स्कूल में भर्ती कर दिया गया।

सात-आठ साल की उम्र में ही बालक रवि ने कविता लिखना शुरू किया। इसके लिये ज़िम्मेदार थे उम्र में उनसे काफ़ी बड़े भानजे ज्योतिप्रकाश, जो अंग्रेज़ी साहित्य का परिचय पाने के बाद ज़रूरत न रहने पर भी हैमलेट की पंक्तियों का पाठ करते रहते थे। एक दिन उन्होंने रवीन्द्रनाथ से कहा, ''तुम्हें कविता लिखनी पड़ेगी।'' फिर उन्होंने क़ायदे से समझाया कि कैसे चौदह मात्रा में पंक्तियाँ बनानी हैं, और उनमें तुक मिलाना है। रवि के मन में पुस्तकों में छपी कविताओं के प्रति गहरी श्रद्धा थी। कविता लिखना इतना आसान जानकर वह थोड़ा निराश हुआ, लेकिन कविता बह निकली। कहीं से उसे नीले पन्नों वाली एक कॉपी मिल गई, पेन्सिल से पन्ने भरते गये। भानजे ज्योतिप्रकाश का उत्साह मिलता गया, वह घर के लोगों को पकड़-पकड़कर प्रतिभाशाली बालक की कविता सुनाने लगे।

~

इस सिलसिले में दो घटनाओं का उल्लेख किया जा सकता है। पिता देवेन्द्रनाथ के मित्र थे श्रीकंठ बाबू। वह कलकत्ता से बाहर रहते थे और अक्सर अपने मित्र से मिलने जोड़ासाँको ठाकुरबाड़ी आया करते थे। उन्हें गाने का शौक था और वह मीठी आवाज़ में रवि के गायन के प्रशंसक थे। जब उन्हें पता चला कि वह कविता लिख रहा है तो उसमें भी वह दिलचस्पी लेने लगे। रवीन्द्रनाथ ने ईश्वर

की आराधना करते हुए दो कविताएँ लिखी थीं, जिनमें जीवन की यातनाओं का मार्मिक वर्णन था। उन्हें सुनकर श्रीकंठ बाबू के उत्साह की सीमा न रही, और वह इस निष्कर्ष पर पहुँचे कि ऐसी उत्तम रचना का परिचय देवेन्द्र बाबू को मिलना चाहिए। अपने संस्मरण *जीवनस्मृति* में रवीन्द्रनाथ लिखते हैं—

> किस्मत की बात है कि मैं वहाँ उपस्थित नहीं था। लेकिन मुझे पता चला कि संसार के असहनीय दुख-दर्द इतनी सुबह-सुबह उनके कनिष्ठ पुत्र को पीड़ित कर रहे हैं, पयार छंद में इसका परिचय पाकर वह खूब हँसे थे।

दूसरी घटना स्कूली बालक के लिये थोड़ी ज़्यादा गम्भीर और महत्त्वपूर्ण थी। स्कूल में भी यह बात फैलने लगी थी कि रवि कविता लिखता है। इसे फैलाने में नवोदित कवि का भी थोड़ा योगदान था। ख़ैर, एक दिन स्कूल के शिक्षक सातकड़ि दत्त ने उसे बुलाकर पूछा—"सुना है, तुम कविता लिखते हो?" रवि ने हामी भरी। कविताएँ दिखानी पड़ीं। उसके बाद से शिक्षक उसे दो पंक्तियाँ दे देते थे, बालक को उसके आगे लिखना पड़ता था। यह खेल चल रहा था कि एक दिन स्कूल के सुपरिन्टेडेन्ट घनश्याम बाबू ने उसे अपने कमरे में बुलाया। वहाँ भी वही सवाल—"सुना है, तुम कविता लिखते हो?" कविताएँ देखकर वह बहुत प्रसन्न हुए और ऊँची कक्षा के छात्रों के बीच उसे सुनाने को कहा। छात्रों पर इस कविता का वांछित प्रभाव नहीं पड़ा। एक ने कहा कि वह एक पुस्तक में यह कविता पढ़ चुका है और यह पुस्तक लाकर दिखा सकता है। पुस्तक देखने में दिलचस्पी दिखाए बिना ही बाक़ी छात्रों ने यह बात मान ली। इसके अलावा इस घटना के बाद कई छात्रों ने कविता लिखना शुरू कर दिया। संभवतः शिक्षकगण इस प्रकार की कविताओं के हमले के लिये तैयार या उत्सुक नहीं थे। कुछ ही दिनों में स्कूल में कविता का बुखार उतर गया।

नई भाभी से दोस्ती और महँगी प्रशंसा

इस बीच ठाकुर परिवार में कुछ महत्त्वपूर्ण घटनाएँ घट रही थीं। 1868 में जब वह पहली बार स्कूल गए, उसी वर्ष उनके चहेते बड़े भाई ज्योतिरिन्द्रनाथ ठाकुर की शादी हो गई। उनकी उम्र थी 19 साल, पत्नी कादम्बरी नौ साल की थी। बड़ी बहन स्वर्णकुमारी की भी शादी हो गई। कादम्बरी के साथ रवि की अच्छी दोस्ती पनपने लगी। वह अपनी गुड़िया की शादी रचाती थी, रवि को मिठाइयों और पकवान का आनन्द मिलता था।

ठाकुर परिवार की अन्य बेटियों और बहुओं की तरह कादम्बरी की भी

शिक्षा की व्यवस्था की गई। उसकी साहित्य में रुचि होने लगी थी, और उसे उस समय के सबसे प्रसिद्ध आधुनिक कवि बिहारीलाल चक्रवर्ती की कविताएँ बहुत पसन्द थीं। रवि उसे अपनी कविताएँ दिखाते थे, लेकिन कादम्बरी की प्रशंसा सस्ती नहीं थी। वह हमेशा कहती थी—तुम्हें बिहारीलाल जैसी कविताएँ लिखनी हैं।

स्कूल इस बालक को जेलखाना जैसा लगता था, कक्षा की दीवारें चौकीदारों की तरह। ऐसी हालत में पढ़ने-लिखने में उनका प्रदर्शन लगातार ख़राब होता जा रहा था। अभिभावक चिन्तित थे। इसी बीच कलकत्ता में डेंगू के प्रकोप के कारण सारा परिवार पानीहाटि चला गया। यह ग्रामीण इलाक़ा था और वे बगीचों के बीच एक विशाल मकान में रहते थे। पहली बार रवीन्द्रनाथ को ग्रामीण बंगाल का परिचय मिला। प्रकृति से साहचर्य का उन पर गहरा असर पड़ा, जो जीवनभर उनका साथ देता रहा।

इन्हीं दिनों की एक प्रमुख साहित्यिक घटना थी बंकिमचन्द्र चट्टोपाध्याय के सम्पादन में *बंगदर्शन* पत्रिका का प्रकाशन। इसमें धारावाहिक रूप से बंकिम के उपन्यास छप रहे थे। कवि अपने संस्मरण में कहते हैं : "बंकिम के *बंगदर्शन* ने बंगालियों का दिल जीत लिया। आज कोई भी इन किताबों को खरीदकर पढ़ सकता है। हमें इन्तज़ार करना पड़ता था कि घर के बड़े लोग पहले पढ़ लें। एक हिस्सा पढ़ने के बाद हमें अगले हिस्से के लिए एक महीने तक इन्तज़ार करना पड़ता था।"

इसके अलावा *अबोधबन्धु* पत्रिका में बिहारीलाल की कविताएँ छपती थीं, साथ ही, बालक रवीन्द्रनाथ को *वैष्णव पदावली* साहित्य और *गीतगोविन्द* बेहद पसन्द थे। उनके साहित्य पर भी इनका असर देखा जा सकता है।

11 साल की उम्र में ब्राह्म समाज के नियमों के अनुसार रवीन्द्रनाथ का उपनयन संस्कार हुआ। अब हर दिन गायत्री मंत्र का जाप करना पड़ता था। अर्थ समझ में नहीं आता था, लेकिन उसकी ध्वनि रहस्यमय रूप से सुन्दर लगती थी। लेकिन असली समस्या यह थी कि उपनयन के बाद कान में कुंडल पहना दिये गए थे और मुंडन करवाना पड़ा था। इस हालत में रोज़ अंग्रेज़ी स्कूल में जाना? कुंडल तो उतारा जा सकता था, लेकिन मुंड़ा सर साथ के बदमाश छात्रों का खिलौना बन जाता था।

और तभी पिता देवेन्द्रनाथ ने उससे पूछा कि क्या वह हिमालय की यात्रा के लिये साथ चलना चाहेगा? स्कूल से छुटकारे के साथ बाहर की दुनिया का आकर्षण—रवि को और चाहिए ही क्या था।

पिता से पुत्र का परिचय

रवीन्द्रनाथ की एक कहानी है 'इच्छापुरण'। इसमें बाप और बेटा दोनों सोचते हैं कि काश, अगर मैं उसके जैसा होता। अचानक एक सुबह बाप बेटा बन जाता है और बेटा बाप। और दोनों अपने इस नये कलेवर में ख़ुद को बिलकुल पराया पाते हैं। इसी प्रकार *शिशु* काव्यग्रंथ की कविता 'छोटाबड़ा' में बच्चा चाहता है कि बड़ा होकर वह अपने पिता जैसा बने।

रवीन्द्रनाथ के व्यक्तिगत जीवन में भी पिता के व्यक्तित्व के प्रति यह मोहान्धता देखी जा सकती है। कम-से-कम किशोरावस्था व उसके बाद तक।

रवीन्द्रनाथ के बचपन में पिता देवेन्द्रनाथ ब्राह्मधर्म से जुड़ रहे थे। वे ज़्यादातर यात्रा पर रहते थे, कभी-कभी घर आते थे। बालक रवि पिता के प्रति आकर्षित था, लेकिन वह दूर के इन्सान लगते थे, उनके पास जाने की हिम्मत नहीं होती थी। एक बार देवेन्द्रनाथ हिमालय की यात्रा पर थे और उनकी पत्नी सारदा देवी चिन्तित थी कि अगर रूस हमला कर दे तो क्या होगा। उन्होंने यह चिन्ता व्यक्त करते हुए बेटे से एक चिट्ठी लिखवाई। जवाब में देवेन्द्रनाथ ने लिखा कि घबराने की कोई बात नहीं है, वह रूसियों को भगा देंगे। इसके बाद से रवीन्द्रनाथ लगातार अपने पिता को चिट्ठी लिखते रहे, लेकिन ये चिट्ठियाँ भेजी नहीं जाती थीं।

और फिर 12 साल की उम्र में पिता ने पूछा—क्या तुम मेरे साथ हिमालय की यात्रा पर जाना चाहते हो? अपने संस्मरण *जीवनस्मृति* में रवीन्द्रनाथ लिखते हैं—

> अगर मैं आसमान फाड़ती हुई आवाज़ में कह पाता 'चाहता हूँ',
> तभी वह उचित जवाब होता।

प्रकृति के सान्निध्य में बोलपुर की पहली यात्रा

कलकत्ता से रवाना होने के बाद उनका पहला पड़ाव था बोलपुर। एक छोटा सा गाँव, जहाँ देवेन्द्रनाथ ने स्टेशन से डेढ़ मील की दूरी पर बीस बीघा ज़मीन खरीदकर एक इकमंज़िला पक्का मकान बनवाया था। स्कूल व घर के बँधे हुए माहौल से दूर यहाँ बालक रवि को पूरी आज़ादी मिल गई। वह पूरे इलाक़े में

घूमते रहे, खोयाई नदी के किनारे बैठकर कविता लिखते रहे। पहली बार उन्होंने यहाँ एक काव्यनाटिका लिखी, नाम था *पृथ्वीराज पराजय*। यह पांडुलिपि खो गई है, लेकिन उनके जीवनीकार प्रभात कुमार मुखोपाध्याय का मानना है कि नाट्यकाव्य *रुद्रचंड* इसी का संशोधित रूप है।

साथ ही पिता ने उन्हें कई ज़िम्मेदारियाँ सौंपीं : दैनिक ख़र्च का भार उन पर सौंप दिया गया, हर शाम को हिसाब देना पड़ता था। इसके अलावा घड़ी में रोज़ चाभी लगानी पड़ती थी। हिसाब कभी-कभी नहीं मिलता था, लेकिन चाभी लगाने का काम वह इतने उत्साह से करने लगे कि कुछ ही दिनों में घड़ीसाज़ के पास घड़ी भेजनी पड़ी।

किसे पता था कि यह छोटा सा गाँव कभी कवि के सपनों का स्थल होगा, सारे विश्व में उसकी प्रसिद्धि होगी।

बोलपुर में कुछ एक दिन रुकने के बाद वे आगे की यात्रा के लिये रवाना हो गए। साहबगंज, दानापुर, इलाहाबाद, कानपुर—हर कहीं रुकते हुए आखिरकार वे अमृतसर पहुँचे। यहाँ पिता-पुत्र प्रतिदिन स्वर्णमंदिर जाते थे, ध्यान से गाना सुनते थे। देवेन्द्रनाथ को वहाँ का कीर्तन बहुत पसन्द था, बाद में शांतिनिकेतन में अपने आश्रम की स्थापना के बाद उसी की तर्ज़ पर उन्होंने सुबह-शाम ब्रह्मसंगीत के गायन की व्यवस्था की थी। किशोरावस्था की दहलीज़ पर खड़े रवि अपने पिता को देख रहे थे, उन्हें समझने की कोशिश कर रहे थे। दोनों के बीच एक आत्मीय सम्बन्ध पनप रहा था।

अमृतसर से दोनों डलहौज़ी पहाड़ के निकट बक्रोटा के शैलावास में पहुँचे। दूर से बर्फ़ ढका पहाड़ दिखाई देता है, रास्ते संकरे थे, गहरी खाइयाँ थीं। लेकिन रवि को घूमने-फिरने की पूरी आज़ादी मिली हुई थी, चारों ओर पाइन के पेड़ों के बीच वह अकेले घूमते रहते थे।

लेकिन सिर्फ़ मज़े ही नहीं थे। ज़रा उनकी दिनचर्या सुनिये। सुबह सूर्योदय से पहले ही देवेन्द्रनाथ जग जाते थे। उपासना के बाद एक कटोरा दूध पीते थे। फिर रवि के साथ दुबारा उपासना करते थे। फिर दोनों पहाड़ी पगडंडियों पर घूमने जाते थे। लौटने के बाद एक घंटे तक अंग्रेज़ी की शिक्षा दी जाती थी, उसके बाद बर्फ़ीले ठंडे पानी से नहाना पड़ता था। नौकरों को हिदायत दी गई थी कि गर्म पानी न मिलाया जाय। इसके अलावा दूध पीना पड़ता था, जो रवि को बिलकुल पसन्द नहीं था। दोपहर के भोजन के बाद फिर पढ़ाई के लिये बैठना पड़ता था। भोर में जगने के कारण रवि को जब नींद आने लगती थी तो पढ़ाई से छुटकारा मिलता था और छुटकारा मिलते ही नींद गायब हो जाती थी और वह घूमने निकल पड़ते थे।

शिक्षा के विषय थे अंग्रेज़ी व संस्कृत साहित्य, उपनिषद् और ज्योतिष विज्ञान। अंग्रेज़ी किताबों से ज्योतिष विज्ञान पढ़ाते हुए देवेन्द्रनाथ रात को आसमान में सितारों की व्याख्या करते हुए व्यावहारिक शिक्षा देते थे। इनके आधार पर रवीन्द्रनाथ ने एक निबन्ध लिखा, सम्पादन के बाद जिसे *तत्वबोधिनी* पत्रिका में छापा गया। शायद यह उनकी पहली मुद्रित रचना थी, लेकिन इसमें लेखक का नाम नहीं दिया गया था।

चार महीने बाद पिता ने रवि को एक कर्मचारी के साथ कलकत्ता वापस भेज दिया। एक बालक घर से बाहर निकला था, अब वयस्क की शान के साथ वह वापस लौटा। ख़ासकर उनकी माँ को जब पता चला कि रवि वाल्मीकि की मूल संस्कृत *रामायण* पढ़ता था तो उनकी ख़ुशी की कोई सीमा नहीं रही। बंगाल में कृत्तिवास रचित *बांग्ला रामायण* ही पढ़ी जाती है। माँ के आदेश पर अपनी याददाश्त से *वाल्मीकि रामायण* के श्लोक सुनाने पड़े, उनका अर्थ बताना पड़ा। जैसे-तैसे रवि ने इसकी कोशिश की। एक दिन उनके बड़े भाई द्विजेन्द्रनाथ भी वहाँ आये हुए थे। माँ सारदा देवी ने रवि से कहा कि वह उन्हें भी *रामायण* सुनाये। द्विजेन्द्रनाथ उस समय के एक प्रतिष्ठित लेखक थे। उन्हें सुनाना किशोर रवि के लिये बिलकुल आसान नहीं था। ख़ैर, डरते-डरते उसने माँ के आदेश का पालन किया। द्विजेन्द्रनाथ को कहीं जाना था, इसलिए अर्थ नहीं सुनाना पड़ा। वर्ना रवि का सारा ज्ञान बाहर आ जाता।

घर में सबसे छोटी भाभी कादम्बरी देवी का स्नेह मिल रहा था। लेकिन अभिभावक भूले नहीं थे कि उसे स्कूल भी जाना है। बहानेबाज़ी बढ़ती रही, स्कूल में अनुपस्थित रहने के दिन बढ़ते गये। अंत में स्कूल छुड़ाकर घर में ही उनकी पढ़ाई की व्यवस्था की गई। शिक्षक थे ज्ञानचंद्र भट्टाचार्य, जो ग्रैजुएट थे। उन्होंने मूल-भाषा से *कुमारसम्भवम्* और *मैकबेथ* पढ़ाना शुरू किया। सिर्फ़ पढ़ना ही काफ़ी नहीं था। रवि को एक कमरे में बन्द करके इन रचनाओं की पंक्तियों का अनुवाद करने का आदेश दिया जाता था। इनमें से *मैकबेथ* के कुछ हिस्से *भारती* पत्रिका में छपे थे। लेकिन इस बार भी अनुवादक का नाम नहीं दिया गया था। लेकिन इससे भी बड़ी बात यह है कि *मैकबेथ* का अनुवाद पढ़कर उनके पारिवारिक मित्र रामसर्वस्व पंडित इतने मुग्ध हुए कि वह रवि को ईश्वरचंद्र विद्यासागर के घर ले गये, जहाँ यह अनुवाद सुनाना पड़ा। विद्यासागर ने अनुवाद की तारीफ़ करते हुए सलाह दी कि चुड़ैलों के संवाद को गीत के रूप में प्रस्तुत किया जाय।

और पहली कविता प्रकाशित हुई

13 वर्ष की उम्र में रवीन्द्रनाथ की पहली कविता छपी, जिसमें कवि के रूप में उनका नाम दिया गया था। उनके बड़े भाइयों की मदद से उन दिनों हिन्दू मेले का आयोजन किया जाता था। रवीन्द्रनाथ की कविता का नाम था 'हिन्दू मेला का उपहार' और यह फ़रवरी, सन् 1875 में *अमृतबाज़ार* पत्रिका में छपी थी। इन्हीं दिनों उन्होंने एक सार्वजनिक सभा में 'प्रकृति का खेद' नामक स्वरचित कविता का पाठ किया। *साधारणी* नामक पत्रिका में इसके बारे में रिपोर्ट देते हुए कहा गया था : रवीन्द्रनाथ टैगोर ने 'प्रकृति का खेद' नामक स्वरचित कविता का पाठ किया। भारत की दुर्दशा के बारे में इस सरल मनोहर कविता का पाठ सुनकर लोगों की आँखों में आँसू आ गये। इसके बाद *ज्ञानांकुर* नामक पत्रिका में धारावाहिक रूप से उनका काव्य उपन्यास *वनफूल* छपने लगा। बड़े भाई सोमेन्द्रनाथ ने उत्साहित होकर एक पुस्तक के रूप में इसे छपवाया। इस पुस्तक का कोई दूसरा संस्करण नहीं छापा गया, क्योंकि बाद में रवीन्द्रनाथ की राय में यह कोई स्तरीय लेखन नहीं था।

लेकिन घर में भी शिक्षा का क्रम टूट गया। उनके शिक्षक ज्ञानचंद्र अपनी वकालत की पढ़ाई करने लगे थे। किशोर रवि को सेंट ज़ेवियर्स स्कूल में भर्ती कर दिया गया। इन्हीं दिनों उनकी माँ सारदा देवी की मृत्यु हो गई। नये स्कूल में भी रवि का मन नहीं लगा। वार्षिक परीक्षा में वह फ़ेल हो गये। इसके बाद उन्हें शिक्षित करने की कोशिशें छोड़ दी गईं।

इन्हीं दिनों रवीन्द्रनाथ ने अपना पहला आलोचनात्मक निबंध लिखा, जो *ज्ञानांकुर* पत्रिका में छपा था। इसमें *भुवनमोहिनी प्रतिभा, अवसरसरोजिनी* और *दुखसंगिनी* नामक तीन चर्चित काव्यग्रंथों की आलोचना के दौरान गीतिकाव्य और महाकाव्य के लक्षणों पर भारी-भरकम भाषा में प्रकाश डालते हुए उन्होंने यह भी कहा था कि इन ग्रंथों में कविप्रतिभा का अभाव दिखता है। छपने के बाद उनके हमउम्र भानजे सत्यप्रसाद ने उन्हें डराते हुए सूचित किया कि बी.ए. पास एक सज्जन इन निबंध का जवाब लिख रहे हैं। बी.ए. पास के आतंक में किशोर रवि के दिन बीत रहे थे। साथ ही उसे पहली बार लेखन की विडंबनाओं का भी पता चला।

ख़ैर, बी.ए. पास सज्जन अपने लेख के साथ सामने नहीं आए।

नयने प्रेम उथल जाय

रवीन्द्रनाथ के सबसे बड़े भाई द्विजेन्द्रनाथ उस समय बांग्ला के एक प्रतिष्ठित लेखक थे। दूसरे बड़े भाई ज्योतिरिन्द्रनाथ लेखक व नाट्यकार के रूप में कलकत्ता में अपनी जगह बना चुके थे। बड़ी बहन स्वर्णकुमारी देवी की भी साहित्य में गहरी दिलचस्पी थी। उन्हीं दिनों बांग्ला में पहली महिला उपन्यासकार के रूप में वह सामने आई थीं। इनके इर्दगिर्द ठाकुरबाड़ी में एक साहित्यचक्र बना। इसमें उस समय के प्रसिद्ध लेखक अक्षय चौधुरी या बिहारीलाल चक्रवर्ती जैसे दिग्गजों के अलावा अनेक युवक आते थे। ख़ासकर उस समय के आधुनिक अंग्रेज़ी लेखकों के साहित्य की चर्चा होती थी। किशोर रवीन्द्रनाथ इस गोष्ठी के सबसे कनिष्ठ सदस्यों में से थे, लेकिन सभी उनकी उभरती प्रतिभा की दाद देते थे। यहीं पर रवीन्द्रनाथ ने जाना कि पाश्चात्य साहित्य में आलोचना एक विशिष्ट विधा है, जिसके अपने नियम व मानक हैं।

साहित्यचक्र के अग्रेज़ों को लगा कि यह काफ़ी नहीं है, एक मासिक पत्रिका निकलनी चाहिए। बंकिमचन्द्र के सम्पादन में *बंगदर्शन* का प्रकाशन अनियमित हो चुका था। इसके अलावा ठाकुर परिवार में ही कई लेखक व कवि थे, अनेक लेखक मित्र भी थे। 1877 के बीचोंबीच बड़े भाई द्विजेन्द्रनाथ के सम्पादन में एक पत्रिका निकाली गई, जिसका नाम *भारती* था।

16 वर्ष के रवीन्द्रनाथ को मनचाहा मौक़ा मिल गया। उन्होंने आलोचना के ज़रिये ही गद्य लेखन शुरू किया। अपनी प्रतिभा की अधकचरी उद्दंडता के साथ उन्होंने बांग्ला साहित्य में पहली बार अमित्राक्षर छंद में माइकेल मधुसूदन दत्त की अमर रचना *मेघनादबध* काव्य की निर्मम रूप से चीड़फाड़ की। बाद में *जीवनस्मृति* नामक अपने संस्मरण में उन्होंने किशोरावस्था की अपनी इस उद्दंडता की आलोचना की थी। फिर भी इस लेख में जो तर्क दिये गए थे, वे ध्यान दिये जाने लायक हैं।

भारती के पहले अंक में ही उनकी कहानी 'भिखारिनी' छपी थी। इसके बाद कई कहानियाँ, लेख, गीत आदि छपते रहे। एक असम्पूर्ण उपन्यास भी छप

रहा था, जिसका नाम था *करुणा*। उस समय के प्रसिद्ध आलोचक चन्द्रनाथ बसु ने इसकी काफ़ी प्रशंसा की थी। लेकिन किशोरावस्था के उच्छवास में लिखी गईं ये रचनाएँ बाद में उनकी राय में स्तरीय नहीं थीं। इसलिए उन्हें कभी ग्रंथ के रूप में प्रकाशित नहीं किया गया।

भानुसिंह की पदावली एक अपवाद थी। बचपन से ही वैष्णव पदावली साहित्य में रवीन्द्रनाथ की गहरी दिलचस्पी थी। इन दिनों वह ब्रजबुलि सीख रहे थे। *जीवनस्मृति* में वे लिखते हैं कि एक दोपहर को बादल छाए हुए थे। लेटे-लेटे वह एक स्लेट पर लिखने लगे—

गहन कुसुमकुंज माझे
मृदुल मधुर बंशी बाजे
विसरि त्रास लोकलाजे
सजनि आओ, आओ लो।
देख सजनि, श्यामराय
नयने प्रेम उथल जाय

यह काव्यग्रंथ, व ख़ासकर कवि के दिये हुए सुर में उनका गायन आज भी अत्यंत लोकप्रिय है। बंगाल के कलाकारों के अलावा लता मंगेशकर व आशा भोसले ने भी इन्हें गाया है। हालाँकि रवीन्द्रनाथ ने बाद में लिखा था कि इनमें पदावली साहित्य की स्वच्छंदता का अभाव था, लेकिन ऐसा लगता है कि वह ख़ुद भी इन कविताओं पर गर्वित थे। शुरू में उन्होंने कहा था कि यह मध्ययुग के किसी कवि की रचनाएँ हैं, लेकिन कुल मिलाकर वे आभास देते रहे कि उन्होंने ही इन्हें लिखा है। उन्हें किसी ने बताया कि निशिकांत चटर्जी नामक एक शोधार्थी ने मध्ययुग के एक कवि की रचना के रूप में इन कविताओं पर एक शोध प्रबंध लिखा है, जिसके लिये जर्मनी में उन्हें डॉक्टरेट की उपाधि मिली है। हालाँकि *जीवनस्मृति* में उन्होंने ऐसा लिखा, लेकिन इस कहानी के साथ दिक़्क़त यह है कि भारत के पहले डॉक्टरेट निशिकांत चटर्जी ने जर्मनी नहीं, बल्कि स्विट्ज़रलैंड के ज़ुरिख विश्वविद्यालय से डॉक्टरेट की उपाधि प्राप्त की थी, और उनका विषय *भानुसिंह की पदावली* नहीं था, उसका शीर्षक था *The Yatras or the Popular Dramas of Bengal*. लेकिन, जैसा कि अन्य घटनाओं से भी पता चलता है, निस्पृह और उदासीन दिखने के बावजूद रवीन्द्रनाथ को अपनी प्रशंसा बहुत प्यारी थी, और *भानुसिंह की पदावली* लिखने के बाद उन्हें लगा था कि पहली बार उन्होंने स्तरीय साहित्य की रचना की है।

भारत रे, तेरी कलंकित परमाणुराशि : विद्रोही रवीन्द्रनाथ

1877 में रवीन्द्रनाथ की उम्र 16 वर्ष की हो चुकी थी। यह ब्रिटिश भारत के लिये एक उथलपुथल से भरा साल था। देश में अकाल पड़ा हुआ था और हुक्मरानों को जश्न मनाने की पड़ी हुई थी। नई राजधानी दिल्ली में तड़क-भड़क के साथ दिल्ली दरबार का आयोजन किया गया था, जहाँ ब्रिटिश सम्राज्ञी विक्टोरिया को भारत की सम्राज्ञी घोषित किया गया। कलकत्ता का भद्रलोक समुदाय, जो 18 57 में पूरी तरह से कम्पनी के शासन के साथ था, अब उद्वेलित होने लगा था। इसी परिवेश में हिन्दू मेला का आयोजन किया गया, जहाँ रवीन्द्रनाथ ने एक लम्बी कविता पढ़ी—'भारत रे, तेरी कलंकित परमाणुराशि।' खुली सभाओं में ऐसी राजद्रोही कविता पर तब तक सरकार की नज़र नहीं पड़ी थी। रवीन्द्रनाथ लिखते हैं : 'अंग्रेज़ सरकार रूस से डरती थी, पंद्रह, सोलह साल के लड़के की कलम से उसे डर नहीं था।' लेकिन भारतीय भाषाओं के अख़बारों पर अंकुश लगाने के लिये उस समय वर्नाकूलर ऐक्ट लगाया जाने वाला था। इसलिए किसी पत्रिका में यह कविता नहीं छपी। बांग्ला के कवि-लेखक उस समय वर्तमान अवस्था की आलोचना के लिये ऐतिहासिक कथानकों में जाने लगे थे। प्रसिद्ध कवि नवीनचंद्र सेन की रचना *पलासी युद्ध* में क्लाइव की सेना से लड़ने वाले सिराजुद्दौला के सेनापति मोहनलाल के वीरता भरे संवाद हर किसी की ज़बान पर थे। हिन्दू मेला में रवीन्द्रनाथ को नवीनचन्द्र से मिलने का मौक़ा मिला। इस मुलाक़ात के बारे में नवीनचन्द्र अपनी आत्मकथा में लिखते हैं कि हाथ मिलाने की रस्म पूरी होने के बाद उस युवक ने जेब से नोटबुक निकालकर कुछ गीत व कविताएँ गाकर सुनाईं। मधुर कामिनी-लांछित कंठ व कविता के माधुर्य और स्फुटनोन्मुख प्रतिभा से मैं मुग्ध हो गया।

लेकिन रवीन्द्रनाथ के अग्रजों के लिये यह पर्याप्त नहीं था। क्रान्तिकारी कामों के लिये उन्होंने एक गुप्त समिति का गठन किया। ज्योतिरिन्द्रनाथ और राजनारायण बसु के नेतृत्व में गठित इस समिति का नाम था संजीवनी सभा। रवीन्द्रनाथ इसके सबसे कनिष्ठ सदस्य थे। एक अलग किराये के कमरे में इसकी बैठक होती थी। सभी अलग-अलग छिपकर वहाँ आते थे। दीपक जलाकर उसके इर्दगिर्द सारे सदस्य बैठते थे। उन्हें शपथ लेनी पड़ती थी कि समिति की बातें बाहर नहीं बताई जाएँगी। नये सदस्यों को इस आशय की शपथ दिलाई जाती थी। इसके बाद सभा का कार्यक्रम शुरू होता था, यानी गप्पबाज़ी।

यह सब तो ठीक था, लेकिन किशोर रवि की शिक्षा का सवाल अधर में

लटका हुआ था। उन दिनों कलकत्ता के साहबी स्कूलों में परीक्षा पास न कर सकने वाले रईस घराने के लड़कों को बैरिस्टर बनने के लिये विलायत भेज दिया जाता था। वहाँ वे कुछ एक साल बाप का पैसा लुटाते हुए डिनर पार्टियों में अंग्रेज़ी अदब सीखते थे, कुछ एक लेक्चर सुनते थे, उन्हीं के आधार पर बैरिस्टर का तमगा लगाकर स्वदेश वापस लौट आते थे। रवि के लिये भी यही नुस्खा तय किया गया। लेकिन भले ही वह *मैकबेथ* के अनुवाद में हाथ लगा चुके हों, अंग्रेज़ी बोलचाल में वे काफ़ी कच्चे थे। रवि के मँझले दादा (बड़े भाई) सत्येन्द्रनाथ भारत के पहले आईसीएस थे। वह उस समय अहमदाबाद की अदालत में थे। तय किया गया कि उनके पास कुछ महीने रहकर रवीन्द्रनाथ अंग्रेज़ी कायदे-क़ानून में दुरुस्त हो जाएँगे।

अहमदाबाद में साबरमती नदी के किनारे विशाल बंगला। सत्येन्द्रनाथ की पत्नी और बच्चे विलायत में रह रहे थे, वह ख़ुद अदालत चले जाते थे, घर में रवि अकेला। वह दिन भर मंझले दादा की लाइब्रेरी में अंग्रेज़ी किताबें पढ़ते थे, कुछ समझते थे, बाकी कल्पना कर लेते थे। इसके अलावा लेखन। *भारती* पत्रिका के लिये 'गेटे, दान्ते और अंग्रेज़ी के कवियों के बारे में लेख, जो आमतौर पर अंग्रेज़ी किताबों से लिये गये विचार हुआ करते थे। कविता, ख़ासकर गीत भी लिखे जा रहे थे। लेकिन जिस काम के लिये वह अहमदाबाद गये हुए थे, वह नहीं हो रहा था। भला अकेले-अकेले कैसे अंग्रेज़ी अदब सीखा जा सकता है?

प्रेम की पहली पदचाप

सत्येन्द्रनाथ चिन्तित थे। आखिरकार उन्होंने तय किया कि रवि को बम्बई में अपने दोस्त आत्माराम पांडुरंग के पास भेज दिया जाय। उनका परिवार अंग्रेज़ी तहज़ीब में रचा-बसा हुआ था। वहाँ पांडुरंग की हमउम्र बेटी अन्ना तड़खड़ थी। रवीन्द्रनाथ की भाषा में—"विलायत से वह अपनी शिक्षा रंग-रोगन कर लाई थी।" मौक़ा मिलते ही किशोर रवि ने संकेत दे दिया कि वह कवि हैं। अन्ना की दिलचस्पी बढ़ गई। सुदर्शन किशोर उन्हें भा गया था। रवीन्द्रनाथ मूल पाठ के साथ अपने अनुवाद में अपनी रचना *कविकाहिनी* उन्हें सुनाने लगे। भाषा की समझ न होने के बावजूद उसके कई हिस्से अन्ना को याद हो गए। उन्होंने रवि से कहा, "तुम मुझे एक नया नाम दो।" कवि ने नाम दिया 'नलिनी'। एक कविता में उन्होंने लिखा—

सुनो नलिनी, आँखें खोलो
नींद अभी तक टूटी नहीं?

देखो तुम्हारे द्वार पर
सखि, खड़ा है तुम्हारा ही रवि।

इसके बाद क्या हुआ था, हमें पता नहीं। अपनी वृद्धावस्था में कवि लिखते हैं—

> उस लड़की को मैं कभी भूल नहीं सका या उसके आकर्षण को कभी छोटा लेबल लगाकर कम करके देख नहीं सका। उसके बाद मेरे जीवन में अनेक अनुभव की रोशनी व साये खेलते रहे हैं, विधाता से कितनी ही अनहोनी घटनाएँ आईं, लेकिन गर्व के साथ मैं एक बात कह सकता हूँ कि किसी भी लड़की के प्यार को कभी मैंने ग़लती से भी हिकारत से नहीं देखा—वह प्यार कैसा भी रहा हो।

रवीन्द्रनाथ के पहले काव्यग्रंथ *शैशवसंगीत* की कुछ कविताओं में इस सम्बन्ध के आभास दिखते हैं।

क्या यह कवि के जीवन में पहला प्यार था?

पहली विलायत यात्रा

मँझले भाई सत्येन्द्रनाथ लम्बी छुट्टी लेकर विलायत जाने वाले थे। उनकी पत्नी व बच्चे पहले से ही वहाँ थे। 20 सितम्बर, 1878 को रवि उनके साथ बैरिस्टर बनने के लिये विलायत की यात्रा के लिये रवाना हुए। जहाज़ से इटली के ब्रिन्दिसि नगर पहुँचने के बाद वे स्थलमार्ग से पेरिस पहुँचे। पहली नज़र में यूरोप उन्हें कुछ ख़ास नहीं लगा था, लेकिन पेरिस की शान-शौकत देखकर वह चकित रह गए। उन्हें अफ़सोस हुआ कि शहर देखने के लिये उनके पास ज़्यादा समय नहीं था।

गाँधीजी की तरह रवीन्द्रनाथ भी ऐसे समय में इंग्लैंड पहुँचे, जब वहाँ का मनहूस मौसम कुछ ज़्यादा ही मनहूस होता है। दिन छोटे होने लगते हैं, अक्सर बारिश होती है। धूप के दर्शन नहीं होते। लन्दन में उन्हें कुछ एक घंटे रहना था। यह शहर उन्हें बिलकुल नहीं भाया। उनके साथ आये एक सहयात्री ने बताया कि पहली नज़र में लन्दन ऐसा ही लगता है। धीरे-धीरे उससे प्यार होता है। इसके बाद दोनों भाई सीधे ब्राइटन पहुँचे, जहाँ सत्येन्द्रनाथ की पत्नी ज्ञानदानन्दिनी देवी अपने बच्चों के साथ रह रही थीं।

कलकत्ता छोड़ने के करीब 6 महीने बाद फिर से पारिवारिक माहौल, माँ जैसी भाभी, भतीजा-भतीजी। किशोर रवि के दिन अच्छे ही कट रहे थे। ब्राइटन एक छोटा सा शहर था, भाई-भाभी की छत्रछाया में वह वहाँ के सामाजिक जीवन में रम गए, सुदर्शन किशोर को डिनर और डांस पार्टियों में निमंत्रण मिलने लगा। नाचने में अब संकोच नहीं होता था, उन्होंने कई विलायती गीत भी सीख लिए। वहाँ उन्हें एक पब्लिक स्कूल में भर्ती कर दिया गया।

उन्हीं दिनों सत्येन्द्रनाथ के मित्र कलकत्ता के बैरिस्टर तारकनाथ पालित अपने बेटे लोकेन की शिक्षा की व्यवस्था करने के लिए वहाँ गए हुए थे। रवीन्द्रनाथ की दिनचर्या देखकर उन्होंने कहा कि इस तरह तो उसे इंग्लैंड में कोई शिक्षा नहीं मिलेगी। उन्हीं की पहल पर रवि को लन्दन भेजा गया। वहाँ वह लन्दन यूनिवर्सिटी कॉलेज में भर्ती हो गए। लोकेन पालित उनके गहरे मित्र बन गए।

यह मित्रता जीवन के अन्तिम दिनों तक बनी रही।

लन्दन में रवीन्द्रनाथ पेइंग गेस्ट बनकर रहने लगे। वह आर्ट्स और लॉ फ़ैकल्टी के छात्र थे। वह मिस्टर स्कॉट के घर में रह रहे थे व उनकी दोनों बेटियों से उनकी अच्छी मित्रता हो गई। बाद में कवि ने स्वीकार किया था कि दोनों बहनों को उनसे प्यार हो गया था, लेकिन वह ख़ुद इतने नम्र और संकोची थे कि बात आगे नहीं बढ़ी। विश्वविद्यालय में हेनरी मार्ले अंग्रेज़ी साहित्य के शिक्षक थे, जिनके भाई जॉन मार्ले बाद में ब्रिटिश सरकार के भारत सचिव बने(मार्ले-मिन्टो सुधार)। रवि उनकी अध्यापन पद्धति से अत्यंत प्रभावित हुए। अपनी वृद्धावस्था में भी वह अध्यापक मार्ले का ज़िक्र करते थे। उन्होंने लिखा है—

> उस थोड़े से समय में मैं काफ़ी कुछ सीख सका। यह सिर्फ़ कक्षा की पढ़ाई नहीं थी। साहित्य के साथ-साथ यह मन का मिलन था।

इस दौरान वह अक्सर ब्रिटिश संसद के अधिवेशनों में दर्शक के रूप में जाते थे, ख़ासकर ग्लैडस्टोन का भाषण सुनने के लिये।

रवीन्द्रनाथ को ब्रिटेन की संसद की दिनचर्या का भी परिचय मिला। उन्होंने देखा कि सांसद आमतौर पर खाली कक्ष के सामने भाषण देते हैं, वे बाहर कहीं बैठे होते हैं, चाय-कॉफ़ी पीते हैं, हालाँकि जब ग्लैडस्टोन भाषण देते हैं तो पक्ष-विपक्ष के सभी सदस्य आ जाते हैं। भाषणों के तर्कों को सुने बिना ही वे मतदान के समय आकर वोट दे देते हैं। उन्होंने देखा कि अनुदारवादी पार्टी के सदस्य अनुशासन के पालन में ज़्यादा कट्टर होते हैं, जबकि उदारवादी सांसद अक्सर अपने विवेक के अनुसार मतदान करते हैं। आयरिश सदस्यों के भाषण शोरगुल में डूब जाते हैं, इस वजह से वे हमेशा तने हुए रहते हैं और लगातार व्यवस्था के प्रश्न उठाते हुए संसद के कामों में बाधा डालते हैं।

इंग्लैंड के अनुभव

यह छात्र जीवन भी सिर्फ़ चार महीनों तक चला। इस बीच वह अपनी प्रिय भाभी कादम्बरी देवी को इंग्लैंड में अपने अनुभवों के बारे में लम्बी-लम्बी चिट्ठियाँ लिख रहे थे, जिन्हें धारावाहिक रूप से *भारती* पत्रिका में छापा जा रहा था। ख़ासकर वह इस बात से अत्यन्त प्रभावित थे कि वहाँ स्त्री-पुरुष अबाध रूप से मिल सकते हैं, बातचीत कर सकते हैं। खुले शब्दों में व्यक्त उनकी इस मुग्धता से परिवार के लोग अत्यन्त चिन्तित थे। उनकी चिट्ठियों पर *भारती* पत्रिका के सम्पादक व उनके सबसे बड़े भाई द्विजेन्द्रनाथ के साथ एक सार्वजनिक विवाद छिड़ गया, जो

उस समय कलकत्ता के सांस्कृतिक जगत में चर्चा का विषय बन गया।

मिसाल के तौर पर रवीन्द्रनाथ ने भारत के साथ तुलना करते हुए लिखा था कि वहाँ स्त्रियाँ मेहमानों के सामने नहीं आती थीं। जबकि इंग्लैंड में मेहमान आने पर सबसे पहले पत्नी के साथ उसका परिचय करवाया जाता है। इसके बाद उन्होंने टिप्पणी की थी कि जो मित्र अपनी पत्नी को मुझसे छिपाकर रखता है, उससे बात नहीं करवाता है, ऐसे मित्र से मैं कोई रिश्ता नहीं रखता। इस पर टिप्पणी करते हुए द्विजेन्द्रनाथ ने लिखा—

> मैं अपने मित्र से कोई रिश्ता नहीं रखूँगा, उसका चेहरा भी नहीं देखूँगा। उसका अपराध यही है कि उसने अपनी पत्नी से नहीं मिलवाया। सुना है कि शेर के मुँह से गोश्त छीन लेने पर उसकी ऐसी हालत होती है।

रवीन्द्रनाथ के इन पत्रों में अप्रवासी भारतीय समुदाय की हीनमन्यता व भारत के लोगों के बारे में आम अंग्रेज़ों के पूर्वाग्रहों की भी कटु आलोचना की गई थी। अधिकतर अप्रवासी बंगाली थे और कवि ने उन्हें इंग-बंग सम्प्रदाय कहा। धर्म की तरह इंगलिस्तानी कायदे-क़ानूनों का पालन करते हुए वे अपने देश के रिवाजों का मखौल उड़ाते थे। ऐसा करते हुए वे साबित करना चाहते थे कि वे ख़ुद उनसे काफ़ी अलग हैं। लेकिन इसका उल्टा ही नतीजा होता था, इन अप्रवासियों को भी पिछड़े लोगों के रूप में देखा जाता था। इसमें कोई शक नहीं कि इंग्लैंड उस समय कम-से-कम भारतवासियों के लिये ज्ञान और आधुनिकता का केन्द्र था। लेकिन इन अप्रवासियों की सारी चिन्ता यहीं तक सिमटी रहती थी कि वे छुरी-काँटा ठीक से पकड़ पा रहे हैं या नहीं। पुराने अप्रवासी नये आगन्तुकों को हिकारत से देखते थे, क्योंकि उन्हें तहज़ीब नहीं आती थी। साथ ही, अभिजात परिवार के रवीन्द्रनाथ को यह भी गवारा नहीं था कि ये अप्रवासी घर में काम करने वाली अंग्रेज़ नौकरानी को लेडी समझकर उनसे पेश आते थे। अपने दादा द्वारकानाथ की तरह वह विलासिता में तो नहीं डूबे, लेकिन सारे सामाजिक सम्पर्कों में उनका आभिजात्य बना रहा। सत्रह साल के एक किशोर के लिये यह आसान नहीं था।

आम अंग्रेज़ों की हालत भी कोई बेहतर नहीं थी। उनके गृहस्वामी मिस्टर स्कॉट गर्व के साथ कहते थे कि वे हमेशा सीखने और सिखाने के लिये तैयार रहते हैं। रवीन्द्रनाथ की टिप्पणी—सिखाने के लिये उनके पास कुछ ख़ास नहीं था। भारत में कलकत्ता के भद्रलोक परिवेश में रहते हुए उन्हें कुछ ऐसा विश्वास था कि इंग्लैंड में हर कोई शेक्सपीयर या टेनिसन की बात करता है। वहाँ जाकर उन्होंने देखा वे बिलकुल आम लोग हैं। साथ ही उपनिवेश से आये विदेशियों के बारे में उनकी अपनी ही राय थी। वे सोचते थे, जिस लड़के को यह भी नहीं पता

कि राई के साथ मटन नहीं खाया जाता है, वह शेक्सपीयर के बारे में क्या जानेगा?

बहरहाल, इन पत्रों में एक किशोर की दृष्टि में इंग्लैंड के समाज का अच्छा परिचय मिलता है। साथ ही, पहली बार उन्हें दो संस्कृतियों के तुलनात्मक विवेचन का मौक़ा मिला। उम्र कम होने के बावजूद इनमें एक आलोचनात्मक बौद्धिक समझ झाँकती है। उस समय के मूल्यों के अनुसार उदारवादी उत्सुकता और प्रखर राष्ट्रवाद भी देखा जा सकता है। इन दोनों के द्वंद्व के बीच उनकी वैचारिकता पनप रही थी। बोलचाल की भाषा में ये पत्र लिखे गए थे, जो बाद में रवीन्द्रनाथ की गद्यशैली बनने वाली थी। इस प्रकार साहित्य के रूप में भी इनके महत्त्व को नकारा नहीं जा सकता है। लगभग डेढ़ साल बाद द्विजेन्द्रनाथ की तीखी टिप्पणियों सहित *यूरोप प्रवासी के पत्र* नाम से इन्हें एक पुस्तक के रूप में प्रकाशित किया गया। आज भी इस पुस्तक की लोकप्रियता बनी हुई है।

इस दौरान कविताएँ कम लिखी गईं। उनकी रचना *कविकाहिनी* एक ग्रंथ के रूप में आई। इसके अलावा ब्रजबोली में लिखी जा रही *भानुसिंह की पदावली* की कुछ कविताएँ। साथ ही उन्होंने *भग्नहृदय* नामक एक काव्यनाटक लिखना शुरू किया था।

घर में लोग चिन्तित थे कि लड़का कहीं पाश्चात्य के मोहपाश में बँधकर हाथ से निकल तो नहीं जा रहा है? साथ ही वे देख रहे थे कि इस किशोर में एक नया आत्मविश्वास पैदा हो चुका है और वह किसी की परवाह किये बिना अपनी राय व्यक्त कर रहा है। उनकी आपत्ति आत्मविश्वास से नहीं, बल्कि उस राय से थी। सच कहा जाय तो वे इस बदलते किशोर को समझ नहीं पा रहे थे। क्या उन्हें द्वारकानाथ के यूरोप प्रवास का भूत सता रहा था? इस रवि को तो वे जानते ही नहीं थे। वे इस बात से भी चिन्तित थे कि विश्वविद्यालय में उनकी शिक्षा चार महीनों से आगे नहीं चली। शिक्षा के क्षेत्र में भारत में रवीन्द्रनाथ के अब तक के अनुभव भी ढाढ़स दिलाने वाले नहीं थे।

मित्र लोकेन पालित ने तो सिविल सर्विस की परीक्षा पास कर ली। लेकिन रवीन्द्रनाथ के बैरिस्टर बनने के कोई लक्षण नहीं दिख रहे थे। अन्ततः डेढ़ साल बाद देवेन्द्रनाथ ने उन्हें भारत लौट आने का आदेश दिया। रवीन्द्रनाथ लौट आये। खाली हाथ। किसी डिग्री के बिना। बिना बैरिस्टर बने।

निर्झर का जागरण

17 वर्ष का एक किशोर घर से निकला था। पहले अहमदाबाद, फिर बम्बई, उसके बाद डेढ़ साल विलायत में। अब 19 साल का एक युवक घर लौटा। इंग्लैंड में रहने के दौरान ही बड़े भाई व *भारती* पत्रिका के सम्पादक द्विजेन्द्रनाथ के साथ स्त्रियों की स्वतंत्रता के सवालों पर सार्वजनिक रूप से बहस हो चुकी थी। अब लोगों ने देखा कि युवक रवि पूरे आत्मविश्वास के साथ हर सवाल पर अपनी राय व्यक्त करता है, वह पुराना झिझकता हुआ शर्मीला किशोर नहीं रह गया है।

ब्राह्म समाज में किसी देवता का नाम लिये बिना आध्यात्मिक गीतों का प्रचलन शुरू हुआ था। इन्हें ब्रह्मसंगीत का नाम दिया गया था। ख़ासकर ज्योतिरिन्द्रनाथ ने इस प्रकार के कई गीत लिखे थे। विलायत से लौटने के बाद रवीन्द्रनाथ से भी ऐसे गीत लिखने का अनुरोध किया गया। उन्होंने 7 गीत लिखे, जो आज भी अत्यन्त लोकप्रिय हैं। इसके बाद वह ज़िन्दगीभर ब्रह्मसंगीत लिखते रहे। इन गीतों में उनकी आध्यात्मिक चेतना का निरन्तर विकास देखा जा सकता है।

ब्रह्मसंगीत की परम्परा राममोहन राय से ही शुरू हो चुकी थी। लेकिन रवीन्द्रनाथ ने उसे एक नया आयाम दिया। मिसाल के तौर पर राममोहन द्वारा रचित एक गीत उन दिनों बहुत प्रसिद्ध हुआ था, जिसकी पहली पंक्तियाँ इस प्रकार थीं—

याद रखो, वह आख़िरी दिन होगा कितना भयंकर
सारा विश्व बोलता होगा सिर्फ़ तुम होगे निरुत्तर

इसकी तुलना रवीन्द्रनाथ की किशोरावस्था में लिखे इस गीत से की जाय—

नयन तुम्हें देख न पाये रहते हो हर नयन में
हृदय तुम्हें जान न पाये हृदय में हो तुम शयन में

इस गीत के बारे में एक पारिवारिक मित्र ने देवेन्द्रनाथ से कहा था। पिता ने पुत्र को बुलाकर गीत सुनना चाहा। उसके बाद उन्होंने कहा था—''देश में अगर अपना राजा होता तो वह कवि को पुरस्कृत करता। ऐसा नहीं है, इसलिए

यह काम मुझे करना है। यह कहते हुए उन्होंने रवीन्द्रनाथ को पाँच सौ रुपये का एक चेक दिया था।

जोड़ासाँको के ठाकुर भवन में विद्वज्जन समागम के नाम से एक सभा का आयोजन किया जाता था, जिसमें कलकत्ता के सभी मशहूर बुद्धिजीवी आया करते थे। इस सभा का वार्षिक अधिवेशन होने वाला था, जिसके लिये रवीन्द्रनाथ से एक नाटक लिखने को कहा गया। उन्होंने *वाल्मीकि प्रतिभा* नाम से एक गीतिनाटिका लिखी। इस नाटिका पर कवि बिहारीलाल चक्रवर्ती की शैली का प्रभाव स्पष्ट रूप से देखा जा सकता है। साथ ही उन्होंने पश्चिमी संगीत का व्यापक रूप से प्रयोग किया। मिसाल के तौर पर Robert Burns के प्रसिद्ध गीत 'Ye Banks' का बांग्ला में अनुवाद करते हुए मूल सुर में उसे प्रस्तुत किया। 'परिणीता' फ़िल्म में इस गीत के मुखड़े 'फूल फूल भंवरा डोले मन में गूँजे तेरी याद' को लिया गया है।

अधिवेशन में इस नाटिका का मंचन किया गया। रवीन्द्रनाथ ख़ुद वाल्मीकि की भूमिका में थे। दर्शकों में उपस्थित थे बंकिमचन्द्र चट्टोपाध्याय, हाईकोर्ट के जज व बाद में कलकत्ता विश्वविद्यालय के पहले भारतीय कुलपति गुरुदास बनर्जी, संस्कृत के पंडित व बांग्ला साहित्य के इतिहास के लेखक हर प्रसाद शास्त्री जैसे विद्वज्जन। रवीन्द्रनाथ के लेखन व अभिनय की अत्यन्त सराहना की गई।

अनिश्चित भविष्य और कविता का उत्कर्ष

काव्य प्रतिभा की सराहना हो रही थी, लेकिन रवीन्द्रनाथ के भविष्य के बारे में सभी चिन्तित थे। रवि खुद भी अवसाद में डूबे हुए थे कि वह कुछ भी नहीं कर रहे हैं। विलायत से भी खाली हाथ लौटना पड़ा है। पिता देवेन्द्रनाथ ने तय किया कि बैरिस्टर बनने के लिये उन्हें फिर विलायत जाना है। इस बार उनके साथ उम्र में उनसे कुछ बड़े भानजे सत्यप्रसाद को भी भेजा गया। सत्यप्रसाद की नई-नई शादी हुई थी। जहाज़ से कलकत्ता से मद्रास पहुँचते-पहुँचते उसे पत्नी की याद सताने लगी। वह रवीन्द्रनाथ पर दबाव डालने लगा कि विलायत यात्रा स्थगित करते हुए घर वापस लौटा जाय। दोनों लौट आए। अब अपराधी रवि को अपने पिता का सामना करना था। पिता से मिलने के लिये वह मुसौरी गए। देवेन्द्रनाथ अत्यन्त निराश हुए, लेकिन उन्होंने सिर्फ़ इतना कहा कि ईश्वर जो भी करता है, भले के लिये ही करता है। इसके बाद रवीन्द्रनाथ को विलायत भेजने की कोशिश बन्द हो गई।

जोड़ासाँको में दैनिक जीवन ऊबाऊ हो चला था। बड़े भाई द्विजेन्द्रनाथ

चिन्तक थे, अपनी ही धुन में रहते थे, मँझले भाई सत्येन्द्रनाथ सरकारी नौकरी में थे—बाहर रहते थे। तीसरे भाई हेमेन्द्रनाथ का परिवार बड़ा था, वह उसी में व्यस्त रहते थे। दो भाई मनोरोग से ग्रस्त थे। सबसे छोटे रवि का चौथे भाई ज्योतिरिन्द्रनाथ और उनकी पत्नी कादम्बरी देवी से लगाव था। वे दोनों भी नये उभरते कवि को काफ़ी प्रोत्साहन देते थे। ज्योतिरिन्द्रनाथ अपने नाटकों के लिये रवि से गीत लिखवाते थे, कादम्बरी देवी हमेशा कहती रहती थीं—तुम्हें बिहारीलाल जैसा कवि बनना है।'' मुसौरी से लौटने के बाद रवीन्द्रनाथ ने देखा कि ज्योतिदादा अपनी पत्नी के साथ घूमने निकल पड़े हैं। घर में अकेले रहते हुए उनकी कविताओं का स्रोत फूट पड़ा। आख्यान और गीतिकाव्य में अब तक पात्रों के मुँह से जो रूमानी भावनाएँ व्यक्त की जा रही थीं, पहली बार इन कविताओं में 'मैं' के रूप में उन्हें कहा गया। *संध्यासंगीत* नामक संग्रह में इन्हें संकलित किया गया। अब तक पुस्तक के रूप में उनकी चार रचनाएँ छप चुकी थीं : *कवि काहिनी, वाल्मीकि प्रतिभा, भग्नहृदय* और *रुद्रचंड*। *शैशव संगीत* और *भानुसिंह ठाकुर की पदावली* की कविताएँ भी इसी दौरान लिखी गई थीं। बाद में *पदावली* के अलावा बाकी पुस्तकों के नए संस्करणों को उन्होंने रोक दिया था। उनकी राय में ये स्तरीय रचनाएँ नहीं थीं। *संध्यासंगीत* के नये संस्करणों को भी वह रोकना चाहते थे, लेकिन लोगों के विरोध के चलते यह इरादा उन्होंने छोड़ दिया।

इस बीच कुछ उल्लेखनीय घटनाएँ हो रही थीं। एक दिन त्रिपुरा के महाराजा वीरचंद्र माणिक्य बहादुर के ख़ास मुंशी राधारमण घोष युवक कवि से मिलने आये। उन्होंने बताया कि महाराजा *भग्नहृदय* काव्य पढ़कर बहुत प्रसन्न हुए हैं और कवि को यह सूचना देने का निर्देश दिया है। युवक रवीन्द्रनाथ के लिये यह आशातीत प्रशंसा थी। बाद में उन्होंने कभी इस रचना को छापने नहीं दिया, लेकिन उन दिनों इसकी पंक्तियाँ ख़ासकर युवा पीढ़ी के बीच अत्यन्त लोकप्रिय हो चुकी थीं। उसी दौरान ब्राह्म समाज के अध्यक्ष राजनारायण बसु की पुत्री का विवाह था। ब्राह्म रीति से विवाह में आध्यात्मिक गायन को बहुत महत्त्व दिया जाता था। इसके लिये रवीन्द्रनाथ के कई गीतों को चुना गया। गायक थे नरेन्द्रनाथ दत्त—बाद में स्वामी विवेकानन्द।

शायद सबसे बड़ा पुरस्कार उन्हें बंकिमचन्द्र से मिला। एक सामाजिक कार्यक्रम में कलकत्ता के अभिजात समाज के सारे प्रतिनिधि उपस्थित थे। युवक रवीन्द्रनाथ भी गये हुए थे। माला पहनाकर बंकिमचन्द्र का स्वागत किया जाने वाला था। साहित्य सम्राट ने उन्हें रोकते हुए कहा कि बंकिमचन्द्र अब अस्ताचल

में जा रहा है, तरुण रवि का उदय हुआ है। ऐसा कहते हुए उन्होंने रवीन्द्रनाथ को वह माला पहना दी और हाल में प्रकाशित उनके काव्य संग्रह *संध्यासंगीत* की कविताओं की व्याख्या करते हुए उनकी बहुत प्रशंसा की। युवा कवि को अपने प्रिय लेखक से ऐसी प्रशंसा की उम्मीद न थी।

आज की दृष्टि से अगर देखा जाय तो इस पहले काव्य संग्रह की कविताओं में एक किशोर की भावुकता, किसी अज्ञात प्रेमिका के प्यार की तड़प और गहरे विषाद की अभिव्यक्ति के अलावा शायद ही कुछ दिखेगा। कहा जा सकता है कि उन्हें अपने विषाद से प्रेम हो गया था। जोड़ासाँको के विशाल भीड़ भरे घर में उनका अकेलापन भी इसका एक कारण था। लेकिन पहली बार अपने अन्दर झाँकते हुए अपनी भावनाओं की अभिव्यक्ति के रूप में वह कविता लिख रहे थे। कविता के प्रशिक्षार्थी के रूप में शायद यह एक आवश्यक अनुभव था। साथ ही उनमें भाषा की सरलता व सुन्दरता थी। यही वजह है कि मर्मज्ञ पाठकों के बीच उस समय इस संग्रह को इतनी लोकप्रियता मिली थी। बाद में रवीन्द्रनाथ ने इस संग्रह के बारे में लिखा था—

> हो सकता है कि काव्य के रूप में *संध्यासंगीत* का कोई मूल्य न हो...इसकी कविताएँ काफ़ी कच्ची हैं...इनका यही गुण है कि अचानक मैं अपने भरोसे अपनी ख़ुशी से जो मन में आया, लिखता गया। इसलिए उस लेखन का मूल्य भले ही न हो, उस ख़ुशी का मूल्य है।

ज्योतिरिन्द्रनाथ उन दिनों अपनी पत्नी कादम्बरी देवी के साथ चन्दननगर में रह रहे थे। रवीन्द्रनाथ भी उनके साथ रहने लगे। स्वत:स्फूर्त ढंग से विभिन्न विषयों पर गद्य लेखन चल रहा था। अधिकतर व्यंग्य लेखन। उसी बीच उन्होंने एक नया काम शुरू किया। वह अपना उपन्यास लिखने में जुट गए : *बहुरानी का हाट*। बंगाल के राजा प्रतापादित्य के जीवन पर आधारित, लेकिन मुख्य कथानक रूढ़ीवादी सामन्त परिवेश में घुटती हुई एक सरल युवती के दुख-दर्द पर केन्द्रित है। रवीन्द्रनाथ की उम्र बीस साल की थी। बांग्ला में उपन्यास लेखन उस समय अपने बचपन में था। सिर्फ़ पन्द्रह साल पहले बंकिमचन्द्र का पहला उपन्यास *दुर्गेशनन्दिनी* प्रकाशित हुआ था। *भारती* पत्रिका में धारावाहिक रूप से *बहुरानी का हाट* छप रहा था। यह उनका पहला प्रकाशित उपन्यास था। इससे पहले उन्होंने *करुणा* नामक एक उपन्यास लिखा था, जो पुस्तक के रूप में कभी नहीं छपा। बहरहाल, *बहुरानी का हाट* पढ़ने के बाद उसकी प्रशंसा करते

हुए बंकिमचन्द्र ने युवा लेखक को एक पत्र लिखा था। उपन्यास की प्रस्तावना में रवीन्द्रनाथ ने उनके इस पत्र का उल्लेख करते हुए कहा था कि किसी मित्र की असावधानी से वह पत्र खो गया है। बंकिमचन्द्र ने लिखा था कि हालाँकि यह कम उम्र के एक युवक की रचना है, लेकिन इसमें क्षमता का प्रभाव देखा जा सकता है।

चन्दननगर से लौटकर ज्योतिरिन्द्रनाथ कलकत्ता के सदर स्ट्रीट में अपनी पत्नी के साथ रह रहे थे। रवीन्द्रनाथ भी उनके साथ रहने लगे। गर्मी का मौसम था। एक दिन भोर में बरामदे में खड़े होकर वह सूर्योदय देख रहे थे। अचानक उन्हें लगा कि उनके अन्दर एक नई भावना जग रही है। विषाद दूर हो चुका है, आनन्द का एक भाव मन में जग उठा है। अपने संस्मरण *जीवनस्मृति* में वह लिखते हैं—

> देखते-देखते मेरी आँखों के सामने से जैसे एक पर्दा हट सा गया। मैंने देखा कि सारे संसार में एक अपूर्व महिमा है, हर कहीं आनन्द और सुन्दरता की तरंग हैं। मेरे हृदय के स्तरों में जो विषाद व्याप्त था, एक मुहूर्त में ही उसे भेदकर विश्व का आलोक फैलने लगा।

और इस भावना की अभिव्यक्ति उसी दिन लिखी गई उनकी कविता 'निर्झर का जागरण' में देखने को मिली। मूल नाम है 'निर्झर का स्वप्नभंग', लेकिन कवि का आशय सपना टूट जाने से नहीं, बल्कि सपने से जग उठने से है। सुललित भाषा व नृत्यरत छंद में लिखी गई इस कविता का सार्थक अनुवाद अत्यन्त कठिन है। पाठकों को उसका परिचय देने के लिये यहाँ प्रस्तुत हैं कुछ पंक्तियाँ—

आज इस प्रभात में रवि का कर
कैसे पहुँचा मेरे प्राण पर
कैसे पहुँचा गुफ़ा के अँधेरे में
प्रभात पक्षी का गान।
न जाने क्यों इतने दिनों के बाद
जाग उठा है प्राण।
थर-थर काँपता है भूधर
शिलाराशि गिरती है टूटकर
उफनता हुआ फेनिल सलिल
गरज उठता है प्रचंड रोष से
..

केश बिखराते हुए
फूल चुनते हुए
इंद्रधनुष से पंख मेलते हुए
रवि की किरण में हँसी बिखेरते हुए
लुटा दूँगा मैं प्राण।

इतने शब्द हैं, इतने गान हैं, इतना प्राण है मेरा
इतने सुख हैं, इतनी चाह है, प्राण भरा है मेरा

इस पर्व में लिखी गईं कविताओं में यही उल्लास दिखाई देता है, जिन्हें *प्रभात संगीत* नामक संकलन में संग्रहीत किया गया था। एक नये कवि का जन्म हो चुका था। बाद में कवि के शब्दों में—आज भी मुझे जीवन से उतना ही प्यार है, सिर्फ़ वह उन्माद नहीं रह गया है।

चोखेर बाली या आँख की किरकिरी

बंकिमचंद्र द्वारा सम्पादित पत्रिका *बंगदर्शन* बंद हो चुकी थी। 1901 में उसे फिर से शुरू किया गया। रवीन्द्रनाथ उसके सम्पादक बने और उसी वर्ष इस पत्रिका में धारावाहिक रूप से छपने लगा उनका नया उपन्यास चोखेर बाली या जिसे हिन्दी में नाम दिया गया *आँख की किरकिरी*।

सिर्फ़ 16–17 साल की उम्र में रवीन्द्रनाथ ने अपना पहला उपन्यास *करुणा* लिखा था। *भारती* पत्रिका में उसे धारावाहिक रूप से छापा गया था। बाद में कवि का कहना था कि वह कच्चे हाथ की रचना थी। इसलिए पुस्तक के रूप में उसे कभी छापा नहीं गया। इसके बाद उनके दो उपन्यास आये—*बहुरानी का हाट* और *राजर्षि*।

चोखेर बाली : पहला भारतीय आधुनिक उपन्यास

बांग्ला में उपन्यास लेखन बंकिमचंद्र के उपन्यास *दुर्गेशनन्दिनी* के साथ शुरू हुआ। सामाजिक उपन्यास लेखन भी। *चोखेर बाली* में भी बंकिम की रचना *विषवृक्ष* और कृष्णकान्त की *वसीयत की घटनाओं* व उसके पात्रों की समानताएँ देखी जा सकती हैं। लेकिन *चोखेर बाली* सिर्फ़ बंकिमोत्तर ही नहीं, वह बंकिम उपन्यासों की सीमाओं को तोड़ते हुए, उन सीमाओं को नकारते हुए लिखा गया उपन्यास है, जहाँ घटनाओं से ज़्यादा महत्त्वपूर्ण उन घटनाओं के ज़रिये पात्रों के व्यक्तित्व का उन्मेष है।

और यह पात्र एक स्त्री है—विनोदिनी।

यहाँ इस बात का उल्लेख अप्रासंगिक न होगा कि रवीन्द्रनाथ ने अपने उपन्यासों में स्त्री पात्रों को हमेशा महत्त्वपूर्ण दर्जा दिया है। उनके पुस्तकाकार में प्रकाशित 13 उपन्यास हैं। इनमें से *प्रजापति का निर्बन्ध* एक प्रहसन है, इसके अलावा *गोरा* और *राजर्षि* को अगर छोड़ दिया जाय, तो बाकी सभी उपन्यासों में स्त्री पात्रों की केंद्रीय भूमिका है। साथ ही, उनमें स्त्री के व्यक्तित्व, उसके

मनोजगत, उसके अभिप्राय, उसकी सामाजिक स्थिति और उससे उत्पन्न मजबूरियों को विशद रूप से दर्शाया गया है। *चोखेर बाली* से ही इसकी शुरुआत हो चुकी थी।

जोड़ासाँको में एक विशाल संयुक्त परिवार में रवीन्द्रनाथ रहते थे। यहाँ विदुषी महिलाएँ थीं, ब्याह में गाँव की अनपढ़ कन्याएँ लाई गई थीं, जिनकी शिक्षा का प्रबन्ध किया जाता था, और भारी संख्या में आश्रित अनपढ़ स्त्रियाँ थीं। इनके बीच सम्बन्धों में स्त्री जगत का सत्ता विमर्श भली-भाँति देखा जा सकता था। और पुरुष जगत में ब्राह्म समाज की रूढ़िवादी उदारता के बावजूद पुरुषवाद का बोलबाला था, ख़ासकर उनके बीच जो बौद्धिक रूप से कुछ पिछड़े हुए थे, और रवीन्द्र परिवार की चर्चा में जिनका शायद ही उल्लेख होता रहा है। इन अनुभवों से उन्हें नारी चरित्र के चित्रण की प्रेरणा मिली। यह भी रोचक है कि *चोखेर बाली* के साथ इस सबकी शुरुआत होती है, जब वह पिता देवेन्द्रनाथ के साये से निकलकर अपनी सामाजिक-सांस्कृतिक छवि के निर्माण की दहलीज़ पर थे।

कहानी रिश्तों में चतुष्कोणात्मक तनाव की है, जिसके केंद्र में विधवा युवती विनोदिनी है। वह आकर्षक युवती है, पढ़ी-लिखी है, उसे अंग्रेज़ी की शिक्षा भी मिली थी। खाते-पीते परिवार में अपनी विधवा ईर्ष्यालु माँ के लाड़-प्यार से भावनात्मक रूप से अवयस्क रह गए महेन्द्र से विनोदिनी की शादी की बात चली थी, लेकिन महेन्द्र ने मना कर दिया था। इसके बाद महेन्द्र अपने मित्र बिहारी के लिये लड़की देखने जाता है। वह लड़की—आशा—ख़ुद उसे पसंद आ जाती है। दोनों की शादी हो जाती है। सीधी-सादी आशा से महेन्द्र को बहुत प्रेम है, और यह भी ईर्ष्यालु विधवा माँ को पसंद नहीं है। मनुहार करते हुए वह बचपन की सहेली—विनोदिनी की माँ के पास गाँव में चली जाती है।

माँ-बेटे के बीच तनाव से मित्र बिहारी चिन्तित हो जाता है। वह महेन्द्र की माँ से मिलने गाँव जाता है। वहाँ महेन्द्र से उसे एक चिट्ठी मिलती है। संयोग से यह चिट्ठी विनोदिनी के हाथों में आती है और उसे उद्दाम कामना से भरे महेन्द्र और आशा के जीवन के बारे में पता चलता है। उसकी यौवन की दमित कामना फिर से जाग उठती है। वह सोचती है—'यह मेरा जीवन हो सकता था।'

महेन्द्र की माँ घर लौट आती है, साथ में विनोदिनी। चंद ही दिनों में वह सबका दिल जीत लेती है, लेकिन अन्दर-ही-अन्दर महेन्द्र और आशा का प्यार उसे कुरेदता रहता है। सीधी-सादी, मामूली सी लड़की आशा सबके ध्यान के केंद्र में है, जबकि उसकी आज कोई हैसियत नहीं। उसे सबको अपने वश में

लाना है, ख़ासकर महेन्द्र को। वह आशा को अपनी सहेली बना लेती है। बंगाल में उस ज़माने में किसी फूल या पंछी का नाम देकर दो सहेलियों के सम्बन्ध को औपचारिक रूप दिया जाता था। इसी नाम से वे एक दूसरे को सम्बोधित करती थीं। विनोदिनी ने नाम चुना *चोखेर बाली*, यानी आँख की किरकिरी। महेन्द्र को आकर्षित करना कतई मुश्किल नहीं होता है। इस बीच अपने दाम्पत्य जीवन में आई ऊब के चलते वह लौ के सामने पतंगे की तरह मंडराने लगता है। सिर्फ़ बिहारी इस पूरी समस्या की गंभीरता को समझता है, रोकने की कोशिश करता है, विफल रहता है। अंत में महेन्द्र विनोदिनी को साथ लेकर घर से चला जाता है।

सबसे पहले यह बता देना ज़रूरी है कि उस ज़माने में भद्रलोक परिवारों में इस तरह की घटनाएँ अत्यन्त विरल, या कहा जा सकता है कि अस्वाभाविक थीं। शेक्सपीयर के नाटकों की तरह यहाँ घटनाओं का जाल बुना गया है, ताकि पात्रों के चरित्रों, उनके अभिप्रायों व उससे होने वाले प्रभावों को निखारा जा सके। लिबिडो या कामना शब्द की सबसे सरल व्याख्या दैहिक हो सकती है और वह हमें महेन्द्र में दिखाई देती है। लेकिन विनोदिनी की कामना दैहिक नहीं है, वह सार्वभौम और स्वायत्त होने की आकांक्षा बन जाती है। समाज जब इसकी सम्भावना नहीं देता है तो वह समाज के ताने-बाने को तोड़कर विध्वंसक हो जाती है। यहाँ महेन्द्र नहीं, निःस्वार्थ, तर्कशील, बुद्धिमान बिहारी नहीं, अपनी सार्वभौमता की दुर्दम कामना के द्वारा परिचालित विनोदिनी घटनाओं को परिचालित करती है। घटनाएँ वहाँ तक पहुँच जाती हैं, जहाँ उसकी सार्वभौमता एक अंधी गली में फँस जाती है, अपने अन्दर झाँककर वह पाती है कि कामना के अवशेष नहीं रह गये हैं।

विवाहेत्तर प्रेम या कामना कोई नई चीज़ नहीं है। भारत में परकीया प्रेम की साहित्य में लम्बी परम्परा रही है। लेकिन उसके केंद्र में पुरुष रहा है। कहा जा सकता है कि राधा अपवाद थी। लेकिन प्रेम में उसे अपने व्यक्तित्व को पिघला देना पड़ा। *चोखेर बाली* में आधुनिकता की दहलीज़ पर अपने व्यक्तित्व, अपने अस्तित्व के बुनियादी कारक के रूप में एक स्त्री अपनी कामना को प्रतिष्ठित करने की कोशिश करती है। यह टॉल्स्टॉय की महान रचना *अन्ना करेनिना* की भी याद दिलाती है। आधुनिकता व्यक्तिसत्ता के जयगान का युग है, सामाजिकता जिसे दबाने की कोशिश करती है। इन दोनों के द्वंद्व से उभरता संकट—और अपने समय से सामंजस्य न रख पाने के कारण पात्र या पात्री का संकट उपन्यास का प्राण होता है। बांग्ला उपन्यास के इतिहास में *चोखेर बाली* इसकी पहली मिसाल है।

शेक्सपीयर की नायिका भी ऐसी हालत में शायद आत्महत्या कर लेती। 1901 में रवीन्द्रनाथ की कलम में एक और समाधान सम्भव था। ईर्ष्यालु माँ की स्वाभाविक मृत्यु हुई। युवती विधवा विनोदिनी सबको छोड़कर काशीवास करने चली गई। अब बाकी पात्रों को खंडहरों में से नई इमारत तैयार करनी थी। कहानी यहीं खत्म होती है। एक संदेश बचा रहता है : एक विधवा युवती भी इन्सान है। उसकी कामनाएँ हैं। इन कामनाओं की वैधता पर सवाल नहीं उठाया जा सकता और यही रवीन्द्रनाथ का संदेश है।

आमार सोनार बांग्ला

पाँच छात्रों के साथ 1901 में शान्तिनिकेतन में ब्रह्मचर्याश्रम विद्यालय की स्थापना की गई। शिक्षक भी पाँच थे। शुरू में छात्रों से कोई शुल्क नहीं लिया जाता था। लेकिन जल्द ही पता चल गया कि यह व्यवस्था चलने वाली नहीं है। शिक्षकों को तो वेतन देना पड़ेगा। इसी बीच दस महीनों के अन्दर पहले उनकी पत्नी मृणालिनी, फिर मँझली बेटी रेणुका की मृत्यु हो गई। पारिवारिक शोक के बावजूद रचना और सामाजिक गतिविधियाँ जारी रहीं। *चोखेर बाली* के बाद उन्होंने एक नया उपन्यास लिखना शुरू किया— *नौकाडुबी,* या *नाव डूब जाना*।

बंग भंग की कोशिश और रवीन्द्रनाथ

1857 के विद्रोह के दौरान बंगाल लगभग पूरी तरह से कम्पनी के शासन के साथ था। लेकिन इस बीच स्थिति काफ़ी बदल चुकी थी। ब्रिटिश शासन के खिलाफ़ विरोध की आवाज़ें ज़ोर पकड़ती जा रही थीं। बंगाल ब्रिटिश भारत का सबसे बड़ा प्रदेश था, यहीं उसकी राजधानी कलकत्ता भी थी। ब्रिटिश सरकार इन आवाज़ों को दबाना चाहती थी। 1857 के अनुभव से वह जानती थी कि हिन्दू-मुस्लिम एकता शासन के लिये एक गंभीर खतरा पैदा करती है। बंगाल में मुस्लिम आबादी का बहुमत था, लेकिन समाज में हिन्दू भद्रलोक और ज़मींदार समुदाय छाया हुआ था। सरकार को एक सम्भावना दिखी कि इनके बीच मतभेद बढ़ाते हुए विरोध को कमज़ोर किया जा सकता है। भारत सरकार के मुख्य सचिव हर्बर्ट रिज़ले ने 3 दिसम्बर, 1903 को बंगाल की प्रादेशिक सरकार के मुख्य सचिव के नाम एक पत्र भेजा, जिसमें बंगाल की सीमाओं के पुनर्निधारण की ज़रूरत पर ज़ोर दिया गया था। हालाँकि प्रशासन को चुस्त-दुरुस्त करने के लिये ऐसा प्रस्ताव पेश किया गया था, लेकिन अपने पत्र में रिज़ले ने कहा था कि उनका मुख्य लक्ष्य है बंगाल को बाँट देना और इसके ज़रिये विरोध की आवाज़ को कुचल देना।

इलाहाबाद के *पायोनियर* समाचार पत्र के एक लेख में इस पत्र का ज़िक्र किया गया था। उसके आधार पर 10 दिसम्बर, 1903 को *द बेंगाली* समाचार पत्र

के सम्पादकीय में इस विचार का कड़ा विरोध किया गया। इसके बाद जब *इंडिया गेजेट* में पूरा पत्र छपा तो चारों ओर विरोध की लहर फैल गई। द *बेंगाली* समाचार पत्र में इन विरोध अभियानों की नियमित रिपोर्टें छपने लगीं। यहाँ तक कि राजनीति से दूर रहने वाली संस्था बंगीय साहित्य परिषद की ओर से कलकत्ता के स्टार थियेटर में एक अधिवेशन का आयोजन किया गया, जिसमें बांग्ला भाषा व साहित्य के लिये खतरे के रूप में बंगाल के विभाजन की योजना का विरोध किया गया।

वाइसराय लॉर्ड कर्ज़न इन विरोध अभियानों से सख्त नाराज़ थे। 17 फ़रवरी, 1904 को उन्होंने नये मुख्य सचिव ब्रॉडरिक को लिखे एक पत्र में कहा कि ये बंगाली लोग अपने आपको एक महान जाति समझते हैं और ऐसे एक भविष्य का सपना देखते हैं, जिसमें अंग्रेज़ों को देश से भगा दिया जाएगा और लाट महल में कोई बाबू बैठेगा। इस शोरगुल के सामने अगर हम हथियार डाल देते हैं तो बंगाल का विभाजन सम्भव नहीं होगा। साथ ही एक दूसरा मोर्चा खोल दिया गया। 1902 में ही उन्होंने भारतीय विश्वविद्यालय आयोग का गठन किया था। इस आयोग की एक रिपोर्ट के आधार पर सेनेट के सदस्यों की संख्या कम करते हुए उनमें अंग्रेज़ सदस्यों की संख्या बढ़ा दी गई, ग़ैर सरकारी कॉलेजों में विधिशास्त्र की शिक्षा खत्म कर दी गई, दूसरे दर्जे के कॉलेजों की संख्या में भारी कमी की गई व परीक्षा में पास करने के लिये न्यूनतम अंक बढ़ा दिये गये। लॉर्ड कर्ज़न का मानना था कि अंग्रेज़ी शिक्षा के कारण आधुनिक विचार फैल रहे हैं और आम जनता के बीच उच्चशिक्षा के अवसर घटाने पड़ेंगे।

पूरे बंगाल में शिक्षित वर्गों की ओर से इसका भारी विरोध किया गया। जोड़ासाँको के ठाकुर परिवार के कई लोग इस विरोध में शामिल हुए। लेकिन अभी तक रवीन्द्रनाथ ने बंगाल के विभाजन या नई शिक्षा नीति के बारे में कुछ नहीं कहा था। बहरहाल, असन्तोष दबाने के लिये बंगाल के विभाजन के बारे में खुलेआम बातें बन्द कर दी गईं। विरोध की लहर थोड़ी शान्त हुई। लेकिन बंगाल के विभाजन के लिये सरकार की योजना पर काम जारी रहा।

हालत कुछ सामान्य होने के बाद रवीन्द्रनाथ ने कहा कि अब तक वह चुप थे, लेकिन अब बोलने का समय आ गया है। 1904 में 'स्वदेशी समाज' शीर्षक के एक निबन्ध में उन्होंने लिखा कि इस आन्दोलन में दो नई बातें देखने को मिली हैं। विश्वविद्यालय बिल के ज़रिये सरकार स्वाधीन शिक्षा के आधार को नष्ट करना चाहती है। बंगाल के विभाजन के ज़रिये वह बंगालियों को कमज़ोर बनाना चाहती है। शिक्षा और एकता हर जाति (राष्ट्र) का आधार होता है। उस पर हमले के कारण

बंगाली आज जाग उठा है। सरकार में उसकी आस्था घट चुकी है। लेकिन अभी भी हम सिर्फ़ भाषणों के ज़रिये व सरकार से विनती करते हुए अपनी बात मनवाने की कोशिश कर रहे हैं। इस आन्दोलन में सिर्फ़ धनवान और ज़मींदार लोग हैं। हमें समाज की ओर लौटना होगा। आम लोगों के संगठन की शक्ति में आस्था रखनी होगी।

1905 का वर्ष रवीन्द्रनाथ के जीवन में अत्यन्त घटनाबहुल रहा। जनवरी में पिता देवेन्द्रनाथ का 88 वर्ष की आयु में देहान्त हो गया। पिता के साये से सम्पूर्ण रूप से मुक्त हो जाना उनके व्यक्तित्व के विकास के लिहाज़ से काफ़ी महत्त्वपूर्ण था। अब उनमें उत्तरदायित्व की एक नई भावना पैदा हुई। देवेन्द्रनाथ की मृत्यु बंगाल के तथाकथित नवजागरण के पर्व में धार्मिक सुधार के अन्त की भी द्योतक थी। अब राजनीति इतिहास की प्रेरक शक्ति थी और लार्ड कर्ज़न के अगले कदम ने इसमें उत्प्रेरक का काम किया।

बंगाल के विभाजन की योजनाएँ अब सामने आने लगी थीं। अगस्त के महीने से ही बंगाल में ब्रिटिश मालों के बहिष्कार का आन्दोलन शुरू हो चुका था। 7 अगस्त को टाउनहॉल में रवीन्द्रनाथ ने 'अवस्था और व्यवस्था' शीर्षक से एक लेख का पाठ किया। इस लेख में उन्होंने कहा कि विभाजन की कोशिशों से बंगालियों की एकता मज़बूत हुई है। बाहर से अगर हमला हो तो प्रेम के आधार पर आन्तरिक एकता का जन्म होता है।

इस दौरान रवीन्द्रनाथ ने बाउल गान के सुर में 21 स्वदेशी गीत लिखे, जिनमें शामिल था 'आमार सोनार बांग्ला', जिसे बाद में स्वाधीन बांग्लादेश का राष्ट्रगान बनाया गया।

1 सितम्बर, 1905 को सरकार की ओर से घोषणा की गई कि 16 अक्टूबर के दिन बंगाल को दो टुकड़ों में बाँट दिया जाएगा। रवीन्द्रनाथ उस समय गिरिडीह में थे। वह कलकत्ता लौट आये। व्यापक स्तर पर उन्होंने आन्दोलन के कार्यकर्ताओं और नेताओं से बातचीत जारी रखी। उनके प्रस्ताव के अनुसार तय किया गया कि 16 अक्टूबर को (रक्षाबंधन का दिन न होने के बावजूद) हिन्दू-मुसलमान सबको राखी बाँधी जाएगी। इस अवसर के लिये उन्होंने एक गीत रचा—

बांग्ला की माटी, बांग्ला का जल,
बांग्ला की वायु, बांग्ला का फल,
पुण्य हो, पुण्य हो, पुण्य हो, हे भगवान

फिर आया 16 अक्टूबर का दिन। जोड़ासाँको की ठाकुरबाड़ी से हज़ारों लोगों का जुलूस सड़कों से होते हुए गंगास्नान करने गया। स्नान के बाद लौटते हुए, कवि का यह गीत गाते हुए वे रास्ते में हिन्दू-मुसलमान सबको राखी बाँधने

लगे। भाईचारे का एक अद्‌भुत प्रदर्शन कलकत्ता में देखा गया। शायद यह स्वतंत्रता आन्दोलन के नागरिकों का जुलूस था। और इसे नेतृत्व दे रहे थे रवीन्द्रनाथ टैगोर।

रवीन्द्रनाथ ने परिलक्षित किया था कि राजनीति अब नेताओं के हाथ से फ़िसलकर जनता के बीच आ रही है। भावी कार्यक्रम के रूप में उन्होंने प्रस्ताव रखा था कि हर ज़िले में कृषि मेले का आयोजन किया जाय। पुराने धार्मिक मेलों के स्थान पर देसी मेलों का आयोजन हो, जिनमें हिन्दू-मुसलमान के मिलन को प्रमुखता दी जाय। एक नेतृत्व चुना जाय, जिसमें हिन्दू और मुसलमानों की भागीदारी हो। यह आन्दोलन हिन्दू ज़मींदारों और भद्रलोक समुदाय तक सीमित था, रवीन्द्रनाथ ने उसके जनाधार को व्यापक बनाने की ज़रूरत पर ज़ोर दिया। यह इसलिए भी ज़रूरी था,क्योंकि मुसलमान समुदाय के व्यापक हिस्सों में यह धारणा पैदा हुई थी कि विभाजन के बाद मुसलमान बहुल पूर्वी हिस्से में उनकी हालत बेहतर होगी। रवीन्द्रनाथ ने कहा था—जब हम मुसलमान किसानों के बीच जाकर बंगभंग के नुकसान के बारे में बताते हैं, तो आपस में वे कहते हैं: ''लगता है बाबुलोग किसी बड़ी मुसीबत में फँस गये हैं।'' जनता के बीच एक साम्प्रदायिक विभाजन की दरारें स्पष्ट रूप से सामने आ चुकी थीं। रवीन्द्रनाथ उसे पाटना चाहते थे।

बंगाल के विभाजन को तो 1911 में वापस ले लिया गया। लेकिन ब्रिटिश सरकार ने साम्प्रदायिक ज़हर का जो बीज बो दिया था, वह विशाल आकार में दिखने लगा व आज भी दिख रहा है। 1907 में बंगाल में साम्प्रदायिक दंगे शुरू हो गए। निराश रवीन्द्रनाथ सार्वजनिक परिसर छोड़कर फिर से अपने एकान्त में लौट गये। अगले काव्यग्रंथ *खेया* की एक कविता में उन्होंने अपनी इस मनोदशा का वर्णन किया है—

विदा देना, मुझे क्षमा कर देना
काम के पथ पर अब मुझे नहीं रहना।

यह पहली और आखिरी बार था कि रवीन्द्रनाथ राजनीतिक कार्यक्रम के साथ सड़क पर उतरे थे। वह वापस लौट गये। अब साहित्य उनका हथियार बना।

गोरा का यक्षप्रश्न

अपनी पुस्तक, द स्वदेशी मूवमेंट इन बैंगॉल में सुमित सरकार कहते हैं—

> दंगों के बाद रवीन्द्रनाथ ने भारत की सबसे मौलिक समस्या को एक नए रूप में देखा। अब उनका आदर्श महान हिन्दू अतीत की ओर लौटना नहीं रह गया था, जातिप्रथा के अंतर्गत हर समुदाय को एक कोने में स्थान देते हुए बहुलताओं को समाहित करने वाले आत्मनिर्भर समाज को प्राप्त करना नहीं रह गया था। अब दीवारों को पूरी तरह से तोड़ना था, दकियानूस दीवारों को निर्णायक रूप से ठुकराते हुए व्यापक मानवतावाद के आधार पर भारत में एक महाजाति का निर्माण करना था। (पृष्ठ 85)

गोरा भारत में पहला उपन्यास था, जिसमें परस्पर विरोधी वैचारिक धाराओं के साथ तत्कालीन भद्रलोक समाज का समूचा चित्र प्रस्तुत किया गया है। सभी विमर्शों में इसे एक मानीखेज़ उपन्यास के रूप में रेखांकित किया गया है। लेकिन अज्ञेय के अनुवाद में भी यह हिन्दी जगत में पाठकों के बीच लोकप्रिय नहीं हो पाया। अचरज की बात यह भी है कि बांग्ला में भी यह उपन्यास उतना लोकप्रिय नहीं हुआ, जितना इसे 'सेलिब्रेट' किया गया। कहा जा सकता है कि प्रेमचंद के उपन्यासों *रंगभूमि* और *कर्मभूमि* की तरह यहाँ भी एक ऐतिहासिक कैनवास प्रस्तुत किया गया, और गोरा सहित सारे मुख्य पात्रों के चरित्र और उनके अन्तर्सम्बन्ध उसी कैनवास में से उभरते हैं।

कहा जा सकता है कि बंकिमचन्द्र के *आनन्दमठ* के बाद *गोरा बांग्ला* साहित्य का पहला मानीखेज़ उपन्यास है। कहानियाँ बिलकुल अलग होने के बावजूद दोनों में सतह के नीचे आधुनिकता से रू-ब-रू होने की प्रक्रिया में अपनी राष्ट्रीय अस्मिता की तलाश देखी जा सकती है। अपने इस नाम के उपन्यास में रवीन्द्रनाथ सहानुभूति के साथ गोरा की हिन्दुत्ववादी नैरेटिव का निर्माण करते हैं, यहाँ तक कि उसके प्रति समझ पैदा करते हैं और अंत में जाकर उसे पूरी तरह से ध्वस्त कर देते हैं और यह ध्वस्त होना गोरा की पराजय नहीं, उसकी मुक्ति है। यह

आनन्द मठ का जवाब है। वास्तुकला की दृष्टि से भी एक अनुपम उपन्यास है।

गोरा की तरह बंकिम का *आनन्दमठ* भी ऐंटी-क्लाइमैक्स के साथ खत्म होता है। दोनों में अंततः आधुनिकता में निहित विचारों को स्वीकारा गया है। लेकिन *आनन्दमठ* में यह आत्मसमर्पण है, जबकि इसके विपरीत *गोरा* में यह मुक्ति के रूप में प्रकट होता है, गोरा की 'पराजय' उसके आनन्द का स्रोत बन जाती है।

कथानक के ताने-बाने को अगर देखा जाय, तो अंत में ऐंटी-क्लाइमैक्स के पहले तक *आनन्दमठ* की वैचारिक बनावट एकआयामी है। लेकिन *गोरा* में यह बात नहीं है। पूरे उपन्यास में परस्पर विरोधी वैचारिक धाराओं को स्थान दिया गया है, उनका प्रतिनिधित्व है, उनकी पुष्टि की गई है। दिलचस्प बात यह है कि रवीन्द्रनाथ जब *गोरा* लिख रहे थे, वह ब्राह्म समाज के सचिव थे। लेकिन ब्राह्म समाज की उग्रता को उन्होंने इस उपन्यास में निर्मम ढंग से उघाड़ा। हर सुधार आन्दोलन, या मुक्तिकामी विचारधारा में कठमुल्लापन विकसित होने लगता है। भारत में रवीन्द्रनाथ ने इसे सबसे पहले समझा था।

गोरा उपन्यास 1907 से 1910 तक *प्रवासी* पत्रिका में धारावाहिक रूप से प्रकाशित हुआ था। 1910 में ही यह पुस्तक के रूप में छपा। इसी वर्ष बांग्ला *गीतांजलि* का प्रकाशन हुआ। उनके जीवन का पचासवाँ साल शुरू हुआ था। कवि और गद्य लेखक के रूप में साहित्य जगत में उन्हें मान्यता मिल चुकी थी। बंगभंग विरोधी आन्दोलन के एक प्रमुख प्रवक्ता के रूप में सामाजिक-राजनीतिक क्षितिज में उभरने के बाद निराश होकर वह शान्तिनिकेतन व अपने साहित्य में पनाह ढूँढ़ रहे थे। ऐसे एक दौर में *गोरा* से *गीतांजलि* तक के विस्तार में हमें उनके व्यक्तित्व का विकास दिखाई देता है, जो आनेवाले दशकों में बंगाल व भारत के बौद्धिक व सामाजिक विकास को निरूपित करने वाला था।

रवीन्द्रनाथ के लिये यह दौर आसान नहीं था। 1905 में उनके पिता का देहांत हो गया। 1907 में उनके छोटे बेटे शमीन्द्रनाथ की मौत हुई। अगले साल उनकी मँझली बेटी विधवा हो गई। इंग्लैंड के दिनों से ही उनके घनिष्ठ मित्र श्रीशचंद्र मजुमदार अचानक चल बसे। बंगभंग विरोधी आन्दोलन से दूर हट जाने के कारण समाचार पत्रों में उनकी तीखी आलोचना हो रही थी। 1907 से बंगाल में हिन्दू-मुस्लिम दंगे शुरू हो गये थे। रवीन्द्रनाथ इन दंगों से अत्यन्त व्यथित थे।

और इस सबके बीच वह हर महीने *प्रवासी* के लिये *गोरा* उपन्यास लिखे जा रहे थे। 32 अंकों में यह उपन्यास छपा। साथ ही कविताएँ लिखी जा रही थीं। *उत्सर्ग, नैवेद्य, खेया,* व उनके बाद *गीतांजलि*। इन कविताओं का मुख्य विषय

आध्यात्मिकता था। एक ओर *गोरा* जैसा प्रखर राजनीतिक उपन्यास, दूसरी ओर आध्यात्मिक कविताएँ। क्या यह सिर्फ़ संयोग था?

रवीन्द्रनाथ ने जब *गोरा* लिखना शुरू किया था, उन्हीं दिनों उन्होंने *गीतांजलि* की पहली कविता लिखी। थोड़ा ध्यान से पढ़ने से बांग्ला न जानने वाले भी इसे समझ सकते हैं—

अन्तर मम विकसित करो अन्तरतर हे।
निर्मल करो, उज्ज्वल करो, सुन्दर करो हे।
जाग्रत करो, उद्यत करो, निर्भय करो हे -
मंगल करो, निरलस निःसंशय करो हे।
युक्त करो हे सबार संगे, मुक्त करो हे बंध।
संचार करो सकल कर्मे, शान्त तोमारि छंद।
चरणपद्मे मम चित निस्पंदित करो हे -
नंदित करो, नंदित करो, नंदित करो हे।

नहीं, रवीन्द्रनाथ कभी भी गोरा की तरह कट्टर परम्परावादी नहीं थे। लेकिन इस बात से इनकार नहीं किया जा सकता कि शताब्दी के संधिस्थल में उनके अनेक लेखों व कविताओं में हिन्दू परम्परावादी विचार पाये जा सकते हैं। अन्तःपुर में परिवार के लिये भारतीय स्त्रियों के निःस्वार्थ काम को उन्होंने आदर्श के रूप में प्रस्तुत किया, राजपूत राजाओं और सिखों के साथ मुगल शासन के संघर्षों पर लिखी गईं कविताओं में अक्सर हिन्दू-मुस्लिम द्वंद्व का चित्रण देखने को मिला, एक-धर्म-राज्य की स्थापना के लिये शिवाजी के प्रयासों की गौरव गाथा गाते हुए उन्होंने 'शिवाजी उत्सव' नामक कविता लिखी। इसकी तार्किक परिणति थी सवर्ण वर्चस्व वाले बंगभंग विरोधी आन्दोलन की पहली पांत में उनकी भागीदारी।

जिस महान उदार मानवतावादी रवीन्द्रनाथ को हम पहचानते हैं, उसका जन्म इन्हीं अनुभवों और उनके निषेध के बीच से हो रहा था। इस आशय में गोरा के विकास को रवीन्द्र व्यक्तित्व के विकास के रूप में देखा जा सकता है। गोरा का अदम्य देशप्रेम, उसकी कट्टरता, उसकी बेचैनी, अपने विचारों के कारण आम लोगों से न जुड़ पाने के चलते उसकी छटपटाहट—किसी हद तक ये सब रवीन्द्रनाथ के अपने अनुभव थे, जिनसे वे इस दौर में जूझ रहे थे। कलाकार की निर्मम दृष्टि के साथ उन्होंने इसे परखा, उसके इर्दगिर्द कथानक की रचना की, और इसका नतीजा था *गोरा* उपन्यास।

गोरा की रचना रवीन्द्रनाथ के लिये मंज़िल पर पहुँचना नहीं थी, यह एक यात्रा की शुरुआत थी।

इस उपन्यास में परेश बाबू और आनन्दमयी दो ऐसे पात्र हैं, जिन्हें देखकर लगता है कि काश, हमारे समाज में ऐसे लोग होते। दोनों के लिये उदारता और मानवता उनकी आस्था से कहीं ज़्यादा महत्त्वपूर्ण हैं। परेश बाबू ज्ञानमार्ग से वहाँ तक पहुँचे हैं और आनन्दमयी अपने जीवन के अनुभव से, जिसका रहस्य उपन्यास के अन्त में जाकर खुलता है। इन दोनों के सामने उपन्यास के नायक और सहनायक, गोरा और विनय फीके पड़ जाते हैं। बंगाल में जात्रा की परम्परा में विवेक की जो भूमिका है, वही इस उपन्यास में इन दोनों पात्रों की है।

गोरा और विनय, दो गहरे दोस्त, एक-दूसरे के सम्पूरक हैं। विनय में गोरा की चारित्रिक दृढ़ता नहीं है, लेकिन अपने ढुलमुलेपन के बावजूद वह अपने जीवन और प्यार के लिये निर्णय लेने में कतई दुविधा में नहीं है और गोरा को भी इसे स्वीकार करना पड़ता है। उपन्यास के लगभग अन्त तक अपनी कट्टरता के साथ गोरा अपने इर्दगिर्द की घटनाओं को निरूपित करता है, अपनी आस्था के लिये वह जेल भी जाता है। विनय में ऐसा साहस नहीं है, घटनाएँ उसे निरूपित करती हैं। इसके बावजूद वह आवश्यक निर्णय लेने से पीछे नहीं हटता, जबकि सारी चारित्रिक दृढ़ता के बावजूद गोरा के सामने का परिदृश्य एक पहेली की तरह है, जिसका समाधान अपना जन्मविवरण सुनने के बाद, उसकी अब तक की दुनिया ध्वस्त हो जाने के बाद उपन्यास के अन्त में उसे मिलता है।

शायद इस उपन्यास के सबसे दिलचस्प चरित्र सुचरिता और ललिता हैं। गोरा का विमर्श अगर आधुनिकता का विमर्श है, तो उपन्यास में इस आधुनिकता के प्रतिनिधि सुचरिता और ललिता हैं। सुचरिता शान्त, सौम्य, सुचिन्तित, और ललिता विद्रोहिनी, जो शुरू में सुचरिता के साये में दिखती है। लेकिन धीरे-धीरे उसका व्यक्तित्व विकसित होता जाता है और वह एक स्वायत्त चरित्र के रूप में निखरकर सामने आती है। इसके विपरीत सुचरिता के विकास में हमें असमंजस और दुविधा के तत्व उभरते हुए दिखते हैं, और उनका समाधान भी उपन्यास के ऐंटी-क्लाइमैक्स के साथ होता है।

एक ओर गोरा और विनय, और उनके मुक़ाबले सुचरिता और ललिता—इनके अन्तर्सम्बन्धों से भी इस उपन्यास का एक दिलचस्प पाठ उभरता है। उपनिवेशी शासन अपने मातहतों के पौरुष पर एक हमला था, जिसका मुकाबला करते हुए उपनिवेशवाद विरोधी आन्दोलन में एक पुरुषवाद विकसित हुआ था। इस पुरुषवाद

का कार्यक्षेत्र अपने ही समाज की स्त्रियाँ थीं। उपन्यास में यह पुरुषवाद हमें गोरा के चरित्र में दिखाई देता है। कहीं-न-कहीं औपनिवेशिक पुरुष यहाँ रोल मॉडल है, जिसके मुकाबले के लिये एक वैकल्पिक पुरुषवाद को उभारा जा रहा है। एक ओर गोरा और विनय, दूसरी ओर सुचरिता और ललिता—इनके बीच प्यार और द्वंद्व में हमें इस वैकल्पिक पुरुषवाद का विखंडन भी देखने को मिलता है, जिसके नियन्ता हैं सुचरिता और ललिता।

अकादमिक जगत में आज ये सारे विमर्श आ चुके हैं। रवीन्द्रनाथ ने 1907-10 में एक कसे हुए ताने-बाने के साथ उन्हें उपन्यास के रूप में प्रस्तुत किया था।

घर में बाहर और बाहर घर की दुनिया

रवीन्द्रनाथ की जापान यात्रा के दौरान ही उनका उपन्यास *घर और बाहर* पुस्तक के रूप में प्रकाशित हुआ। इससे पहले *सबुजपत्र* पत्रिका में धारावाहिक रूप से उसका प्रकाशन हो रहा था। स्वदेशी आन्दोलन की पृष्ठभूमि में लिखे गये इस उपन्यास को *गोरा* के बाद उनका सबसे महत्त्वपूर्ण उपन्यास माना गया है। 1960 में बांग्ला पत्रिका *उत्तरा* में एक लेख में अवनींद्रनाथ राय ने उस अवधि में इस उपन्यास के महत्त्व को रेखांकित करते हुए लिखा था—

> गाँधी का अहिंसावाद अभी अज्ञात था। बंगाल में टेररिज़्म का दौर था—जिसका प्रण था कि अंग्रेज़ों के कठिन शासन की ज़ंजीर से देशमातृका का उद्धार करना है। गोला-बारूद नहीं है—गोला-बारूद इकट्ठा करना पड़ेगा—ज़रूरत पड़े तो विदेश से मँगाना पड़ेगा। धन नहीं है—जिसके पास है, उससे लूट लेना है। इसमें न्याय-अन्याय जैसी कोई चीज़ नहीं है—पहले देश का उद्धार, फिर दूसरी चिन्ताएँ...देशवासियों के मन में जब वन्देमातरम् का यह मंत्र ध्वनित हो रहा था, देश के लिये प्राण देना जब एक तुच्छ मामला था, उसी समय रवीन्द्रनाथ ने *घर और बाहर* की रचना की।

ऐसा भी कहा जा सकता है कि वैचारिक रूप से *गोरा* उपन्यास जहाँ खत्म होता है, *घर और बाहर* की शुरुआत वहाँ से होती है। तीन मुख्य पात्रों के एकालाप के ज़रिये इस उपन्यास का गठन किया गया है, संभवतः बांग्ला उपन्यास के इतिहास में पहली बार। इसके अलावा पहली बार रवीन्द्रनाथ ने रोज़मर्रा की भाषा में उपन्यास लिखा। साथ ही, इस उपन्यास में रवीन्द्र साहित्य में पहली बार हमें सन्दीप के रूप में एक खलनायक देखने को मिलता है। परम्परा और आधुनिकता के बीच द्वंद्व भी इस उपन्यास का प्रमुख विषय है।

सबसे बड़ी बात कि *घर और बाहर* प्रेम का उपन्यास है—कामना के रूप में प्रेम, देशप्रेम, और आत्मा के प्रस्फुटन के रूप में प्रेम। इन तीनों रूपों में प्रेम के अन्तर्द्वन्द्वों को उघाड़ा गया है। कोई समाधान प्रस्तुत नहीं किया गया, समाधान हो

भी नहीं सकता था, और इस तरह एक ट्रैजेडी के रूप में उपन्यास का अंत होता है।

उपन्यास का नायक निखिलेश एक राजपरिवार का बेटा है। अपने उद्दाम जीवन के फलस्वरूप जवानी में ही उसके दोनों बड़े भाइयों की मौत हो चुकी है—उनकी अत्यन्त सुन्दर पत्नियाँ विधवा के रूप में परिवार में हैं। अपेक्षाकृत रूप से एक साधारण परिवार की विमला निखिलेश की पत्नी बनकर इस परिवार में आती है। निखिलेश का शौक है विमला को तन-मन से आधुनिक बनाना। उसे आधुनिक कपड़े पहनाये जाते हैं, अंग्रेज़ी की शिक्षा के लिये एक अंग्रेज़ महिला नियुक्त की जाती है, साथ ही वह चाहता है कि विमला घर की चहारदीवारी में बन्द न रहे, उसे बाहरी दुनिया में सबके बीच लाया जाय। विमला के बारे में निखिलेश की सोच उसके इस कथन में व्यक्त होती है—"मेरी पत्नी, इसलिए वह मेरी ही है! वह अगर कहती है, नहीं, मैं मैं हूँ, तो मैं कहूँगा, वह कैसे सम्भव है, तुम तो मेरी पत्नी हो। क्या यह कोई तर्क है? क्या इसमें सच्चाई है? कैसे एक समूचे इन्सान को इस एक शब्द में तालाबन्द करके रखा जा सकता है?"

यहाँ एक बात पर ध्यान देना ज़रूरी है। यह विमला नहीं, निखिलेश का कथन है। इसमें मुक्ति की कामना तो है, लेकिन वह विमला की चेतना से नहीं उभरी है, और इस प्रकार वह विमला की नहीं, निखिलेश की, उसकी आदर्शवादी सत्ता की मुक्ति है। विमला एक आधुनिक नारी नहीं, आधुनिकता से सज्जित एक गुड़िया बनकर रह जाती है। परम्परा के अनुरूप अपने पति के प्रति निवेदित, लेकिन अपने प्रति इस प्रकार से निवेदित पति उसे किसी हद तक ऊबाऊ लगने लगता है, जिसमें पौरुष का अभाव है, जो अपने पौरुष की सत्ता के साथ स्त्री से माँग नहीं करता है। स्वदेशी आन्दोलन में नायक के रूप में सामने आने के बदले वह स्वदेशी साबुन के उत्पादन की कोशिश करता है, जो किसी काम का नहीं है, सिर्फ़ उसके पैसे ही बरबाद हो रहे हैं।

और ऐसे एक परिदृश्य में प्रवेश होता है निखिलेश के बचपन के मित्र व स्वदेशी आन्दोलन के उभरते नेता संदीप का। संदीप में वह सब कुछ है, जो निखिलेश में नहीं है। स्वदेशी उसके लिये एक नशा है, उसका नायक बनना उसके लिये नियति है। स्वदेशी आन्दोलन का नेता होने के बावजूद फ़र्स्ट क्लास में ट्रेन यात्रा या महँगी सिगरेट से उसे कोई परहेज़ नहीं। देश को वह पुरुष की दृष्टि से देखता है और उसकी दृष्टि में षडरिपू (काम, क्रोध, लोभ, मद, मोह और मात्सर्य) में से पहले व आखिरी दो पुरुष के गुण हैं और बीच के दो कायरों की विशेषता है। उसे जो कुछ चाहिए वह लेकर रहेगा, और उसे विमला चाहिए।

विमला सन्दीप के लिये अपनी उद्दाम कामना में बह जाती है। सन्दीप इसमें

कामयाब हो जाता है कि पति को धोखा देते हुए विमला उसके लिये धन की व्यवस्था करे। निखिलेश को सब पता चल जाता है, वह देखता है कि विमला उससे दूर चली गई है, सन्दीप से जुड़ी उसकी कामना छिपी नहीं रहती। विमला के इन शब्दों में उस पर सन्दीप का प्रभाव स्पष्ट रूप से अभिव्यक्त है—"मैं मनुष्य हूँ, मेरा लोभ है, मैं देश के लिये लोभ करूँगी; मुझे कुछ चाहिए जो मैं छीन लूँगी। मेरे अन्दर गुस्सा है, देश के लिये उसे व्यक्त करूँगी। मुझे कोई चाहिए जिसे काटूँगी-कूटूँगी, जिससे मैं अपने इतने दिनों के अपमान का बदला लूँगी। मेरे अन्दर मोह है, मैं देश पर मुग्ध होऊँगी; मुझे देश का ऐसा एक प्रत्यक्ष रूप चाहिए जिसे मैं माँ कहूँगी, देवी कहूँगी, दुर्गा कहूँगी, जिसके पास पशुबलि देते हुए मैं सब कुछ खून में बहा दूँगी। मैं मनुष्य हूँ, देवता नहीं।"

विमला पूरी तरह से सन्दीप के प्रति निवेदित हो जाती है, अपनी कामना के साथ वह सन्दीप की कामना को स्वीकार करती है, लेकिन बचा रहता है उसका सतीत्व का अहंकार, जिसे सन्दीप तोड़ नहीं पाता है। सन्दीप का भक्त किशोर अमूल्य विमला का भी भक्त बन जाता है, जिससे उसे सन्दीप के असली अनैतिक चरित्र का पता चल जाता है। विमला सन्दीप से तो दूर चली जाती है, लेकिन निखिलेश से जुड़ नहीं पाती है। स्वदेशी आन्दोलन में निहित साम्प्रदायिक द्वेष के चलते दंगा फैल जाता है, दंगा रोकने के लिये निखिलेश अकेले ही निकल पड़ता है, घर लौटती है उसकी लाश। इससे पहले वह साम्प्रदायिक द्वेष फैलाने के कारण सन्दीप को अपनी ज़मींदारी के इलाक़े से चले जाने का आदेश देता है। और प्रेम? उसके बारे में निखिलेश कहता है—"प्रेम का तो वही मूल्य है; वह तो अयोग्यता को भी सफल बनाता है। योग्य के लिये दुनिया में अनेक पुरस्कार हैं। अयोग्य के लिये विधाता ने प्रेम को रख छोड़ा है।"

निखिलेश में हमें एक आदर्श दिखता है, एक दृष्टि दिखती है। यह आदर्श और दृष्टि रवीन्द्रनाथ का आदर्श, उनकी दृष्टि है। अपने उपन्यास में उन्होंने इनका विफल चित्रण क्यों किया? इस विफलता के ज़रिये वह एक ऐतिहासिक सन्देश देने की कोशिश कर रहे थे—कोई आदर्श, कोई नायक मुक्ति नहीं दिला सकता, अगर मुक्ति की आकांक्षा अपने अन्दर की चेतना से विकसित न हो। स्वतंत्रता आन्दोलन के प्रति उनका दृष्टिकोण इसी विचार से प्रेरित रहा, जिस वजह से गाँधी के साथ अक्सर उनके द्वंद्व सामने आये। इसी उद्देश्य से चेतना के विकास को निवेदित शिक्षा के प्रसार के लिये उन्होंने विश्वभारती की स्थापना की।

निखिलेश में अगर रवीन्द्रनाथ दिखते हैं, तो सन्दीप में हमें किस ऐतिहासिक

चरित्र का आभास मिलता है। इस सिलसिले में दो नामों की चर्चा होती रही है—अरविंद घोष और विपिनचंद्र पाल। अपने उग्रवादी विचारों के साथ ये दोनों रवीन्द्रनाथ के प्रखर आलोचक रहे। किसी ज़माने में अरविंद घोष की तारीफ़ में रवीन्द्रनाथ ने एक कविता लिखी थी। सन्दीप के प्रसंग में उनका नाम आने पर कवि ने कहा था कि उस कविता में व्यक्त उनकी राय बदली नहीं है। विपिनचंद्र पाल के सिलसिले में ऐसा कोई वक्तव्य नहीं मिलता है। जहाँ तक सन्दीप में उनके आभास का सवाल है तो यहाँ विपिनचंद्र पाल का एक वक्तव्य प्रासंगिक हो सकता है। उन्होंने कहा था—''हिंसात्मक कोई घटना अगर हमें संघर्ष के रास्ते पर धकेल देती है, फिर तो वह हमारी हालत में पतित जाति के लिये सहायक है। यहाँ नैतिकता का सवाल नहीं उठता। हिंसात्मक पद्धति अपनाने से व्यक्ति की स्वतंत्रता में हस्तक्षेप होता है - यह तर्क राजनीति के चरित्र के बारे में ग़लत धारणा का सूचक है। राजनीति का अर्थ ही तो व्यक्ति की स्वतंत्रता में हस्तक्षेप है।''

यह सन्दीप का वक्तव्य भी हो सकता था।

ज़मींदारी और आसमानदारी

देवेन्द्रनाथ को यह बिलकुल भा नहीं रहा था कि उनका सबसे प्यारा छोटा बेटा रवि बेकार की तरह अपना जीवन जिये जा रहा है। ख़ासकर अपनी लगभग हमउम्र भाभी कादम्बरी के साथ उसका मेलजोल उन्हें पसन्द नहीं आ रहा था। ऐसी हालत में भारतीय परिवारों में सोचा जाता है कि लड़के की शादी करवा दो, वह सीधे रास्ते पर आ जाएगा। रवीन्द्रनाथ के लिये पत्नी की खोज शुरू हो गई। पिराली ब्राह्मण परिवार के लिये बहू की खोज आसान नहीं होती थी। आख़िरकार ठाकुर परिवार के ही एक कर्मचारी की बेटी भवतारिणी के साथ रवीन्द्रनाथ की शादी तय की गई। शादी के बाद उसे एक आधुनिक नाम दिया गया—मृणालिनी देवी।

शादी में रवीन्द्रनाथ का कोई ख़ास उत्साह नहीं था, आपत्ति भी नहीं थी। पति के रूप में वह अपनी पत्नी का बहुत ख़याल रखते थे। मृणालिनी भी ख़ुश थी। ठाकुर परिवार के रिवाज के मुताबिक उसे प्रसिद्ध लोरेटो ईसाई स्कूल में शिक्षा के लिये भेजा गया। इसके अलावा वह संस्कृत भी सीखने लगी। बाद के वर्षों में मृणालिनी ने संस्कृत साहित्य से अनुवाद भी किये। जोड़ासाँको के भवन में सार्वजनिक रूप से होने वाले कई नाटकों में उसने प्रमुख भूमिकाओं में अभिनय किया। वह डायरी लिखती थी। इसके अलावा उसके लेखन के बारे में कुछ पता नहीं चलता है। ठाकुर परिवार की महिलाएँ भी लेखन में काफ़ी आगे थीं, रवीन्द्रनाथ की बड़ी बहन स्वर्णकुमारी देवी बांग्ला की पहली उपन्यास लेखिका थीं, *भारती* पत्रिका का सम्पादन भी उन्होंने किया था। रवीन्द्रनाथ के मशहूर लेखक हो जाने के बाद जब किसी ने पूछा कि क्या मृणालिनी भी लिखती हैं, तो उनकी दूसरी ननद सौदामिनी ने कहा था—"जिसका पति इतना बड़ा कवि और लेखक है, उसे लिखने की क्या ज़रूरत है।"

शादी के पाँच महीने बाद परिवार व रवीन्द्रनाथ के जीवन में एक गहरे शोक का साया पड़ा। ज्योतिरिन्द्रनाथ की पत्नी व रवि की प्रिय भाभी कादम्बरी देवी ने आत्महत्या कर ली। आत्महत्या के कारणों के बारे में पता नहीं चलता है। रवीन्द्रनाथ के जीवनीकार प्रभात कुमार मुखोपाध्याय का कहना है कि पारिवारिक

विवाद इसका कारण था। बहुत सारे रिश्तेदारों व आश्रितों के कारण जोड़ासाँको के ठाकुर भवन का माहौल काफ़ी दमघोटू था। निश्चित रूप से कुछ कहना मुश्किल है, लेकिन यह एक तथ्य है कि पिता देवेन्द्रनाथ और मँझले भाई सत्येन्द्रनाथ इस घर से दूर ही रहते थे। ज्योतिरिन्द्रनाथ भी अधिकतर बाहर रहना पसन्द करते थे। यह भी तथ्य है कि ठाकुर परिवार के प्रभाव का इस्तेमाल करते हुए कादम्बरी देवी का पोस्टमार्टम रोक दिया गया और चुपचाप उनकी अंत्येष्टि कर दी गई।

रवीन्द्रनाथ के साथ कादम्बरी देवी के सम्बन्धों के सिलसिले में अटकलों का बाज़ार हमेशा गर्म रहा है। यह सच है कि दोनों के बीच गहरा प्रेम था और कादम्बरी अपने से कुछ साल छोटे देवर का माँ की तरह ख़याल रखती थी। रवीन्द्रनाथ ने उनकी मृत्यु पर कई कविताएँ लिखीं और जीवनभर गहरी श्रद्धा के साथ भाभी का उल्लेख करते हुए वह कहते रहे कि वह कितनी निकट थीं। अवैध सम्बन्धों में भावनाओं की ऐसी मुक्त अभिव्यक्ति सम्भव नहीं होती है। कादम्बरी देवी के जीवनीकार सुब्रत रुद्र का कहना है कि पति-पत्नी में मनमुटाव के कारण उन्होंने आत्महत्या की थी। काजी अब्दुल वदूद के एक लेख का हवाला देते हुए वह कहते हैं कि धोबी को कपड़े देते समय कादम्बरी देवी को अपने पति की जेब में एक अभिनेत्री का लिखा हुआ एक अंतरंग पत्र मिला था। आत्महत्या से पहले लिखी चिट्ठी में उन्होंने इस पत्र का उल्लेख किया था। देवेन्द्रनाथ के आदेश से कादम्बरी देवी के अंतिम पत्र को नष्ट कर दिया गया था। क्या कादम्बरी और रवीन्द्रनाथ के बीच प्रेम था? अगर हाँ में इस प्रश्न का उत्तर दिया जाय तो फिर अगला सवाल होगा : प्रेम क्या है? यहाँ कोई मसालेदार कहानी नहीं मिलने वाली है।

सामाजिक जीवन में रवीन्द्र : बंकिम बाबू से विवाद और सुलह

वैसे तो अपने भाइयों और दूसरे परिजनों के प्रभाव से रवीन्द्रनाथ किशोरावस्था से ही देशप्रेमी संगठनों के नज़दीक आ चुके थे, लेकिन बाईस-तेईस साल की उम्र से उनके सामाजिक विचार उभरने लगे थे। ज्योतिरिन्द्रनाथ के परिवार के साथ शिलाईदह में कुछ दिन गुज़ारने और वहाँ ग्रामीण समाज को देखने के बाद एक लेख में उन्होंने लिखा था—

> सारे देश में बंग विद्यालय के फैलाव के ज़रिये बांग्ला में शिक्षा हर कहीं मिलनी चाहिए। अंग्रेज़ी में शिक्षा कभी भी सारे देश में फैल नहीं सकती।

अपने जीवन के अन्त तक वह इन विचारों से जुड़े रहे, और उन्होंने विश्वभारती में इसे अमली जामा पहनाया।

इस दौरान *कड़ी ओ कोमल* (तीव्र और कोमल) काव्यग्रंथ आया, *मानसी* काव्यग्रंथ की कविताएँ लिखी जा रही थीं। *मानसी* की कविताओं में सनातन धर्मियों के रूढ़िवाद पर तीखा व्यंग्य स्पष्ट रूप से देखा जा सकता है। एक कविता में वह कहते हैं—

मोक्षमूलर ने कह दिया आर्य
सुनकर हमने छोड़े सब कार्य
हम बड़े हैं कर लिया धार्य
आराम से बस सोकर।
कहते हैं मनु था आध्यात्मिक
हम मानते हैं यही है ठीक
जो न माने, धिक् उसे धिक्
श्राप दो जनेऊ छूकर।

देवेन्द्रनाथ की उम्र हो चुकी थी, स्वास्थ्य भी साथ नहीं दे रहा था। ब्राह्म समाज में अपने मानसपुत्र केशवचंद्र सेन से मतभेद के बाद संगठन विभाजित हो चुका था और वे नये लोगों को ज़िम्मेदारी देना चाहते थे। उन्होंने बड़े बेटे द्विजेन्द्रनाथ को समाज की *तत्वबोधिनी* पत्रिका का सम्पादक नियुक्त किया। रवीन्द्रनाथ को समाज के सचिव की ज़िम्मेदारी दी गई। अनेक वर्षों तक वह इस पद पर बने रहे। उन दिनों बंकिमचंद्र सनातन धर्म के प्रचार में जुट गये थे। अपने दूसरे साथियों के साथ उनका कहना था कि सनातन कर्मकांड विज्ञान आधारित है। रवीन्द्रनाथ ने अपनी अभ्यस्त तीखी शैली में सार्वजनिक रूप से उनका विरोध किया। बंकिमचंद्र भी उसका जवाब देते रहे। उनका कहना था कि रवीन्द्रबाबू प्रतिभाशाली, सुशिक्षित व प्रशंसा के पात्र हैं। "वह युवक हैं। अगर वह बड़बोली कर जाते हैं तो मुझे चुपचाप सुनना चाहिए। लेकिन मैं अगर जवाब दे रहा हूँ तो इसकी वजह यह है कि उनके पीछे मैं एक लम्बा साया देख रहा हूँ।" साये से उनका आशय ब्राह्म समाज से था। ख़ैर, यह विवाद कुछ दिनों बाद मिट गया था और बंकिमचंद्र ने इस आशय की एक चिट्ठी लिखी थी। जैसा कि पहले भी कहा गया है, अपने संस्मरण में रवीन्द्रनाथ ने लिखा है कि उनकी चिट्ठियाँ खो गई थीं।

लेकिन सामाजिक प्रश्नों पर सनातनपंथियों के साथ विवाद जारी रहा। ब्राह्म समाज की पहल से स्त्री शिक्षा का प्रसार हो रहा था, 8 वर्ष की उम्र में गौरीदान के रूप में कन्या की शादी घटती जा रही थी। सनातनपंथी इसका घोर विरोध कर रहे थे। उन्हीं दिनों रवीन्द्रनाथ ने साइंस एसोशियेशन हॉल में हिन्दू विवाह नामक एक भाषण में बाल विवाह का कड़ा विरोध किया। विडंबना की बात है कि उसके

कुछ ही साल बाद उनकी बड़ी बेटी की 14 व मँझली बेटी की 10 साल की उम्र में शादी हुई, तीसरी बेटी की शादी भी बाद में 14 साल की उम्र में कर दी गई। इससे पहले रवीन्द्रनाथ सार्वजनिक सभाओं में बाल विवाह की तीव्र निन्दा कर चुके थे। क्या कारण था कि अपने मूल्यों और सिद्धान्तों को भुलाकर उन्होंने ऐसा किया? इस सिलसिले में दो कारण बताये जाते हैं। देवेन्द्रनाथ की उम्र 84 के आस-पास थी, स्वास्थ्य भी ठीक नहीं था। उनके रहते शादी होने से उसका ख़र्च ठाकुर परिवार के खज़ाने से उठाया जाता। बाद में रवीन्द्रनाथ को अपने ख़र्च से बेटियों की शादी करनी पड़ती। इसके अलावा पत्नी मृणालिनी देवी बहुत बीमार थीं और उन्हें पता चल गया था कि उनके जीवन के अब अधिक दिन नहीं रह गये हैं। मौत से पहले वह चाहती थीं कि कम-से-कम दो बेटियों के हाथ पीले हो जायें। हाँ, मँझली बेटी की शादी के तुरन्त बाद दामाद को विलायत भेज दिया गया था, ताकि सुहागरात न हो।

विरासत का सवाल : ज़मींदार रवीन्द्रनाथ

देवेन्द्रनाथ उन दिनों कलकत्ता के नज़दीक चुंचुड़ा में रह रहे थे। उनकी सबसे बड़ी चिन्ता यह थी कि ज़मींदारियों की देखभाल कौन करेगा। बड़ा बेटा द्विजेन्द्रनाथ चिन्तक, मँझला बेटा आईसीएस सत्येन्द्रनाथ अपनी नौकरी में व्यस्त, इस बीच चालीस साल की उम्र में तीसरे बेटे हेमेन्द्रनाथ की मृत्यु हो चुकी थी, निःसन्तान व विधुर चौथे बेटे ज्योतिरिन्द्रनाथ की भी पारिवारिक ज़मींदारी में कोई दिलचस्पी नहीं थी, इसके बाद दो बेटे मानसिक रूप से बीमार थे। सबसे पहले उन्होंने अपने बड़े बेटे द्विजेन्द्रनाथ को यह ज़िम्मेदारी दी थी। सिलाईदह पहुँचने के बाद वहाँ किसानों की दुर्दशा देखकर द्विजेन्द्रनाथ ने पिता के नाम एक टेलिग्राम भेजा था—पचास हज़ार रुपये भेजे। अगले ही दिन देवेन्द्रनाथ ने जवाबी टेलिग्राम भेजा—वापिस आ जाओ।

काफ़ी सोच-विचार के बाद 1891 में उन्होंने छोटे बेटे रवीन्द्रनाथ पर चार ज़मींदारियों की देखभाल का ज़िम्मा सौंप दिया। शुरू हुआ कवि का ज़मींदार जीवन। इसके लिये उन्हें महीने में सौ रुपये का भत्ता दिया जाने लगा। रवीन्द्रनाथ अब कलकत्ता छोड़कर सपरिवार सिलाईदह में रहने लगे। पाँच साल तक प्रशिक्षार्थी के रूप में काम करने के बाद एक पॉवर ऑफ़ ऐटर्नी के ज़रिये उन्हें व्यवस्थापक बना दिया गया। भत्ते में कोई परिवर्तन नहीं हुआ।

ज़मींदार के रूप में रवीन्द्रनाथ का काम था हर दिन आय-व्यय का हिसाब रखना और हर हफ़्ते अपने पिता को उसकी रिपोर्ट भेजना। देवेन्द्रनाथ कड़ाई से सारे फ़ैसले लेते थे। बाद के वर्षों में *कालान्तर* नामक लेखों के अपने संग्रह में

रवीन्द्रनाथ ने लिखा था—

> मेरा जन्मजात पेशा ज़मींदारी था, लेकिन स्वभाव से मेरा पेशा था आसमानदारी...हम उनमें से नहीं हैं, जो अपनी वीरता से विलास का अधिकार हासिल करते हैं। प्रजा हमारे लिये अन्न मुहैया कराती है, कारिन्दे हमारे मुँह तक कौर पहुँचाते हैं। इसमें कोई पौरुष या गौरव नहीं है।

लगान माफ़ करना रवीन्द्रनाथ के अधिकार क्षेत्र में नहीं था। लेकिन उन्होंने ज़मींदारी का एक नया मॉडल स्थापित किया। प्रजा को सम्बोधित करते हुए अपने पहले भाषण में उन्होंने कहा था कि असली काम है साहा के चंगुल से शेख को बचाना। साहा हिन्दू महाजन हुआ करते थे और शेख ग़रीब मुसलमान काश्तकार। उन्होंने सिलाईदह में महर्षि दातव्य चिकित्सालय की स्थापना की। परिसर में एक अस्पताल बनाया गया। कालीग्राम में तीन विभागों में तीन डॉक्टर नियुक्त किये गये। पहली बार किसी ज़मींदारी में हेल्थ कोऑपरेटिव की स्थापना की गई।

रवीन्द्रनाथ सुधार के क्षेत्र में प्रजा की भागीदारी पर विशेष रूप से ज़ोर देते थे। उनकी पहल पर हितैषी वृत्ति और कल्याण वृत्ति नामक दो कोष बनाये गये। बक़ाया लगान का तीन फ़ीसदी इन कोषों के लिये देना पड़ता था। इतनी ही राशि ज़मींदार की ओर से दी जाती थी। किसानों द्वारा चुनी हुई हितैषी सभा में निर्णय लिया जाता था कि इस धन का कैसे उपयोग किया जाय। हर साल पाँच–छः हज़ार रुपये मिल जाते थे। रास्ता, स्कूल–मदरसा व मंदिर–मस्जिद बनाने के लिये इसे ख़र्च किया जाता था। ज़मींदारी की ओर से सिलाईदह से कुष्टिया तक 6 मील लम्बा रास्ता तैयार किया गया। शर्त यह थी कि स्थानीय निवासी इसके लिये श्रमदान करेंगे। इसी तरह ज़मींदारी के पैसे व स्थानीय लोगों की मेहनत से गाँवों में कुएँ खोदे गये। किसानों के बीच कारीगरी को प्रोत्साहित करने के लिये स्थानीय जुलाहों को शांतिनिकेतन और श्रीरामपुर भेजा गया। लौटकर उन्होंने अपने इलाक़े में करघा स्कूल स्थापित किया। इसके अलावा कुम्हारों के लिये कार्यशाला बनाई गई।

यह दौर दस साल तक चला। उनके साहित्य पर इसका गहरा असर पड़ा। पहली बार आम लोगों या किसानों का जीवन, उनके मुहावरे उनकी रचनाओं के अंग बने। मुख्यतः छोटी कहानियों के रूप में इनकी अभिव्यक्ति देखने को मिली। 'दो बीघा ज़मीन' जैसी कविताएँ भी लिखी गईं। और एक किसान के मुहावरों के साथ स्रष्टा–सृष्टि–काल के अंतर्सम्बन्धों पर उनकी कविता आई—'सोनार तरी', यानी 'सोने की नाव'।

सोने की नाव की यात्रा

कवि कौन है? उसकी रचना क्या है? कहाँ से मिलती है उसे प्रेरणा? 22 साल की उम्र में लिखी अपनी कविता 'निर्झर का जागरण' में रवीन्द्रनाथ ने पहली बार इन सवालों को उठाया था। यौवन के उमंग और उच्छ्वास में लिखी गई उस कविता में ख़ुद को महसूस करने का भाव तो था, लेकिन परिवेश, समाज, और सबसे बढ़कर, रचना व उसकी प्रक्रिया का विमर्श अभी शुरू होने वाला था। उसके बाद की कुछ कविताओं में इसकी झलक दिखती है, मसलन 'कड़ि ओ कोमल' की इन पंक्तियों में—मरना चाहता नहीं इस सुन्दर भुवन में/ मनुष्यों के बीच मुझे जीना है। *मानसी* की कविताओं में प्राकृतिक व सामाजिक परिवेश अपने बहुरंगी आयामों के साथ दिखता है, और उसके बाद आता है उनका नया काव्यग्रंथ *सोनार तरी,* या *सोने की नाव*। संकलन में इस नाम की पहली कविता ही बांग्ला आधुनिक कविता में एक नये युग की उद्घोषणा है।

परिष्कृत छंद में लिखी इस कविता का कथानक इस प्रकार है : आसमान में बादल हैं, पानी बरस रहा है। नदी के किनारे कटी हुई फ़सल लेकर किसान बैठा हुआ है। कोई गीत गाते हुए एक मल्लाह अपनी नाव खेते हुए चला जा रहा है। किसान उसे बुलाता है, अपनी फ़सल उसकी नाव में रखता है, फिर कहता है—"अब मुझे भी नाव में जगह दो।" मल्लाह मना कर देता है, उसकी नाव में फ़सल के लिये तो जगह है, लेकिन किसान के लिये नहीं। वह चला जाता है। किसान अकेला रह जाता है।

काल की यात्रा में कीर्ति तो प्रवाहित होती है, लेकिन उसका कर्ता पीछे छूट जाता है। एक साधारण सी कहानी के ज़रिये दर्शनशास्त्र के तत्व प्रस्तुत करने की यह धारा उपनिषदों से चली आ रही है। बंगाल में बाउल गान में इस परम्परा को संजोया गया। कबीर की रचनाओं में हमें इसके अनेक उदाहरण मिलते हैं (झीनी झीनी बिनी चदरिया)। आधुनिक बांग्ला कविता में 'सोनार तरी' के साथ इसकी शुरुआत हुई।

ऐसी बात नहीं कि इस शैली में सिर्फ़ दर्शन या सौन्दर्यशास्त्र के सिद्धान्त

प्रस्तुत किये गये हों। पिंजरे के पक्षी और जंगल के पक्षी का संवाद, अन्धविश्वास के दुष्परिणाम या अलग-अलग पीढ़ियों की अलग-अलग सांस्कृतिक पसन्द—हर तरह के विषय उठाये गये हैं। एक लम्बी कविता है 'हिं टिं छट'। राजा को सपने में यह शब्द सुनाई दिया। सारे देश के पंडित इसका मतलब नहीं बता पाये। म्लेच्छ देश से पंडित बुलाये गये। अंग्रेज़ पंडित ने गुस्से से कहा, "ऐसे बकवास के लिये हमें बुलाये हो?" फ्रांसीसी पंडित ने कहा, "हाँ राजा के लायक़ ही सपना है, फिर भी सपना ही है। अर्थ कोश में नहीं, राजकोष में मिलेगा। लेकिन भले ही बकवास हो, सुनने में बड़ा मीठा है।" अन्त में आया बंगाली पंडित। म्लेच्छ पंडित का गुरुमार चेला। उसके बारे में कवि कहता है—

इतनी छोटी मशीन से इतनी आवाज़ आती है
सुनकर सारी दुनिया चकित रह जाती है

ख़ैर, सारा किस्सा सुनकर बंगाली पंडित कहता है, "यह एक पुराने भाव का नव आविष्कार है।" फिर वह व्याख्या करता है—

त्र्यम्बक का त्रिनयन त्रिकाल त्रिगुण
व्यक्तिभेद में शक्तिभेद द्विगुण विगुण
आवर्तन विवर्तन संवर्तन आदि
जीवशक्ति शिवशक्ति करे विसंवादी
आकर्षण विकर्षण पुरुष प्रकृति
आणव चौम्बकबल में आकृति विकृति
कुशाग्र में प्रवहमान जीवात्म विद्युत
धारणा परमाशक्ति वहाँ है अद्भुत
त्रयी शक्ति त्रिस्वरूप में प्रपंच में प्रकट
संक्षेप में कहो उसे हिं टिं छट।

सब एक साथ कह उठे : साधु! साधु! सब कुछ अब बिलकुल स्पष्ट हो गया। ख़ुश होकर राजा ने उसे पुरस्कार से मालामाल कर दिया।

बहरहाल, 'सोनार तरी' कविता पर आलोचना और विरोध की एक लहर फैल गई। प्रसिद्ध नाटककार द्विजेन्द्रलाल राय ने कहा कि इसकी कहानी भ्रामक है। कोई किसान अपनी फ़सल लेकर नदी के किनारे बैठा नहीं रहता है, बल्कि उसे खलिहान में पहुँचाता है। इसके अलावा वह कैसा व्यक्ति है कि अपनी फ़सल परिवार के लोगों को देने के बदले उसे एक अनजान मल्लाह को देते हुए उसके साथ भाग जाना चाहता है? कलकत्ता के स्टार थियेटर में एक पैरोडी शो का

आयोजन किया गया, जहाँ रवीन्द्रनाथ की महीन आवाज़ की नकल करते हुए कविताओं का पाठ किया गया। इसका विरोध करते हुए उस समय के प्रसिद्ध अभिनेता गिरीश घोष ने इस कार्यक्रम का बहिष्कार किया। दर्शक हूट करने लगे और कार्यक्रम रोक देना पड़ा।

दरअसल, सामाजिक रीति-रिवाज, स्त्री शिक्षा, धर्म—इन सभी क्षेत्रों में आधुनिकता अपनी उपस्थिति दर्ज करा रही थी। अब रवीन्द्रनाथ के आविर्भाव के साथ साहित्य में भी नये मानक बन रहे थे। इसलिए पुरातनपंथियों के बीच खलबली स्वाभाविक थी। लेकिन आम पाठकों, ख़ासकर युवक-युवतियों के बीच उनकी लोकप्रियता बढ़ती जा रही थी। कवियों के बीच भी। रवीन्द्रनाथ के बाद उस समय के सबसे लोकप्रिय कवि सत्येन्द्रनाथ दत्त भी आनेवाले समय में उन्हीं की शैली में लिखने वाले थे। सच तो यह है कि लगभग 50-60 साल तक सारे कवि उनकी नकल करने लगे थे।

शताब्दी की दहलीज़ पर रवीन्द्रनाथ की उम्र लगभग चालीस हो चुकी थी। वह अपने नतुन दादा ज्योतिरिन्द्रनाथ के साये से बाहर निकल चुके थे। प्रियनाथ सेन, लोकेन पालित या आशुतोष चौधरी जैसे हमउम्र बुद्धिजीवी उनके नये मित्र बने। इनकी मदद से उस समय के आधुनिक विदेशी साहित्य से उनका परिचय बढ़ने लगा। ब्राह्म समाज के रूढ़िवादी सुधारवाद से अब भी वह जुड़े हुए थे, लेकिन एक नये उदारवाद के प्रति उनका रुझान स्पष्ट रूप से देखा जा सकता था। ख़ासकर 1905 में बंगभंग या बंगाल के विभाजन के खिलाफ़ आन्दोलन में उनकी सक्रिय भागीदारी व उसके बाद उससे दूर हटने की प्रक्रिया में यह बात उभरकर सामने आई।

नई शताब्दी की शुरुआत रवीन्द्रनाथ के निजी जीवन के लिये परेशानियों से भरी रही। कुष्टिया में उनके व्यापार में कर्ज़ बढ़ते जा रहे थे। एक मित्र से पैसे लेकर कर्ज़ चुकाते हुए उन्होंने व्यवसाय बंद कर दिया। 1902 में उनकी पत्नी मृणालिनी का देहान्त हो गया, 1903 में लम्बी बीमारी के बाद मँझली बेटी रेणुका भी चल बसी। दूसरी ओर, उनके जीवन का एक अत्यन्त सृजनात्मक दौर शुरू हो चुका था। सन् 1900 में चार काव्य संग्रह निकले : राजपूतों और सिखों की वीरता की कहानियों पर आधारित *कथा और काहिनी*, इसके अलावा *कल्पना* और *क्षणिका*। उनकी कहानियों के संग्रह *गल्पगुच्छ* का पहला खंड भी इसी वर्ष प्रकाशित हुआ।

शायद ये रवीन्द्रनाथ के जीवन के आखिरी ऐसे वर्ष थे, जब पिता का साया उन पर पूरी तरह से छाया हुआ था—उनके आदेशों से, बौद्धिक रूप से और मूल्यों

के स्तर पर। पिता के आदेश से वह ज़मींदार के रूप में अपनी भूमिका निभा रहे थे। इस बीच एक घटना घटी। 1899 में उनके भतीजे वलेन्द्रनाथ का युवावस्था में ही देहान्त हो गया था। उनकी नि:सन्तान युवा पत्नी सुशीला इलाहाबाद में अपने मायके चली गई थी। 1901 में देवेन्द्रनाथ को पता चला कि उनके घर की बहू के माता-पिता फिर से उसकी शादी करवाना चाहते हैं। उन्होंने बड़े बेटे द्विजेन्द्रनाथ से कहा कि वह उसे कलकत्ता लौटाकर ले आये। द्विजेन्द्रनाथ ने साफ़-साफ़ कह दिया कि यह उनके सिद्धान्तों के प्रतिकूल है, वह ऐसा नहीं करेंगे। इसी आधार पर ज्योतिरिन्द्रनाथ ने भी मना कर दिया। फिर छोटे बेटे रवीन्द्रनाथ को यह ज़िम्मेदारी दी गई। सार्वजनिक भाषणों में विधवा विवाह का पक्ष लेने वाले रवीन्द्रनाथ ने चुपचाप यह ज़िम्मेदारी स्वीकार कर ली और उसे कलकत्ता ले आये। इसी वर्ष रवीन्द्रनाथ की बड़ी बेटी माधुरीलता (14 साल) व मँझली बेटी रेणुका (12 साल) की भी शादी करवा दी गई। यह उस समय लागू बाल विवाह विरोधी शारदा क़ानून का भी उल्लंघन था। इस सिलसिले में रवीन्द्रनाथ के जीवनी लेखक और उनकी छोटी बेटी मीरा के दामाद कृष्ण कृपलानी लिखते हैं—

> अपने छोटे बेटे पर महर्षि का प्रभाव हालाँकि कुल मिलाकर उन्हें सम्पूर्णता प्रदान करता था और प्रेरणादायक था, यह उनके मन की बौद्धिक स्वतंत्रता के अनुकूल नहीं था। ख़ासकर, इसकी वजह से वह अपने पिता की तरह सामाजिक रूप से रूढ़िवादी बने रहे। यह ध्यान देने योग्य है कि नई शताब्दी का पहला दशक, जो कई मायनों में रवीन्द्रनाथ के जीवन का सबसे उर्वर दौर था, साथ ही एक ऐसा दौर था जबकि वह तुलनात्मक रूप से अपने जीवन में सामाजिक कुंठाओं और परम्परागत झुकावों से सबसे कम आज़ाद हो सके।

लेखन, सामाजिक कार्य, पारिवारिक ज़िम्मेदारी—अत्यंत व्यावहारिक ढंग से इन्हें पूरा करते हुए निस्पृहता के साथ हल्की सी उदासी, अपने से भी दूरी बनाते हुए ख़ुद को भी हल्के व्यंग्य के साथ देखना—यह कवि की विशेषता बनती जा रही थी। क्षणिका की कविताओं में कवि की इस मनोदशा का परिचय मिलता है—

काव्य पढ़कर जैसा सोचते हो,
कवि वैसे नहीं रहता—
मुख पर छाया नहीं है अंधकार
दिन-रात हृदय होता नहीं तार-तार,
गहरा दुख इत्यादि सब

हँसते हुए ही सहता।
मन से आज कहो जी,
अच्छा-बुरा जो भी आवे
सच को स्वीकारो सहज जी।

चित्त का द्वार मुक्त कर
साधुबुद्धि बहिर्गता
आज तो मैं किसी हालत में
नहीं कहूँगा सत्य कथा।

ओ सत्य, छोटे-नाटे
तू वीणा की तंत्री भले ही छाँटे,
स्वर मेरा कितना भी पाटे
कहूँगा फिर भी ऊँचे स्वर में
मेरी प्रेयसी की मुग्ध दृष्टि
रचती है एक नई सृष्टि
स्मितहास की सुधा वृष्टि
हो रही है जगत भर में

1899 में *कथा काहिनी* और *कल्पना* के बाद प्रकाशित अपने आख़िरी काव्यग्रंथ *क्षणिका* की आख़िरी कविता में हमें उनकी आध्यात्मिकता का पूर्वाभास दिखता है। यह दस वर्ष बाद प्रकाशित होने वाली *गीतांजलि* की सूचना थी? इस कविता की पहली दो पंक्तियाँ—

जब तक मैं रहा पथ पर, हुई बहुतों से मुलाक़ात
सब कुछ जहाँ ख़त्म हुआ, वहाँ तुम और मैं साथ।

ज़मीन और जीवन से जुड़ा कहानीकार

गोरा तथा *घर और बाहर* के बिना रवीन्द्रनाथ को शायद निःसन्दिग्ध रूप से बांग्ला का सर्वश्रेष्ठ उपन्यासकार कहना सम्भव न होता। बांग्ला साहित्य में उनसे पहले भी मूर्धन्य उपन्यासकार के रूप में बंकिमचंद्र प्रतिष्ठित हो चुके थे, रवीन्द्रनाथ के बाद भी शरतचंद्र, माणिक बंद्योपाध्याय, ताराशंकर, सतीनाथ भादुड़ी जैसे लेखकों के रूप में अनेक उपन्यासकार सामने आये।

लेकिन कहानी लेखक के रूप में रवीन्द्रनाथ अप्रतिम थे। उनसे पहले बांग्ला में किसी ने सार्थक कहानियों की रचना नहीं की। उनके बाद भी कहानीकार के रूप में कोई लेखक उनके उत्कर्ष को छू नहीं पाया। उनके उपन्यास विचार व चरित्र आधारित थे। इसके विपरीत उनकी कहानियों में आम इन्सान, और अक्सर हाशिये पर ठहरे चरित्रों का चित्रण, उनके जीवन का दर्द उभरकर सामने आता है। इसके अलावा रवीन्द्रनाथ ने बांग्ला में कहानी लेखन की शैली विकसित की। एक बार उन्होंने कहा था—''कहानी के प्रवाह के साथ मुझे गद्य की भाषा गढ़नी पड़ी। तुम लोग अक्सर मोपासाँ जैसे विदेशी लेखकों का ज़िक्र करते हो, उन्हें तैयार भाषा मिली थी। लिखते हुए अगर उन्हें भाषा गढ़नी पड़ती तो पता नहीं उनकी क्या हालत होती।''

1877 में *भारती* पत्रिका में रवीन्द्रनाथ की पहली कहानी 'भिखारिनी' छपी। कश्मीर की पृष्ठभूमि पर विधवा माँ की दुखियारी कन्या के बालप्रेम की कहानी, जिसके अंत में नायिका की मौत हो जाती है और उसकी माँ भिखारिनी बनकर भटकती रहती है। कहानी मेलोड्रामाटिक होने के बावजूद उसकी संरचना में संयम दिखता है। रवीन्द्र रचना के इतिहास में 16 वर्षीय किशोर की इस कहानी का बेशक ऐतिहासिक महत्त्व है।

1891 में अपने पिता के आदेश का पालन करते हुए रवीन्द्रनाथ को सिलाईदह में ज़मींदारी की देखरेख के लिये जाना पड़ा। उन्होंने अपने जीवन में कुल 94 कहानियाँ लिखीं, जिनमें से लगभग 50 कहानियाँ 1891 से 1900 तक के इस दौर में लिखी गईं। रवीन्द्रनाथ ने एक बार कहा था कि ज़मींदारी उनके लिये आसमानदारी

थी। लेकिन उनकी इस दौर की कहानियों में आसमान से ज़्यादा ज़मीन दिखाई देती है। इस दौर की प्रमुख कहानियों में शामिल हैं 'पोस्टमास्टर', 'खोकाबाबु की वापसी', 'दालिया', 'कंकाल', 'एकरात्रि', 'जीवित और मृत', 'काबुलीवाला', 'छुट्टी', 'शास्ति', 'समाप्ति', 'क्षुधार्थ पाषाण', 'अतिथि', 'अध्यापक' आदि। अधिकतर कहानियों में दो बातें उभरकर सामने आती हैं। पहली बात यह है कि इनमें पहली बार बांग्ला साहित्य में ग्रामीण जीवन और प्रकृति का सजीव चित्रण देखने को मिलता है। इसके अलावा इससे पहले साहित्य में हाशिये पर ठहरे लोगों का जीवन भी नहीं दिखा था। यह सच है कि हाशिये पर ठहरे लोग उनकी कहानियों में अपनी दुखभरी ज़िन्दगी ढोये जाते हैं, विद्रोह नहीं करते हैं, ख़ासकर स्त्री पात्र। लेकिन यह उस समय के समाज के यथार्थ की वस्तुपरक तस्वीर थी।

~

रवीन्द्रनाथ की कहानियों को तीन पर्वों में बाँटा गया है। दूसरा पर्व 1900 से शुरू होकर पहले विश्वयुद्ध के समय तक जाता है। इस दौर में उन्होंने 16 कहानियाँ लिखीं, जिनमें वह धीरे-धीरे ग्रामीण जीवन से हटकर शहरी मध्यवर्ग तक आते हैं। पहले दौर की कहानियों में अगर पात्रों के दिलों में झाँककर उनके दुख-दर्द समझने की कोशिश थी, तो दूसरे दौर में सामाजिक परिवेश के साथ पात्रों के सम्बन्धों और उनसे उभरते द्वंद्वों को प्रधानता दी गई है। ज्ञातव्य है कि यह रवीन्द्रनाथ के जीवन का वह दौर था, जब वह स्वदेशी आन्दोलन में कूद पड़े थे, निराश होकर बाहर निकल आये थे, उन्होंने *गोरा* की रचना की थी, *घर और बाहर* का प्लॉट तैयार हो रहा था, कविताओं में *गीतांजलि* दौर के साथ वह आध्यात्मिकता में निमग्न थे—और कहानियों में सामाजिक यथार्थ का विश्लेषण किया जा रहा था, जहाँ उनके पात्र सिर्फ़ पीड़ित नहीं थे, उनमें प्रतिरोध की सुगबुगाहट देखी जा सकती थी। 'यज्ञेश्वर का यज्ञ', 'नष्टनीड़', 'माल्यदान', 'गुप्तधन' या 'पणरक्षा' इस दौर की प्रमुख कहानियाँ हैं।

रवीन्द्रनाथ की कहानियों का तीसरा दौर उनके नोबेल पुरस्कार पाने के बाद शुरू हुआ। यह उनके विश्वमानव होने का दौर था, जब सनातन प्रथाओं और परम्पराओं के साथ आधुनिक वैश्विक मूल्यों का द्वंद्व उनकी वैचारिकता की मूल प्रेरणा बन रहा था। कहानियों में अब तक की धारा से अलग एक रवीन्द्रनाथ उभरे, परम्परा, प्रथाओं व स्थापित मूल्यों के खिलाफ़ विद्रोह उनकी कहानियों के पात्रों की सबसे प्रमुख विशेषता के रूप में उभरी।

कहानियों के पात्र भी विचित्र व बहुआयामी हैं : अध्यापक, वकील, वैद्य,

काबुलीवाला, कायस्थ, कुलीन ब्राह्मण, खानसामा, खलासी, मल्लाह, ज्योतिषी, ज़मींदार का कर्मचारी, ग्वाला, किसान, जुलाहा, नाई, डिप्टी मजिस्ट्रेट, दरोगा, दलाल, पंडित, डॉक्टर, मेहतर, कुली, मुन्सिफ़, योगी, रायबहादुर, सिपाही, बाउल, बनजारा आदि। स्त्री पात्रों की मनोदशा व जीवन का वर्णन तो पुरुष पात्रों से कहीं अधिक गहन रूप से किया गया है।

उपन्यासों की तरह रवीन्द्रनाथ की कहानियों में भी स्त्री विमर्श एक स्थायी तत्व है। यह कहना अनुचित न होगा कि रवीन्द्रनाथ के अलावा किसी भी दूसरे पुरुष साहित्यकार ने अपनी रचनाओं में स्त्री विमर्श को ऐसा केंद्रीय स्थान नहीं दिया है। इस सिलसिले में दो-तीन बातों पर ध्यान देना बहुत ज़रूरी है। पहली बात यह है कि 'शास्ति' नामक कहानी को अगर छोड़ दिया जाय तो रवीन्द्रनाथ की सम्पूर्ण रचनाओं में हमें कहीं भी किसी स्त्री के खिलाफ़ शारीरिक हिंसा नहीं दिखती है। मानसिक यातना के ज़रिये उसे सताने के अनेक उदाहरण मिलते हैं। लेकिन उससे भी बड़ी बात यह है कि सामान्य जीवन में, यहाँ तक कि आम धारणा के अनुसार सुखी जीवन में स्त्री आत्मा किस तरह से तड़पती है, कैसे उसका निर्मम रूप से शोषण होता है, यह भी हमें पहली बार रवीन्द्रनाथ की रचनाओं में, ख़ासकर उनकी कहानियों में देखने को मिलता है। और अगर कालक्रम के अनुसार देखा जाय, तो हमें यहाँ एक क्रमागत विकास देखने को मिलता है : बाहर से दिखने वाले पारिवारिक व सामाजिक शोषण से लेकर उस शोषण व अपने व्यक्तित्व की चेतना से होते हुए—उस शोषण, उसकी प्रथा व उसके मूल्यों के खिलाफ़ प्रतिरोध और विद्रोह तक।

पहले दौर की कहानियों में सामाजिक परिवेश में पिसती स्त्री की लाचारी देखने को मिलती है। दूसरे दौर में वह विद्रोह करती है। तीसरे दौर में वह अपनी महिमा में प्रतिष्ठित है। दाम्पत्य जीवन में विसंगति एक अक्सर लौटता हुआ विषय है, और वहाँ तीसरा व्यक्ति—यहाँ तक कि उसकी अनुपस्थित उपस्थिति।

एक और मायने में रवीन्द्रनाथ की कहानियाँ अत्यन्त आधुनिक हैं : ख़ासकर स्त्री पात्रों में विच्छिन्नताबोध या अलगाव। पहले दौर में स्पष्ट रूप से दिखाया गया है कि इस प्रतिभास का स्रोत सामाजिक शोषण में है, दूसरे और तीसरे दौर में सामाजिक स्रोत से उद्भूत मूल्यबोध में। ऐसी स्थिति में स्त्री के प्रतिरोध, उसके विद्रोह की मुख्य दिशा परम्पराओं, प्रथाओं और मूल्यबोध के खिलाफ़ हो जाती है। इस लिहाज़ से वह सुधारवादी उदारवाद में छिपे ढकोसलों पर भी रहम नहीं करते।

एक दिलचस्प बात यह भी है कि सम्पूर्ण रवीन्द्र साहित्य में 'बेडरूम'

नदारद है। सिर्फ़ अन्तिम दौर में लिखी गई कहानी 'लैबोरेटरी' में हम पाते हैं कि विधवा सोहिनी अपने स्वाधिकारप्रमत्त आत्मविश्वास के साथ एक परपुरुष को चूमती है। लेकिन इस चुम्बन में कामना या यौनिकता नहीं, बल्कि उसे धत्ता बताना या उसका निषेध ही झलकता है।

कवि और गीतकार के रूप में रवीन्द्रनाथ को मान्यता और प्रसिद्धि मिली, लेकिन कहानीकार रवीन्द्रनाथ को काफ़ी हद तक नज़रअंदाज़ किया गया। उन्हें हमेशा इस बात की शिकायत रही। मौत से कुछ दिन पहले वामपंथी साहित्यकारों की पत्रिका *परिचय* में उनकी कहानियों पर हरप्रसाद मित्र का एक लेख छपा था। रवीन्द्रनाथ बहुत ख़ुश थे। पत्रिका के सम्पादक हिरण कुमार सान्याल के नाम एक पत्र में उन्होंने लिखा था—

> उस समय मेरी उम्र कम थी। बंगाल के ग्रामीण हिस्सों में मैं घाट-घाट घूम रहा था। उसी आनन्द की पूर्णता में मेरी कहानियाँ लिखी गई हैं। ये कहानियाँ मुझे सदैव अत्यन्त प्रिय रही हैं, लेकिन हमारे देश ने पर्याप्त रूप से इनका स्वागत नहीं किया है—मेरे मन में यह दुख रहा है। तुम्हारे *परिचय* में अब मुझे यथोचित पुरस्कार मिला है...इसके लिये आभार व्यक्त किये बिना नहीं रह पा रहा हूँ।

पाश्चात्य के प्रांगण में प्राच्य का कवि

1910 में रवीन्द्रनाथ के पारिवारिक जीवन में एक ऐतिहासिक घटना घटी। जनवरी में उनके पुत्र रथीन्द्रनाथ की शादी एक बाल विधवा, प्रतिमा देवी के साथ हुई। पाठकों को याद होगा कि कुछ साल पहले जब उनके दिवंगत भतीजे बलेन्द्रनाथ की विधवा साहाना देवी की शादी की बात चली थी तो पिता देवेन्द्रनाथ के आदेश का पालन करते हुए रवीन्द्रनाथ उसे इलाहाबाद, उसके मायके से जोड़ासाँको ठाकुर बाड़ी ले आये थे, ताकि यह शादी न होने पाये। लेकिन पिता की मौत के बाद कवि अब ख़ुद निर्णय ले सकते थे और बेटे की शादी में उनकी अपनी आस्था व्यक्त हुई।

इसी वर्ष *प्रवासी* पत्रिका में *गोरा* की अन्तिम क़िस्त छपी। बांग्ला *गीतांजलि* की कविताएँ लिखी जा रही थीं। 90 दिनों में उन्होंने इस पुस्तक की 137 कविताएँ लिखीं। पुस्तक के रूप में *गोरा* व *गीतांजलि* का प्रकाशन भी इसी वर्ष हुआ।

अंतर्राष्ट्रीय मंच पर रवीन्द्रनाथ

कहा जा सकता है कि कवि और लेखक के रूप में उनके अंतर्राष्ट्रीय सम्पर्क 1911 में शुरू हुए। चचेरे भाई व प्रसिद्ध कलाकार अवनीन्द्रनाथ ठाकुर के घर में ब्रिटिश कलाकार विलियम रोदेनश्टाइन व जर्मन दर्शनशास्त्री काउन्ट हेरमान्न काइज़रलिंग से उनकी मुलाक़ात हुई। आनेवाले वर्षों में ब्रिटेन व जर्मनी में उनकी ख्याति में इस सम्पर्क की महत्त्वपूर्ण भूमिका थी। इसी वर्ष शान्तिनिकेतन में अजितकुमार चक्रवर्ती की मदद से आनन्द कुमारस्वामी ने उनकी कुछ कविताओं का अंग्रेज़ी में अनुवाद किया। मार्च में *मॉडर्न रिव्यु* पत्रिका में ये कविताएँ छपीं। अगले साल *मॉडर्न रिव्यु* में सिस्टर निवेदिता के अनुवाद में उनकी अमर कहानी 'काबुलीवाला' छपी। पहली बार रवीन्द्रनाथ ग़ैर बंगाली पाठकों के बीच आये।

राजनीतिक क्षितिज पर यह महत्त्वपूर्ण घटनाओं का वर्ष था। दिल्ली में एक विशाल दरबार के आयोजन के साथ सम्राट जॉर्ज पंचम का राज्याभिषेक हुआ। बंगाल का विभाजन रद्द कर दिया गया। ब्रिटिश भारत की राजधानी कलकत्ता

(अब कोलकाता) से हटाकर दिल्ली में लाने की घोषणा की गई। रवीन्द्रनाथ इनसे दूर रहे, लेकिन कलकत्ता में कांग्रेस अधिवेशन के लिये जब उनसे एक गीत लिखने को कहा गया तो उन्होंने 'जन-गण-मन' गीत की रचना की। अगले अध्याय में इस गीत से जुड़े विवाद की चर्चा की जाएगी।

1912 में रवीन्द्रनाथ ने ख़ुद ही अपनी कविताओं का अंग्रेज़ी में अनुवाद शुरू किया। उन्होंने इसके लिये उत्सर्ग, खेया, नैवेद्य व सद्य:प्रकाशित *गीतांजलि* की कविताएँ चुनीं। इसी वर्ष रोदेनश्टाइन के आमंत्रण पर वह तीसरी बार ब्रिटेन की यात्रा पर गये। जहाज़ में भी वह *गीतांजलि* की कविताओं का अनुवाद करते रहे। लन्दन में रोदेनश्टाइन से मिलने के बाद उन्होंने उन्हें अंग्रेज़ी अनुवाद में इन कविताओं की पांडुलिपि सौंपी। Song Offerings शीर्षक की इन कविताओं की टाइप प्रतियाँ रोदेनश्टाइन ने विलियम बटलर येट्स व अन्य लेखकों को भेजीं। एक अपरिचित कवि की ये कविताएँ पढ़कर सभी मुग्ध हो गये। 30 जून को रोदेनश्टाइन के घर में एक भव्य आयोजन में रवीन्द्रनाथ ने इन कविताओं का पाठ किया। वहाँ येट्स भी आये हुए थे। जुलाई में लन्दन की इंडिया सोसायटी की ओर से उनका नागरिक सम्मान किया गया, इसी महीने रॉयल ऐलबर्ट हॉल में उनकी कहानी 'दालिया' पर आधारित जॉर्ज कैल्डेरन के नाटक *The Maharani of Arakan* का मंचन हुआ। अक्टूबर में रवीन्द्रनाथ ब्रिटेन से अमेरिका की यात्रा पर रवाना हुए। वहाँ अर्बन शहर में उनके 6 व्याख्यानों का आयोजन किया गया। इस बीच ब्रिटेन में अंग्रेज़ी में *गीतांजलि* का प्रकाशन हो चुका था। विलियम बटलर येट्स ने इसकी भूमिका लिखी थी। *शिकागो पोएट्री* पत्रिका में इनमें से 6 कविताओं के छपने के बाद पहली बार अमेरिकी पाठकों को उनकी कविताओं का परिचय मिला।

इस बीच ब्रिटेन में अंग्रेज़ी *गीतांजलि* के प्रकाशन के बाद बौद्धिक व सांस्कृतिक दायरों में उसकी व्यापक चर्चा हो रही थी। प्रतिभाशाली युवा कवि एज़रा पाउन्ड ने इस काव्यग्रंथ की समीक्षा में लिखा था कि ये कविताएँ तथाकथित आधुनिक धारा से अलग हैं। यहाँ अपनी नि:शब्दता के साथ प्रकृति है, दान्ते जैसा धर्मबोध है। इनमें मानव के साथ प्रकृति का अविच्छेद सम्बन्ध है। कविता का परिवेश प्राक्-रेनेसांस यूरोप जैसा है। एज़रा पाउन्ड ने कहा कि *गीतांजलि* पढ़ते हुए उन्हें ऐसी अनुभूति हुई कि मानो वह ख़ुद एक आदिम बर्बर इन्सान हैं, जानवरों के चमड़े के वस्त्र में, जिसके हाथ में पत्थर का हथियार हो।

अमेरिका प्रवास के दौरान शिकागो विश्वविद्यालय में उन्होंने 'प्राचीन भारत का आदर्श' और 'Problems of Evil' शीर्षक से दो व्याख्यान दिये। इसके अलावा उदारवादी रोचेस्टर धर्मशास्त्रियों के एक सम्मेलन में उन्होंने नस्ली संघर्ष

पर व्याख्यान दिया। वह अमेरिका में विज्ञानमुखी शिक्षा से काफ़ी प्रभावित थे। लेकिन कुल मिलाकर ब्रिटेन में उनका जैसा स्वागत हुआ था, अमेरिका में वैसा नहीं हुआ। अमेरिका प्रवास के दौरान उन्होंने सिर्फ़ एक गीत लिखा – 'के निबि गो किने आमाय', यानी कौन मुझे खरीदेगा।

अंग्रेज़ी *गीतांजलि* का पहला संस्करण लन्दन की इंडियन सोसायटी की पहल पर छपा था। साढ़े सात सौ प्रतियों में से पाँच सौ प्रतियाँ लेखकों और साहित्यप्रेमियों के बीच बाँटी गई थीं। मैकमिलन कम्पनी की ओर से दूसरा संस्करण प्रकाशित किये जाने के बाद वह हाथोंहाथ बिक गया व कुछ ही दिनों में उसके कई रिप्रिंट छापने पड़े। अनुवाद में मूल कविताओं का सौन्दर्य अनुपस्थित था, साथ ही उसका विषय यूरोप के साहित्यप्रेमियों के लिये बिलकुल नया व अपरिचित था। तत्कालीन आधुनिक कविताओं की धारा से उसका कोई सम्बन्ध नहीं था।

क्या वजह है कि पाठकों के बीच वह इतना लोकप्रिय हुआ? अंग्रेज़ी *गीतांजलि* में कुल मिलाकर 103 कविताएँ थीं, रवीन्द्रनाथ ने ख़ुद जिनका गद्य अनुवाद किया था। इंग्लैंड में येट्स व उनके अन्य गुणग्राही पाठकों को पता था कि मूल कविताओं की सुषमा इनमें अनुपस्थित है। उन्हें प्रभावित किया इनमें निहित सन्देश ने। अमेरिका से इंग्लैंड वापस लौटने के बाद ऑक्सफ़ोर्ड विश्वविद्यालय के भारतीय छात्रों ने उनके सम्मान में एक सभा का आयोजन किया था, जिसमें अंग्रेज़ कवि रॉबर्ट ब्रिजेस को भी आमंत्रित किया गया था, जो अगले साल ब्रिटेन के पोएट लॉरिएट बने थे। दोनों कवियों के बीच मुख्यतः प्राच्य और पाश्चात्य संगीत की तुलना पर बातचीत हुई। रवीन्द्रनाथ ने कहा था कि पाश्चात्य संगीत के विपरीत प्राच्य के संगीत में हारमोनी नहीं है, यहाँ मेलोडी का उत्कर्ष देखा जा सकता है। रवीन्द्रनाथ की कविताओं में भी वहाँ के साहित्यप्रेमियों को उनकी हर कविता में विभिन्न भावों को समाविष्ट करने की कोशिश के बदले एक विशिष्ट भाव का विस्तार दिखा, जो उनके लिये एक नया अनुभव था।

अंग्रेज़ी *गीतांजलि* की भूमिका में विलियम बटलर येट्स ने लिखा था :

> हम लम्बी किताबें लिखते हैं जिनके किसी भी पृष्ठ में ऐसी गुणवत्ता नहीं होती है कि लेखन आनन्द बन जाय, किसी सामान्य खाके में आश्वस्त होकर, लड़ते और धन इकट्ठा करते हुए और दिमाग में राजनीति ठूँसते हुए—हम बेकार चीज़ें किये जाते हैं—जबकि श्री टैगोर, भारतीय सभ्यता की ही तरह, आत्मा को खोजते हुए और उसकी स्वतःस्फूर्तता में ख़ुद को समर्पित करते हुए संतुष्ट हैं।

पता नहीं, इन पंक्तियों में *गीतांजलि* की कविताओं की कितनी समझ है, लेकिन इतना स्पष्ट है कि पाश्चात्य साहित्य की दुनिया यहाँ एक अज्ञात प्राच्य का सामना कर रही है, सहानुभूति के साथ उसे समझने की कोशिश कर रही है।

पहला विश्वयुद्ध अभी शुरू नहीं हुआ था, लेकिन यूरोप के आसमान में उसके साये मंडरा रहे थे। सभी देश उसकी तैयारी में लगे थे और उससे आशंकित थे। वे देख रहे थे कि समाज में व्याप्त स्वार्थी, राष्ट्रवादी वस्तुवाद के चलते उसे टाला नहीं जा सकेगा। ऐसी हालत में वहाँ का बौद्धिक वर्ग एक मसीहा के लिये तड़प रहा था। *गीतांजलि* की कविताओं में, सन्त जैसे उसके कवि रवीन्द्रनाथ में उन्हें यह मसीहा दिखाई दिया।

~

इस सिलसिले में एक घटना का उल्लेख किया जा सकता है। विल्फ्रेड_ओवेन एक युवा कवि थे। विश्वयुद्ध शुरू होने के बाद उसे अनिवार्य सैनिक सेवा के तहत मोर्चे पर जाना पड़ा। मोर्चे पर भी वह कविता लिखता रहा। 1918 में युद्ध समाप्त होने से पहले-पहले उसकी मौत हो गई। बाद में उसकी कविताएँ छापी गईं और उन्हें काफ़ी प्रसिद्धि मिली। 1920 में उसकी माँ सुज़ान ओवेन ने रवीन्द्रनाथ को लिखे एक पत्र में बताया कि मोर्चे पर जाते समय विल्फ्रेड के अन्तिम शब्द थे *गीतांजलि* की यह पंक्ति—When I go from hence, let this be my parting word, that what I have seen is unsurpassable.—मौत के बाद उसकी जेब में एक नोटबुक मिली थी, जिसमें अक्सर *गीतांजलि* की पंक्तियों का उल्लेख था। यह पंक्ति भी उसमें शामिल थी और रवीन्द्रनाथ का भी उल्लेख किया गया था।

~

विलियम बटलर येट्स के साथ एक बातचीत के दौरान रवीन्द्रनाथ ने कहा था—प्राच्य प्राच्य रहे, पाश्चात्य पाश्चात्य, लेकिन प्रेम और हार्दिकता के साथ वे एक-दूसरे को समझने की कोशिश करें। रवीन्द्रनाथ की यह तीसरी विलायत यात्रा इस परिचय की शुरुआत थी। पहली बार यूरोप ने अपनी परिधि से बाहर एक अपरिचित दुनिया, एक अपरिचित कविता का परिचय प्राप्त किया। अपनी परिचित दुनिया की कल्पना की सीमाओं के साथ उसने उसे परिभाषित करने की कोशिश की। इसमें ग़लतफ़हमियाँ थीं। लेकिन यह विश्व साहित्य के इतिहास में एक नये युग की सूचना थी।

नोबेल पुरस्कार और अवसाद

1913 के सितम्बर में रवीन्द्रनाथ भारत लौट आये। उस वक़्त उन्हें पता नहीं था कि दो महीनों के अन्दर उनके जीवन और आधुनिक भारत के इतिहास में कैसी महत्त्वपूर्ण घटना घटने जा रही है।

आमतौर पर माना जाता है कि येट्स की सिफ़ारिश पर रवीन्द्रनाथ को नोबेल पुरस्कार दिया गया था। लेकिन घटनाएँ कुछ और ही कहानी कहती हैं। नोबेल पुरस्कार के लिये मनोनयन या तो कोई पुरस्कार विजेता कर सकता था, या किसी यूरोपीय देश की मान्यता प्राप्त राष्ट्रीय साहित्य संस्था। येट्स एक बार नोबेल पुरस्कार के लिये मनोनीत हुए थे, लेकिन उन्हें अब तक यह पुरस्कार नहीं मिला था। लन्दन में येट्स, एच. जी. वेल्स व अन्य प्रमुख साहित्यकारों की उपस्थिति में *गीतांजलि* की कविताओं के पाठ का जो आयोजन किया गया था, वहाँ ब्रिटेन की रॉयल सोसायटी ऑफ़ लिटरेचर के सदस्य, कवि व कलाकार थॉमस स्टर्ज मूर भी उपस्थित थे। वह इन कविताओं से इतना मुग्ध हुए कि संस्था के सदस्य के रूप में गुप्त रूप से उन्होंने नोबेल कमेटी को एक पत्र भेजा, जिसमें रवीन्द्रनाथ को 1913 का नोबेल पुरस्कार देने की संस्तुति की गई थी। कमेटी में इस पत्र पर विचार किया गया, और कई सदस्यों की राय में रवीन्द्रनाथ इस पुरस्कार के लायक़ नहीं थे, क्योंकि अंग्रेज़ी में यह उनका पहला काव्यग्रंथ था, और इन सदस्यों, ख़ासकर नोबेल कमेटी के अध्यक्ष होयाने का कहना था कि एक ग्रंथ के आधार पर किसी कवि का आकलन संभव नहीं है। हालाँकि उन दिनों किसी लेखक के समग्र आकलन के आधार पर नहीं, बल्कि उस वर्ष प्रकाशित किसी पुस्तक के आधार पर नोबेल पुरस्कार प्रदान किया जाता था।

लेकिन स्वीडन के प्रसिद्ध कवि वैर्नर फ़ॉन हाइडेनश्टाम की राय सुनने के बाद स्थिति बदल गई। हाइडेनश्टाम को भी तीन साल बाद नोबेल पुरस्कार मिला था, और वह उस समय कमेटी के एकमात्र ऐसे सदस्य थे, जिसने *गीतांजलि* की कविताएँ पढ़ी थीं। उन्होंने कहा कि इन कविताओं में हमारे युग के श्रेष्ठतम

कवियों में से एक का परिचय मिलता है। कविता पढ़ते हुए लगता है कि मानो हम झरने का स्वच्छ जल पी रहे हैं। इनमें ईश्वर प्रेम, धर्म की अनुभूति और दुर्लभ आध्यात्मिक सुन्दरता निहित है। अगर कोई कवि नोबेल पुरस्कार के योग्य हैं, तो वह हैं रवीन्द्रनाथ टैगोर। उन्होंने यह भी कहा कि जिस तरह ग्वेटे की चंद कविताएँ पढ़कर उनकी महानता का परिचय मिल जाता है, इस कवि के बारे में भी ऐसा कहा जा सकता है। कमेटी के सदस्य, प्राच्यविद एसाइस टेंगार को बांग्ला आती थी और उन्होंने बांग्ला में भी ये कविताएँ पढ़ी थीं। उन्होंने हाइडेनश्टाम के विचारों का समर्थन किया।

उस वर्ष कुल मिलाकर 28 लेखक मनोनीत किये गये थे। इनमें थॉमस हार्डी भी शामिल थे। लेकिन उनके प्रगतिशील विचार नोबेल कमेटी के रूढ़िवादी सदस्यों को पसन्द नहीं थे। *गीतांजलि* की कविताएँ इस लिहाज़ से कतई विवादास्पद नहीं थीं। शार्ट लिस्ट में दो लेखक रह गये : फ्रांस के एमिल फ़ागे और रवीन्द्रनाथ टैगोर।

पुरस्कार विजेता के रूप में रवीन्द्रनाथ के नाम की घोषणा की गई। नोबेल कमेटी की घोषणा में कहा गया : उन्होंने अपनी अंग्रेज़ी में व्यक्त अपने काव्यात्मक विचारों को पश्चिम के साहित्य का एक हिस्सा बना दिया है।

इतना ही नहीं, नोबेल कमेटी की प्रशस्ति में दावा किया गया कि इन कविताओं में निहित आध्यात्मिकता ईसाई धर्मभाव से प्रेरित है। भारत में ब्रिटिश शासन से फैले बौद्धिक व सांस्कृतिक उन्मेष को ऐसे साहित्य के उद्भव के लिये प्रेरणा कहा गया।

रवीन्द्रनाथ ने बाद में इस बकवास का जवाब दिया था। अपनी प्रेरणा के स्रोत के रूप में भारत की परम्परा को रेखांकित करने के लिये उन्होंने कबीर के सौ दोहों का अंग्रेज़ी में अनुवाद किया था, ताकि दुनिया के पैमाने पर उनका परिचय दिया जा सके।

बहरहाल, इंग्लैंड प्रवास के दौरान उनकी अनुपस्थिति में बंगाल में कई पत्र-पत्रिकाओं में उनकी तीख़ी आलोचना की जा रही थी। बंगाल के गर्म राजनीतिक माहौल में कलकत्ता के भद्रलोक समुदाय का एक हिस्सा उनके राष्ट्रवाद विरोध को सह नहीं पा रहा था। इसके अलावा मशहूर लेखक व नाट्यकार द्विजेन्द्रलाल राय ने उनका मखौल उड़ाते हुए *आनन्द विदाय* नाम से एक व्यंग्य नाटक लिखा। लेकिन कलकत्ता के एक प्रसिद्ध नाट्यगृह स्टार थियेटर में उसके मंचन के दौरान पहले दृश्य के बाद ही दर्शकों ने हूट करना शुरू कर दिया और मंचन रोक देना पड़ा। ऐसी कई घटनाएँ हो रही थीं। इंग्लैंड से एक पत्र में कवि ने लिखा था—

> देश में लौटने के बाद कितनी छोटी-छोटी बातें सुननी पड़ेंगी, विरोध-विद्वेष, कितनी निन्दा-ग्लानि...लेकिन अप्रिय को टाला नहीं जा सकता, उसे धकेलकर आगे बढ़ते जाना ही सही मार्ग है। जो कुछ अच्छा नहीं लगता, उसे टालकर डरते हुए मुझे नहीं चलना है।

ऐसे माहौल में उन्हें नोबेल पुरस्कार मिलने की ख़बर आई और सारा बंगाल व देश ख़ुशी से नाच उठा। कलकत्ता से एक विशेष ट्रेन से पाँच सौ लेखक-कलाकार-बुद्धिजीवी उन्हें बधाई देने के लिये शांतिनिकेतन पहुँचे। वहाँ प्रसिद्ध आम्रकुंज में एक भव्य सभा का आयोजन किया गया। वहाँ पहुँचकर रवीन्द्रनाथ ने देखा कि पहली पांत में कई ऐसे व्यक्ति हैं, जो अब तक गन्दी भाषा में उनके बारे में लिख रहे थे। उन्हें लगा कि यह आयोजन एक ढकोसला है। अपने भाषण में उन्होंने कहा—"जो भी हो, जिस वजह से भी हो, आज यूरोप मुझे सम्मान की वरमाला पहना रहा है। अगर उसका कोई मूल्य है, तो केवल वहाँ के गुणीजनों के रसबोध में है। हमारे देश के साथ उसका कोई आंतरिक सम्बन्ध नहीं है।"

इस सभा में कवि के अनेक गुणग्राही भक्त थे। ज़ाहिर है कि वे अत्यन्त आहत हुए। बहरहाल, सारे भक्त और अभक्त अपमानित होकर लौट आये। लेकिन रवीन्द्रनाथ के लिये ऐसी प्रतिक्रिया कुछ हद तक स्वाभाविक थी। इसके अलावा भीड़ से मुँह चुराने वाले कवि को डर था कि अब बाहर की हवा के थपेड़े से उनका आत्मीय काव्य जगत नहीं रह जाएगा। साथ ही, एक कम परिचित तथ्य यह भी है कि अगहन महीने की सातवीं तारीख को यह सभा आयोजित की गई थी। बांग्ला कैलेंडर के अनुसार यह उनकी पत्नी मृणालिनी देवी और प्रिय पुत्र शमीन्द्रनाथ का मृत्यु दिवस था।

ख्याति के शिखर पर अवसाद

रवीन्द्रनाथ का अब तक का जीवन शोक और मृत्यु के आघातों से भरा हुआ था। अपने अन्दर समाते हुए, अपनी सत्ता को समझने की कोशिश करते हुए वह इन्हें झेलते रहे। अब वह अपने लेखक जीवन के शिखर पर थे और उन्हें यह सब बेमानी लग रहा था। इस दौर में *गीतांजलि* की कविताएँ लिखी जा चुकी थीं, *गीतिमाल्य* की कविताएँ लिखी जा रही थीं। किशोरावस्था में पिता से प्राप्त उपनिषदों की शिक्षा उन्हें सान्त्वना नहीं दे पा रही थी। वह एक अव्यक्त और अप्राप्य को समझने, उसके निकट पहुँचने की कोशिश कर रहे थे। रवीन्द्रनाथ ने जीवन देवता के रूप में इसे परिभाषित किया था। अभी तक उन्हें कोई रास्ता नहीं दिख रहा था। इसकी तड़प उनके गीतिकाव्यों (*गीतांजलि-गीतिमाल्य-गीतालि*)

की कविताओं में दिखाई देती है।

और ख्याति के इस शिखर पर वह एक गहरे अवसाद में डूबते गये। उनकी चिट्ठियों में इसका आभास मिलता है। अपने बड़े बेटे रथींद्रनाथ के नाम उन्होंने एक लम्बी चिट्ठी लिखी थी। इसमें कोई तारीख़ नहीं है, लेकिन रवींद्र विमर्श के विद्वानों की राय है कि यह 1914 के सितम्बर-अक्टूबर के दौरान लिखी गई थी। इसमें वह कहते हैं कि उन्होंने पाया है कि उनके मानसिक रोग का कारण शारीरिक या स्नायविक है। इसकी वजह से उन्हें अपना जीवन निष्फल लग रहा था, लग रहा था कि परिवार, ज़मींदारी व समाज के लिये उन्हें जो कुछ करना चाहिए था, उन्होंने नहीं किया। यह सोचते हुए वह इस निष्कर्ष पर पहुँचे थे कि उन्हें जीने का हक़ नहीं है, इस जीवन को समाप्त करते हुए एक नये जीवन की शुरुआत करनी है। वह आत्महत्या के बारे में सोचने लगे थे। अपने इस पत्र में वह लिखते हैं—

> मैं जानबूझकर आत्महत्या करने जा रहा था—जीवन में मेरी कोई तृप्ति नहीं रह गई थी। जो कुछ भी मैं छू रहा था, सब कुछ इधर-उधर बिखेर दे रहा था। कैसे कोई ऐसा उल्टा इन्सान हो सकता है, यह मेरे लिये एक नया अनुभव है—सब दु:स्वप्न के एक घने जाल सा है। डरो मत, मैं इसे तोड़ डालूँगा—इसकी दवा मेरे अन्दर ही है...मौत की जिस गुफ़ा में मैं उतरता जा रहा था, कोई सन्देह नहीं कि वहाँ से उठकर मैं प्रकाश की ओर आऊँगा।

और वह उबर सके। 23 मई, 1914 को सी. एफ़ एण्ड्रूज़ को लिखे गये एक पत्र में उन्होंने कहा था कि वह जिन शत्रुओं से लड़ रहे हैं, वे अदृश्य हैं। लेकिन अंधकार का यह अनुभव उनके लिये एक बहुत बड़ी सीख है। इसके पाँच महीने बाद 7 अक्टूबर को लिखे पत्र में उन्होंने लिखा—

> अंधकार का मेरा दौर फिर एक बार समाप्त हो चुका है। यह मेरे लिये एक कठिन परीक्षा का दौर था, और मुझे विश्वास है कि यह मेरी मुक्ति के लिये अत्यंत आवश्यक था। मुझे पता है कि जिस स्तर पर मैं था, वहाँ से ऊपर उठता जा रहा हूँ...

मुक्ति या आत्ममंथन की यह प्रक्रिया त्रिगीत पर्व (*गीतांजलि-गीतिमाल्य-गीतालि*) के साथ चलती रहती है, उनकी कविताओं में अभिव्यक्त होती है। अगले एक अध्याय में इस पर्व और उसकी प्रक्रिया की चर्चा की जाएगी।

अध्यात्म में अस्मिता की तलाश

प्राच्य सांस्कृतिक परंपराओं में भाषातत्व की परिधि में अपनी पहचान के निरूपण, उसे परिभाषित करने की समस्या का व्यापक विवेचन किया गया है। अंतर्निहित सत्य को प्रकट रूप में लाना—इस संदर्भ में *वाक्यपदीय* में भर्तृहरि ने शब्द के तीन स्तरों, पश्यंती, मध्यमा और वैखरी का उल्लेख किया है (बाद में जिसके साथ परा को जोड़ा गया)। इसी प्रकार जर्मन दर्शनशास्त्री हाइडेगर के साथ जापानी भाषाविद् प्रोफ़ेसर तेजुका तोमिओ के संवाद में हमें भाषा के जापानी प्रतिशब्द के बारे में जानने को मिलता है। भाषा को जापानी में क्या कहते हैं? हाइडेगर के इस प्रश्न के जवाब में प्रोफ़ेसर तेजुका कहते हैं, 'कोतो बा।' बा का अर्थ है नव पल्लव, और कोतो का अर्थ है शांत के आह्वान से उद्भुत परम आनंद। इस आनंद का पल्लव, उसकी अभिव्यक्ति है भाषा।

लगभग सत्तर वर्ष की उम्र में अपने मित्र दर्शनशास्त्री सुरेंद्रनाथ दासगुप्त को पत्र के रूप में लिखी गई एक कविता में रवीन्द्रनाथ कहते हैं—

चिरप्रश्न की वेदी के सम्मुख सदा निर्वाक रहे
बिराट निरुत्तर
नम्र ललाट पर उसका स्पर्श ही
अपना श्रेष्ठ वर।

उस अनिर्वचनीय के आभास के साथ निकट की संकीर्णता के बंधन से अपनी आत्मा को मुक्त करना और भर्तृहरि द्वारा निरूपित परा व पश्यंती के सत्य को कविता की वैखरी में अभिव्यक्त करना—कवि के रूप में रवीन्द्रनाथ की यह साधना उनके त्रिगीत पर्व—*गीतांजलि, गीतिमाल्य* और *गीतालि* की कविताओं में ईश्वर के साथ द्विपक्षीय संवाद के रूप में सामने आता है।

कौन है वह अज्ञात? जिस पथ पर वह चलना चाहता है, चलता नहीं है; जो बात वह कहना चाहता है, कहता नहीं है; सब जिससे तृप्त हो जाते हैं, वह नहीं होता है। - नैवेद्य की कविताओं में अपने एजेंडे के बारे में आश्वस्त रवीन्द्रनाथ

उसके बाद रचित अपने काव्यग्रंथ *उत्सर्ग* की एक कविता में पूछते हैं। क्या वह प्रियतमा है? ईश्वर है? या कवि स्वयं? इसी ग्रंथ की एक दूसरी कविता में वे कहते हैं, "कस्तूरी मृग की तरह अपनी ही सुगंध से मतवाला मैं वन-वन में भटकता हूँ।" त्रिगीत पर्व की कविताओं के आत्ममंथन से पहले आश्वस्त होने से मुक्ति एक आवश्यक शर्त थी। और तभी *गीतांजलि* की पहली कविता में उनका नया स्वर फूट पड़ता है, कवि कहते हैं : अपने चरणों की धूल में मेरा मस्तक नत कर दो। मेरे जीवन में अपनी इच्छा पूर्ण करो—

अपनी ही इच्छा पूर्ण करो तुम
मेरे इस जीवन में

कवि की यह एक नई आत्म उपलब्धि है : अनजाना-पहचाना बन जाता है, दूर निकट; विपदा में उसे रक्षा नहीं, भय से मुक्ति चाहिए—और चौथी कविता में एक समूचा नया कार्यक्रम सामने आता है... वह विकसित, निर्मल, उज्ज्वल, सुंदर, जाग्रत, उद्यत, निर्भय, मंगल, निरलस निःसंशय होना चाहता है, सबके साथ युक्त होना चाहता है, हर बंधन से मुक्त होना चाहता है, वह चाहता है कि उसके सकल कर्म में दिव्य का शांत छंद संचारित हो...।

उपलब्धि का आनंद, जो कर्ता के साथ कर्म, विषय के साथ विषयी के एक हो जाने में मिलता है—क्या वह यहाँ देखने को मिलता है? नैवेद्य की कविताओं की तरह कवि यहाँ विषयी नहीं विषय है, वह विषयी को संबोधित कर रहा है। लेकिन अगर वह कवि है, तो क्या विषयी नहीं है? इस द्योतना की विडंबना से मुक्ति मिलन में है, और नैवेद्य की कविताएँ अगर स्थिति के प्रतीक हैं, तो त्रिगीत पर्व में हमें एक प्रक्रिया देखने को मिलती है—मिलन की प्रक्रिया, संशय और यंत्रणा से निपटते हुए उससे उबरने की प्रक्रिया, यहाँ मैं है, तुम है, लेकिन मैं के अंधकार के उत्स से विच्छुरित होता है प्रकाश, और वह तुम का प्रकाश है। *गीतांजलि, गीतिमाल्य* और *गीतालि* की कविताएँ इस प्रक्रिया के विवर्तन की कविताएँ हैं।

टैगोर का काव्य संसार

तीन ग्रंथों की लगभग 400 कविताओं में व्याप्त इस प्रक्रिया को पूरी तरह से दर्शाना यहाँ संभव नहीं होगा, लेकिन कुछ विशिष्टताओं की ओर ध्यान आकर्षित करने की कोशिश की जाएगी। इन कविताओं में हमें एक क्रमागत विकास देखने को मिलता है, लेकिन हर ऐतिहासिक विकास की तरह वह सरल नहीं है, एक पड़ाव तक पहुँचने के बाद फिर से वे पीछे मुड़कर देखते हैं, जिस संशय से

मुक्ति का आनंद अभी व्यक्त हुआ था, वह संशय फिर से लौट आता है, लेकिन बनी रहती है अपने-आप को कुरेदते हुए मुक्ति की दिशा में एक निरंतर प्रक्रिया।

इतिहासकार रणजित गुहा ने अपनी पुस्तक *कविर नाम ओ सर्वनाम* (कवि का नाम और सर्वनाम) में मूलत: विशाल सर्वव्यापी सत्ता (महाआमि) की ओर क्षुद्र सत्ता (आमि) की यात्रा के रूप में इसकी व्याख्या की है। इस यात्रा के आरंभ में एक दूरी है, क्षुद्र सत्ता अपनी क्षुद्रता के बारे में सचेत है, आकाश में बादल छाए हुए हैं और वह एकाकी द्वार के बाहर बैठा हुआ है (*गीतांजलि*), दीप है शिखा नहीं है, विरह की अग्नि से वह उसे प्रज्ज्वलित करना चाहता है, और फिर अगली ही कविता में उसे आभास मिलता है कि वह सर्वव्यापी सत्ता सावन की काली रात में सबकी नज़र चुराकर छिपे कदमों के साथ आ रहा है—आविर्भूत हो रहा है। लेकिन कुछ ही कविताओं के बाद 39वीं कविता में वे कहते हैं, जो गान गाने के लिए वे आए हैं, आज भी उसे गा नहीं पाए हैं—वे सिर्फ़ सुर साध रहे हैं, सिर्फ़ गाने की चाह है...

गीतांजलि की कविताओं में ही आशा का स्वर प्रस्फुटित होने लगता है—अपने सिंहासन से तुम उतर आए हो, मेरे निर्जन घर के द्वार पर आकर ठहरे हो (56), क्या तुमने उसकी पदचाप नहीं सुनी, वह आता है, आता है, आता है (62), लेकिन जब भी वे दीप जलाने की कोशिश करते हैं, वह बुझ जाता है। कवि कहते हैं।

"मेरे जीवन में तुम्हारा आसन गहरे अंधकार में है (72)।"

और इस प्रक्रिया में से एक नई चेतना उभरती है, जिसकी अभिव्यक्ति *गीतांजलि* से पहले नहीं देखी गई थी। क्षुद्र सत्ता की सार्थकता अगर सर्वव्यापी सत्ता से मिलन में है, तो सर्वव्यापी सत्ता भी क्षुद्र सत्ता के बिना अधूरी है। 'त्रिभुवनेश्वर, अगर मैं न होता, तो तुम्हारा प्रेम मिथ्या होता।' (121)

कवि के बारे में शायद सबसे महत्त्वपूर्ण पुस्तक, *आधुनिकता ओ रवीन्द्रनाथ* में लेखक अबु सईद अय्युब कहते हैं कि खेया और बलाका के बीच 1902 से 1914 की अवधि में लिखी गईं इन कविताओं में केवल मैं और तुम का संवाद दिखता है, सामाजिक सरोकार नहीं है। कम-से-कम *गीतांजलि* की तीन कविताओं के बारे में यह बात नहीं कही जा सकती है (108-110)। पहली कविता में वे इतिहास के अनुभव पर आधारित एक उदात्त भारत की कल्पना करते हैं, उस

ब्रैकेटों में दी गई संख्याएँ बांग्ला काव्यग्रंथों में कविताओं के नम्बर हैं। आमतौर पर ये बिना शीर्षक की कविताएँ हैं।

महामानव के सागर तट पर अपने चित्त का जागरण चाहते हैं। दूसरी कविता में वे कहते हैं, तुम्हारे चरण सबसे नीचे, सर्वहारा के बीच हैं, वहाँ तक मेरा चित्त उतर नहीं पाता है और तीसरी कविता में देश को चेतावनी देते हुए वे कहते हैं, सदियों से तुमने जिनका अपमान किया है, अपमान सहते हुए उन सबके बराबर होना पड़ेगा।

ओ मेरे अभागे देश, जिनका किया है अपमान
अपमान में होना है तुम्हें उन सबके समान।
मानव के अधिकारों से
वंचित किया है जिन्हें,
सामने वे खड़े रहे, गोद में दिया नहीं स्थान –
अपमान में होना है तुम्हें उन सबके समान

गीतांजलि का अंत आते-आते कवि की आश्वस्तता लौट आती है। जो पूजा सम्पन्न नहीं हुई, वह खो नहीं गई है। जो फूल खिलने से पहले झर गया, जो नदी मरुस्थल में सूख गई, वह भी खो नहीं गई है। (147)

यह जो अहं (आमित्व) नाम की चीज़ है, इसी के ज़रिये बाक़ी जगत से मैं अलग हूँ... मैं ही मैं हूँ, इस संक्षिप्त ज्ञान के तीक्ष्ण खड्ग से यह कण जैसा मैं (आमि) ने बाकी ब्रह्माण्ड को अपने आपसे सदा के लिए विच्छिन्न कर रखा है, सारी सृष्टि (निखिल चराचर) को मैं (आमि) और मैं-नहीं (आमि-ना) में बाँट रखा है—कवि के इस वक्तव्य को उद्धृत करते हुए शंख घोष कहते हैं कि इस विच्छिन्नता की वेदना ही रवीन्द्रनाथ की प्रधानतम वेदना है। यह विश्व-आमि, या आमि-ना अनायास ही तुम बन जाता है और उसके साथ संवाद कवि के लिए एक नांदनिक (asthetic) आस्वाद ले आता है। *गीतांजलि* की कविताएँ अगर प्रस्तावना हैं, *गीतालि* की कविताएँ मुहाने तक पहुँचना, तो *गीतिमाल्य* की कविताओं को किसी हद तक संक्रांति की कविताओं के रूप में देखा जा सकता है। यहाँ विच्छिन्नता की वेदना विशेष रूप से स्पष्ट है। पहली कविता में कवि कहते हैं, रात्रि जहाँ दिन के तट से आकर मिलती है, उस मुहाने के किनारे तुमसे मेरी मुलाक़ात हुई। हमें पता है कि पौ फटने से पहले उषा का यह मुहूर्त सबसे अंधेरा होता है। आनंद यहाँ पथ चाहने में ही है (7), लेकिन काँटे के जंगल में फूल खिलने के बावजूद नींद की खुमारी बाकी है, आँखें अभी खुली नहीं हैं (18)। जल्द ही एक नया स्वर सुनने को मिलेगा, कवि कहेगा, तुमने मुझे अशेष बनाया, ऐसी ही तुम्हारी लीला है (23)।

कुछ उपचार या रूपक इन कविताओं में बार-बार आते हैं। घर और बाहर,

पथ पर निकल पड़ना, घर में प्रतीक्षा और 'तुम' का आना, रात्रि, अंधकार, और कालवैशाखी की धरती बंगाल में बार-बार तूफ़ान या झंझावात (झड़)। शंख घोष झंझावात से जुड़ी तीन ग्रंथों की तीन कविताओं की एक अत्यंत रोचक तुलना प्रस्तुत करते हैं। *गीतांजलि* की कविता (20-आजि झड़ेर राते तोमार अभिसार) में 'तुम' कवि के पास आ रहा है, कवि उसकी बाट जोह रहा है, द्वार खोलकर बार-बार देख रहा है। *गीतिमाल्य* की कविता (67-जे राते मोर दुआरगुलि भाडलो झड़े) में झंझावात में द्वार टूट चुका है, 'तुम' आ चुका है, कवि को पता नहीं चला। सुबह उठकर वह देखता है, उसके घर की शून्यता में 'तुम' खड़ा है। *गीतालि* की कविता (33-जेते जेते एकला पथे निबेछे मोर बाति) में 'तुम' नहीं आता है, कवि का 'मैं' ख़ुद पथ पर निकल पड़ा है, झंझावात उसका साथी है। कवि विषय से विषयी बनता जा रहा है।

क्या कवि को उत्तर मिलता है? *गीतालि* की कविता (65) में वे कहते हैं, मेघ ने कहा, 'चलता हूँ चलता हूँ', रात ने कहा 'चलूँ'। सागर ने कहा, 'तट मिल गया है, मैं अब नहीं रह गया है'। कवि कहते हैं (99), विश्वजन के चरणों के नीचे धूल से सनी धरती स्वर्गभूमि है। सबको साथ लेकर सबके बीच 'तुम' छिपा है, वही मेरा 'तुम' है।

1910 में *गीतांजलि* व 1914 में *गीतिमाल्य* व *गीतालि* का प्रकाशन हुआ। इसके बाद कवि के रूप में उनके जीवन का एक नया दौर शुरू हुआ। जीवन के अन्तिम पर्व में उन्होंने फिर से आध्यात्मिक कविताएँ लिखीं, जिनमें जीवन और मानव का एक नया बोध उभरकर आया। लेकिन कोई भी ऐसा काव्यग्रंथ नहीं आया, जिसमें सिर्फ़ आध्यात्मिक कविताएँ हों।

अन्तरंग रवीन्द्रनाथ

साहित्य की हर विधा इतने विराट आयाम में रचना, संगीत व चित्रकला में नई दिशा दिखानेवाले, शिक्षा के क्षेत्र में युगप्रवर्तक चिन्तन के साथ विश्वविद्यालय के संस्थापक, आध्यात्मिकता के नये उत्कर्ष के प्रवर्तक, सामाजिक-राजनीतिक विमर्श के प्रखर भागीदार, विश्वमानव—लेकिन अपने निजी जीवन में, अपने आस-पास के लोगों के साथ व्यवहार में रवीन्द्रनाथ कैसे इन्सान थे? ख़ुशी की बात है कि जिन्हें उनसे मिलने का मौक़ा मिला, जो उनके नज़दीक आ सके, अक्सर उन्होंने इस सिलसिले में अपने संस्मरण लिखे। उनके जीवन से जुड़े चुटकुले भी सामने आये। उनके निजी पत्रों में भी व्यक्ति रवीन्द्रनाथ की तस्वीर उभरकर सामने आती है।

संस्मरणों में रवीन्द्रनाथ : हास-परिहास-गाम्भीर्य

सबसे पहले यह कहना पड़ेगा कि व्यक्तिगत जीवन में रवीन्द्रनाथ बेहद हिसाबी थे। अपनी आय व सम्पत्ति को बचाकर रखने के लिये कोई कसर बाकी नहीं रखते थे। दूसरी ओर बेहिसाबी भी थे—अपनी अधिकतर सम्पत्ति और सारी रचनाओं का कॉपीराइट उन्होंने अपने बेटे-बेटियों को नहीं, बल्कि विश्वभारती को दान में दे दिया। लेकिन इनसे परे लोगों के साथ प्रतिदिन के व्यवहार में उनकी एक दिलचस्प तस्वीर हमें दिखाई देती है।

मसलन वह अपनी किशोरावस्था की एक कहानी कहते हैं, जो अन्य कहानियों की तरह सच हो भी सकती है, अगर आपको प्लैनचैट में विश्वास हो। जोड़ासाँको की ठाकुर बाड़ी के अनेक पारिवारिक मित्रों में से एक थे श्रीकंठ बाबू। रसिक व्यक्ति और हर किसी का मज़ाक उड़ाने वाले। ख़ासकर घर-जमाई बनकर आने वाले दामादों की तो वह हालत ख़राब कर देते थे।

उम्र हो गई थी, मौत हो गई। रवीन्द्रनाथ लिखते हैं : उसके बाद परिवार के युवकों ने सोचा कि उन्हें प्लैनचैट के ज़रिये बुलाया जाय और पूछा जाय कि

उस पार कैसी हालत है - क्या वहाँ भी हँसी-मज़ाक चलता है। तो उन्हें बुलाकर पूछा गया, और उन्होंने जवाब दिया : ''जो बात जानने के लिये मुझे मरना पड़ा, तुम लोग जीते-जी उसे जानना चाहते हो? यह नहीं चलेगा।''

मद्रास की अत्यन्त धनी परिवार की एक कन्या से रवीन्द्रनाथ की शादी की बातचीत चली थी। ख़ैर, शादी नहीं हुई। बाद में पता चला कि शादी के दो साल बाद वह विधवा हो गई। अपनी वृद्धावस्था में यह कहानी सुनाते हुए रवीन्द्रनाथ ने कहा था—''अच्छा हुआ कि शादी नहीं हुई थी। स्त्री विधवा होने से जीना मुश्किल हो जाता।''

भतीजी इन्दिरा देवी चौधरानी और किशोरी रानु अधिकारी (बाद में लेडी रानु मुखर्जी) के साथ काफ़ी दिनों तक उनका पत्राचार चला था, जिन्हें *छिन्नपत्रावली* और *भानुसिंह की पत्रावली* नामक दो संकलनों में प्रकाशित किया गया है। किशोरी रानु रवीन्द्रनाथ के प्रति मोहाविष्ट थी, उसके पत्रों से भी इसका पता चलता है। रवीन्द्रनाथ के जवाब मीठे, कौतुक भरे, लेकिन संयमित होते थे। मसलन एक पत्र में वह लिखते हैं : 'तुमने लिखा है कि पुरस्कार वितरण में बहुत मज़ा आया। लेकिन यहाँ मेले में जितना मज़ा आया, उसकी कोई तुलना ही नहीं हो सकती है। तुमने लिखा कि एक छोटी बच्ची इतना चिल्ला रही थी कि सभा जम गई थी। यहाँ इतनी तरह की आवाज़ थी कि गिना ही नहीं जा सकता। बच्चों का रोना, बड़ों की गर्जना, डुग्गी की आवाज़, बैलगाड़ी की कैंच-कैंच आवाज़, जात्रा पार्टी की चीख, पटाखों की आवाज़, हँसना-रोना, गाना, शोरगुल, झगड़ा आदि-आदि... लड़कियाँ अपने बनाये सामान बेच रही थीं, आलू दम—एक आलू की क़ीमत एक पैसा, सुकेशी बहुमा ने मूँगफली की गुड़िया बनाई थी, छह-छह आने में बिकी। कमल ने मिट्टी का एक घर बनाया था, चहारदीवारी के साथ, आँगन में शिव की मूर्ति—कोई उसे खरीद नहीं रहा था, ज़बरदस्ती मुझे तीन रुपये में बेचा गया। कितने मज़े की बात। छोटी बच्चियों ने एक फटे कपड़े को चारों ओर से सिलकर मुझसे कहा, यह रुमाल है, क़ीमत है आठ आना, आपको लेना ही पड़ेगा। यह कहकर उसे मेरी जेब में ठूँस दिया—ऐसा मज़ा...फिर रातभर लोग बेसुरी आवाज़ में गाते हुए मेरे बेडरूम के नीचे रास्ते से जाने लगे, मज़े के चलते मैं सो ही नहीं पाया—सारे कुत्ते उनके साथ आवाज़ मिलाने लगे, ऐसा मज़ा...'

उन दिनों रवीन्द्रनाथ को पुश्तैनी ज़मींदारी चलाने की ज़िम्मेदारी दी गई थी। एक

बार वह पालकी में अपनी ज़मींदारी से शहर जाने के लिये स्टेशन के रास्ते पर थे। रास्ते में अचानक खेत में काम कर रहे किसान ने चिल्लाते हुए पालकी रोकी। बाहर आकर रवीन्द्रनाथ ने पूछा कि क्या हुआ है। किसान ने कहा—एक मिनट रुक जा, अभी आता हूँ। वह दौड़कर अपनी कुटिया में गया। लौटकर रवीन्द्रनाथ को उसने एक रुपया दिया। रवीन्द्रनाथ ने हँसते हुए पूछा : ''एक रुपये के लिये मुझे रोक लिया। अगर ट्रेन छूट जाती?'' किसान ने जवाब दिया : ''हम रुपया नहीं देंगे तो तू खाएगा क्या?'' रवीन्द्रनाथ कहते हैं, ''उस दिन मुझे पता चला कि हम ज़मींदार नहीं, भिखारी हैं।''

अपने उत्पादों के विज्ञापन के लिये लोग अक्सर रवीन्द्रनाथ के पास संदेश लेने आते थे। एक बार कलकत्ता की एस.सी. राय कम्पनी पागलपन दूर करने की अपनी दवाई के लिये संदेश माँगने आये। रवीन्द्रनाथ ने संदेश लिख दिया :

'लम्बे समय तक मुझे इससे फ़ायदा होता रहा है।'

इसी प्रकार सुलेखा कालि (स्याही) के मालिक व उनके मित्र हेमेन्द्र मोहन बोस एक संदेश चाहते थे। रवीन्द्रनाथ ने लिखा :

'सुलेखा कालि कलंक से भी काली है।'

इसी प्रकार एक ब्लेड कम्पनी के विज्ञापन के लिये उन्होंने लिखा था :

'मैं हमेशा इस कम्पनी का ब्लेड इस्तेमाल करता हूँ।'

शांतिनिकेतन के अध्यापक नेपाल राय कवि से मिलने उनके घर गये थे। लौटने के कुछ देर बाद रवीन्द्रनाथ ने उन्हें एक चिट्ठी भेजी, जिसमें लिखा हुआ था : 'आपने एक बहुत बड़ी ग़लती की है। कल आइयेगा, आपको दंड मिलेगा।'

नेपाल राय चिन्ता के मारे रात को सो नहीं पाये। अगले दिन जब वह गये तो रवीन्द्रनाथ अन्दर के एक कमरे में थे। काफ़ी देर तक इन्तज़ार के बाद जब वह बाहर आये तो उनके हाथ में एक मोटी सी लाठी थी। राय साहब ने सोचा, 'क्या अब लाठी की मार खानी पड़ेगी?'

रवीन्द्रनाथ ने कहा—''कल आप अपना यह दंड छोड़ गये थे। यह लीजिये।''

उस ज़माने में कोई गंभीर घटना होने पर ही टेलिग्राम भेजा जाता था। एक बार शरतचंद्र ने रवीन्द्रनाथ को मज़ाक में एक टेलिग्राम भेजा, जिसमें लिखा हुआ था : 'गुरुदेव, मैं ठीक हूँ।'

इसके जवाब में रवीन्द्रनाथ ने उन्हें पार्सेल से एक बड़ा सा पत्थर भेजा। साथ में एक चिट्ठी, जिसमें लिखा हुआ था—'तुम्हारा कुशल समाचार पाकर मेरे दिल से पत्थर का यह बोझ उतर गया।'

रवीन्द्रनाथ से मिलने गाँधीजी शांतिनिकेतन आए हुए थे। दोनों के लिये शाम का भोजन लाया गया था। गाँधीजी के लिये ओट्स का दलिया और कवि के लिये देशी घी में तली हुई बंगाली लूची। गाँधीजी ने कहा—"गुरुदेव! आप यह क्या कर रहे हैं? यह तो ज़हर है।"

रवीन्द्रनाथ ने कहा, "हाँ, लेकिन बेहद धीमा ज़हर।"

नोबेल पुरस्कार मिलने के बाद एक गोरे साहब ने रवीन्द्रनाथ से कहा था, "*गीतांजलि* बहुत अच्छी किताब है। लेकिन मैं सोच रहा था कि किसने आपके लिये उसे लिखा।"

रवीन्द्रनाथ ने उनसे कहा, "पहले यह बताइये, किसने आपको यह किताब पढ़ने को दी?"

रवीन्द्रनाथ ने 2232 गीत लिखे। अधिकतर गीतों के लिये उन्होंने ख़ुद सुर दिये। मन में सुर आ जाने के बाद वह अपने भतीजे दिनेन्द्रनाथ ठाकुर को बुलाकर सुनाते थे, और दीनु ठाकुर उसकी स्वरलिपि तैयार करते थे।

रवीन्द्रनाथ को अपने गीत गाने व अपनी कविताओं का पाठ करने का शौक था। उनकी महीन आवाज़ में उन पाठों व गायन का रस लेने के लिये ज़बरदस्त रवीन्द्र भक्ति की ज़रूरत पड़ती है।

शान्तिनिकेतन में एक बार एक व्यक्ति उनसे मिलने आया और कुछ रुपये उधार माँगने लगा। रवीन्द्रनाथ उसे टाल नहीं पाये। इसके बाद क्षितिमोहन सेन उनसे मिलने आये थे। उस व्यक्ति को जाते देख उन्होंने कवि से कहा, "गुरुदेव, आप कैसे-कैसे लोगों से मिलते हैं। वह तो महा धोखेबाज़ है।"

रवीन्द्रनाथ ने गम्भीरता से कहा, "लेकिन वह अपनी बात का पक्का है। उसने मुझसे कहा कि वह हमेशा के लिये मेरा ऋणी रहेगा।"

एक बार शान्तिनिकेतन में माघ उत्सव के लिये संगीत भवन की लड़कियाँ आम के बगीचे में गाने की रिहर्सल कर रही थीं। कवि प्रात:भ्रमण के लिये वहाँ से

गुज़र रहे थे, गाना सुनकर वह रुक गये। फिर उन लड़कियों के बीच पहुँचकर ख़ुद गाने लगे। लड़कियाँ चुप हो गईं। उनको उत्साह दिलाने के लिये कवि ने कहा, ''चुप क्यों हो गईं? गाओ।''

एक मुँहफट लड़की ने कहा, ''गुरुदेव, आप तो बेसुरा गा रहे हैं।''

रवीन्द्रनाथ ने छद्म गुस्सा दिखाते हुए कहा, ''मेरा गाना और मैं ही बेसुरा गा रहा हूँ। और तेरा दीनु सही सुर में गाता है?''

रानी चन्द शान्तिनिकेतन में चित्रकला की छात्रा थी। वह अवनीन्द्रनाथ ठाकुर व नन्दलाल बोस से चित्रकला सीखती थी व बाद में उन्हें कलाकार के रूप में काफ़ी प्रसिद्धि मिली। रवीन्द्रनाथ जब चित्र बनाते थे, वह बैठकर देखती थी। अक्सर वह मॉडल भी बनती थी और कवि उनका पोर्ट्रेट बनाते थे। पोर्ट्रेट के साथ उनका चेहरा बिलकुल नहीं मिलता था। चित्र बन जाने के बाद दोनों उसे देखकर हँस पड़ते थे। कवि ने उनसे कहा था, ''तुम्हें गर्व होना चाहिए कि कितने रूपों में मैं तुम्हें देखता हूँ।''

रवीन्द्रनाथ की उम्र हो चुकी थी। वह अपनी कुटिया श्यामली के सामने आरामकुर्सी पर अधलेटे बैठे हुए कविता लिखते थे या चित्र बनाते थे। सामने मैदान में एक संथाल लड़की काम करती थी।

एक दिन उसने कवि से कहा : ''ऐ बाबू, तू करता क्या है? सुबह आती हूँ तो तू लेटा रहता है। शाम को भी तुझे लेटा हुआ देखती हूँ। तेरा कोई काम-धाम नहीं है क्या?''

रवीन्द्र मुस्कुराते रहे।

यायावर रवीन्द्रनाथ

यायावर कवि बाहर निकल पड़ने के लिये छटपटा रहे थे। यूरोप में युद्ध छिड़ा हुआ था, वहाँ जाने का सवाल नहीं था। युद्ध की वजह से वहाँ रवीन्द्रनाथ की किताबों की बिक्री भी घट चुकी थी, आमदनी घट गई थी। *बलाका* की कविताएँ लिखने के दौरान उन्होंने कश्मीर की यात्रा की, वह दक्षिण भारत के दौरे पर भी गये, लेकिन वह देश से बाहर दूसरी संस्कृतियों के बीच होना चाहते थे।

जापान के यात्री कावागुची कुछ साल पहले तिब्बत की यात्रा पर आये थे। इस यात्रा के दौरान उन्होंने रवीन्द्रनाथ से भी मुलाक़ात की थी। 1915 में उन्होंने कवि को जापान की यात्रा के लिये आमंत्रित किया। रवीन्द्रनाथ इस आमंत्रण को स्वीकार करते हुए यात्रा की योजना बना रहे थे। इसी बीच 1916 के अप्रैल में अमेरिका के एक व्याख्यान प्रबंध संस्थान पॉन्ड लाइसियम की ओर से प्रस्ताव आया कि अगर वह अमेरिका के शहरों में एक व्याख्यानमाला के लिये राज़ी हों तो उन्हें 12 हज़ार डॉलर दिये जाएँगे। रवीन्द्रनाथ विदेश यात्रा के लिये इतने आतुर थे कि उन्होंने तुरन्त इसे स्वीकार कर लिया। तय हुआ कि वह जहाज़ से रंगून व सिंगापुर होते हुए जापान जाएँगे, और वहाँ से अमेरिका की यात्रा करेंगे।

3 मई, 1916 को रवीन्द्रनाथ कलकत्ता से रवाना हुए। उनके साथ थे चार्ल्स एन्ड्रूज़, विलियम पियर्सन, जो इस यात्रा के दौरान उनके सचिव थे और शान्तिनिकेतन के एक किशोर छात्र मुकुल डे। रंगून में उतरते ही वहाँ के भारतवासियों ने गर्मजोशी के साथ उनका स्वागत किया। तीन किलोमीटर लम्बे रास्ते पर उनकी गाड़ी के साथ चलते हुए वे 'जय, रवीन्द्रनाथ की जय' और वंदेमातरम् के नारे लगा रहे थे। अनभ्यस्त रवीन्द्रनाथ थोड़ा परेशान थे।

रंगून से सिंगापुर होते हुए कवि जापान के कोबे बन्दरगाह तक पहुँचे। वहाँ से वह ओसाका पहुँचे, जहाँ प्रेस एसोसियेशन द्वारा आयोजित सभा में उनका व्याख्यान हुआ। उनका अगला पड़ाव था राजधानी टोक्यो, जहाँ वह जापान के मशहूर कलाकार ताइक्कान के मेहमान रहे। टोक्यो विश्वविद्यालय में उनका व्याख्यान हुआ, उसके बाद शहर के मशहूर उयेनो पार्क में उनके नागरिक

अभिनन्दन का आयोजन किया गया। जापान सरकार के कई वरिष्ठ अधिकारी इस सभा में उपस्थित थे।

जापान में उन्होंने दो उल्लेखनीय भाषण दिये, The Nation और The Spirit of Japan। पहला विश्वयुद्ध जारी था, और एशिया में भी जापान हमला करते हुए चीन को पैरों तले दबाने की कोशिश कर रहा था। समृद्ध संस्कृति के देश जापान के ऐसे आचरण से रवीन्द्रनाथ अत्यन्त क्षुब्ध थे। अपने भाषणों में उन्होंने कहा कि पश्चिम के देशों की नकल करते हुए ऐसी साम्राज्यलोलुपता जापान के लिये कतई कल्याणकर नहीं है। उनकी नसीहत जापान सरकार को पसन्द नहीं आई, और उन्होंने पर्दे के पीछे से ऐसी व्यवस्था की कि रवीन्द्रनाथ के सारे सार्वजनिक कार्यक्रम रद्द होते गये। जिस दिन वह जापान पहुँचे थे, उनकी अगवानी के लिये सरकार के प्रतिनिधियों सहित सैकड़ों लोग आये हुए थे। जिस दिन वह जापान से रवाना हुए, उन्हें विदा करने के लिये उनके मेज़बान के अलावा कोई नहीं गया था।

जापान से अमेरिका। इस बार उनकी यात्रा पश्चिमी तट से शुरू हुई। अनुबन्ध के अनुसार विभिन्न शहरों में उनके व्याख्यान के कार्यक्रम आयोजित किये गये : सीएट्ल, पोर्टलैंड, सैन फ्रांसिस्को, लॉस एंजेलेस, सैन डियेगो—प्रशान्त महासागरीय तट के निकट इन शहरों में कार्यक्रमों के बाद वह सॉल्ट लेक सिटी होकर शिकागो पहुँचे। उसके बाद बोस्टन और येल विश्वविद्यालय में भाषण। लगभग दो महीनों तक हर कहीं एक ही जैसे भाषण देते हुए उनका कवि मन परेशान होने लगा था। काफ़ी नुकसान उठाकर उन्होंने पॉन्ड लाइसियम के साथ अपना अनुबन्ध रद्द कर दिया। सैन फ्रांसिस्को से रवाना होकर हवाई द्वीप के होनोलुलु में एक दिन रुकने के बाद वह जापान वापस आ गये। पियर्सन जापान में ही रुक गये। बाकी दोनों के साथ रवीन्द्रनाथ दस महीने की विदेश यात्रा के बाद भारत लौट आये।

स्वदेश लौटने के बाद उनके अनुभव बहुत अच्छे नहीं रहे। वैसे तो जोड़ासाँको के भवन में उनके भक्तों ने विचित्रा नाम से एक संगठन बनाया था, जहाँ नियमित रूप से सांस्कृतिक कार्यक्रम किये जा रहे थे। लेकिन उनकी बड़ी बेटी बेला गम्भीर रूप से बीमार थी, दामाद के साथ उनके सम्बन्ध अच्छे नहीं थे। बेटे रथीन्द्रनाथ ने मोटरगाड़ी बेचने का व्यापार शुरू किया था। वह घाटे में चल रहा था। कवि ने उस पर दबाव डालकर व्यापार बन्द करवाया।

इस बीच कलकत्ता में उनके खिलाफ़ एक मोर्चा बन चुका था। इसकी वजह थी जापान में राष्ट्रवाद के खिलाफ़ दिये गये उनके भाषण। स्वतंत्रता संग्रामियों का एक हिस्सा प्रखर राष्ट्रवाद से प्रेरित था। कवि से उनकी नाराज़गी स्वाभाविक

थी। लेकिन उन्होंने राष्ट्रवाद विरोध को स्वतंत्रता संग्राम के विरोध के साथ जोड़ दिया। इसके अलावा रवीन्द्रनाथ के कुछ चाटुकार बन गये थे। वे इस विरोध को बढ़ा-चढ़ाकर कवि के सामने पेश करते थे। इन सबसे रवीन्द्रनाथ का मन उचट चुका था। वह फिर अवसाद में डूबने लगे थे। इन द्वंद्वों को वह अपने उपन्यास *घर और बाहर* में प्रस्तुत कर रहे थे। *गोरा* के बाद शायद उनका सबसे महत्त्वपूर्ण उपन्यास, जिसकी चर्चा एक अलग अध्याय में की गयी है।

देश का राजनीतिक माहौल गर्म हो रहा था। यहाँ-वहाँ से सशस्त्र क्रान्तिकारियों के हमलों की ख़बरें आ रही थीं। भारत रक्षा क़ानून के तहत बंगाल में बारह सौ से अधिक युवकों को गिरफ़्तार कर लिया गया था। होमरूल लीग की संस्थापिका ऐनी बेसेंट ने स्वराज के लिये अपना आन्दोलन शुरू किया था। 1917 के जून में मद्रास सरकार ने उन्हें नज़रबन्द कर लिया।

कवि ने इस नज़रबन्दी का विरोध करते हुए तुरन्त एक बयान दिया। कलकत्ता में एक सभा का आयोजन किया जाने वाला था, लेकिन सरकार ने उसकी अनुमति नहीं दी। इसके बाद रवीन्द्रनाथ के व्याख्यान के लिये दो कार्यक्रम आयोजित किये गये, जिनमें उन्होंने 'कर्ता की इच्छा से कर्म' नामक एक लम्बे निबन्ध का पाठ किया।

इस सन्दर्भ में भी कवि की एक व्यापक दृष्टि थी। उन्होंने सिर्फ़ ब्रिटिश सरकार का विरोध नहीं किया। साथ ही उन्होंने यह सवाल भी उठाया कि कुछ एक हज़ार अंग्रेज़ कैसे इतने सारे लोगों को ग़ुलाम बनाकर रख पा रहे हैं। उनका कहना था कि हमारी सबसे बड़ी कमज़ोरी हमारे अन्दर ही है। अतीत का मोहपाश हमारे वर्तमान को व्यर्थ व भविष्य को दुष्प्राप्य बना दे रहा है। उनका कहना था कि स्वशासन अगर हमारी चेतना को मुक्त नहीं कर पाता है, तो वह सबके लिये नहीं होगा और जो स्वराज सिर्फ़ मुट्ठीभर लोगों के लिये हो, वह उन्हें नहीं चाहिए।

इस सिलसिले में वह शिक्षा के महत्त्व पर विशेष रूप से ज़ोर देते थे। उन दिनों कलकत्ता विश्वविद्यालय की बेहतरी के लिये एक आयोग का गठन किया गया था, जिसके अध्यक्ष थे लीड्स विश्वविद्यालय के कुलपति सर माइकेल सैडलर। सैडलर कवि से मिलने शान्तिनिकेतन आये। रवीन्द्रनाथ ने उनसे कहा कि द्वितीय भाषा के रूप में अंग्रेज़ी की अच्छी शिक्षा बहुत ज़रूरी है। लेकिन स्कूल से लेकर विश्वविद्यालय तक मातृभाषा ही शिक्षा का माध्यम होनी चाहिए।

बंगाल कांग्रेस में गरम दल के सदस्य चाहते थे कि कलकत्ता में होने वाले कांग्रेस अधिवेशन में अध्यक्ष के रूप में ऐनी बेसेंट का नाम प्रस्तावित किया जाय। स्वागत समिति का बहुमत इसके लिये तैयार नहीं था। रवीन्द्रनाथ की अध्यक्षता

में एक वैकल्पिक स्वागत समिति का गठन किया गया। बंगाल कांग्रेस के नेताओं को साँप सूँघ गया। वे बेसेंट के नाम पर राज़ी हो गये। इसके बाद रवीन्द्रनाथ ने अध्यक्ष पद से इस्तीफ़ा दिया और वैकल्पिक समिति तोड़ दी गई। कलकत्ता कांग्रेस में ऐनी बेसेंट अध्यक्ष चुनी गईं। रवीन्द्रनाथ ने भी इस अधिवेशन में भाग लिया। यहाँ उन्होंने 'चित्त जहाँ भयशून्य, उच्च जहाँ शिर' कविता का पाठ किया, जो ग़ैर-बंगाली पाठकों के बीच अंग्रेज़ी अनुवाद में सबसे ज़्यादा लोकप्रिय कविता है।

व्यक्तिगत जीवन में दुःख-शोक का सिलसिला खत्म नहीं हुआ था। बड़ी बेटी बेला मृत्युशय्या पर थी। रवीन्द्रनाथ बेटी से मिलने उनके घर गये। दरवाज़े पर ही उन्हें पता चला कि बेटी चल बसी है। शोकाकुल कवि बाहर से ही लौट आये।

1919 में रौलट एक्ट के खिलाफ़ गाँधीजी के नेतृत्व में सत्याग्रह आन्दोलन शुरू हुआ। इस आन्दोलन की कमज़ोरियों को रेखांकित करते हुए रवीन्द्रनाथ ने गाँधीजी के नाम एक खुली चिट्ठी भेजी थी। बाद में इस आन्दोलन को वापस ले लिया गया। फिर आया जलियांवाला हत्याकांड। ख़ुद को अकेला महसूस कर रहे क्षुब्ध कवि ने सर की उपाधि लौटा दी।

1919 में ही रोमाँ रोल्याँ की पहल पर विश्व के मशहूर लेखकों व बुद्धिजीवियों की एक सार्वजनिक घोषणा प्रकाशित की गई। Declaration of the Independence of the Human Spirit नामक इस शांतिवादी घोषणा पर ऐरी बारबुस, आलबर्ट आइनस्टाइन, हेरमान्न हेस्से, हाइनरिष मान्न, बर्ट्रांड रसेल या स्तेफ़ान त्स्वाइग जैसे मनीषियों ने हस्ताक्षर किए थे। रवीन्द्रनाथ टैगोर ने इस पर हस्ताक्षर किए। भारत से उनके अलावा आनन्द कुमारस्वामी ने इस घोषणा पर हस्ताक्षर किए थे। कहा जा सकता है कि इस कदम के साथ वह विश्वशांति के लिये संघर्षरत अन्तर्राष्ट्रीय बुद्धिजीवियों की पहली पांत में शामिल हुए।

लेकिन कवि फिर एक बार यूरोप में अपने दोस्तों के बीच होना चाहते थे, नये दोस्त बनाना चाहते थे। विश्वयुद्ध समाप्त हो चुका था, यूरोप के कई देशों से उन्हें आमंत्रित किया जा रहा था। इसके अलावा इन्हीं दिनों विश्वभारती की स्थापना के बाद उसके विकास का भी सवाल था। अपनी पिछली यात्रा के अनुभव के आधार पर उन्हें उम्मीद थी कि वहाँ व्याख्यानों के ज़रिये उन्हें अपनी परियोजना के लिये काफ़ी पैसे मिल जाएँगे।

फिर एक बार वे पश्चिम की ओर निकल पड़े। 15 मई, 1921 को बम्बई से अपने बेटे व पतोहू के साथ वह रवाना हुए। एक साल बाद 16 जुलाई, 1922 को वह स्वदेश वापस लौटे।

दुनिया तो बाहर है

1914 की जुलाई और अक्टूबर के बीच रवीन्द्रनाथ ने आध्यात्मिक त्रिगीत पर्व के आखिरी ग्रंथ *गीतालि* की कविताओं की रचना की और इसी वर्ष अप्रैल में ही उनके नये व बिलकुल अलग आस्वाद की कविताओं के काव्यग्रंथ *बलाका* की पहली कविता लिखी गई। इस कविता में वह कहते हैं—

ओ नवीन, ओ हमारे कच्चे,
ओ हरे-ताज़े,
नासमझ,
अधमरों को अब जगाओ तुम, बच्चे।

नोबेल पुरस्कार के बाद दिये गये भाषण पर हो रही कटु आलोचना से रवीन्द्रनाथ अत्यंत क्षुब्ध थे। उन्होंने कह दिया था कि वह किसी पत्रिका को अब कविताएँ नहीं भेजेंगे। उनके बड़े भाई के दामाद व लोकप्रिय लेखक प्रमथ चौधुरी आम लोगों की भाषा में गद्य रचना के पक्षधर थे। वह *सबुज पत्र* (हरा पत्ता) नाम से एक पत्रिका निकालना चाहते थे। उन्होंने कहा कि वह तभी अपनी पत्रिका निकालेंगे, अगर रवीन्द्रनाथ अपनी कविताएँ दें। कवि मान गये और *सबुज पत्र* के पहले अंक में पाठकों का स्वागत करते हुए उन्होंने यह कविता लिखी। *बलाका* की अधिकतर कविताएँ *सबुज पत्र* में छपीं।

कहा जा सकता है कि 1912 से पहले तक रवीन्द्रनाथ की चेतना व साहित्य के केंद्र में भारत था। यहाँ तक कि राष्ट्रवाद का विरोध भी भारत में राष्ट्रवाद का विरोध था। लेकिन 1911-12 में यूरोप व अमेरिका की यात्रा के बाद अब सारा विश्व उनके दायरे में आ चुका था। वह यूरोप में स्वार्थ पर आधारित राष्ट्रवाद की राजनीति से व्यथित व चिन्तित थे। कई व्याख्यानों में उन्होंने इसके ख़तरों की ओर ध्यान दिलाया। यूरोप में युद्ध के साये मंडरा रहे थे। उसकी तैयारियाँ चल रही थीं। 28 जुलाई को सर्बिया पर ऑस्ट्रिया और जर्मनी के हमले के बाद 4 अगस्त, 1914 को ब्रिटेन और फ्रांस ने दोनों देशों के खिलाफ़ युद्ध की घोषणा की। यह पहले विश्वयुद्ध की शुरुआत थी। एक दिन बाद 5 अगस्त को 'मा मा

हिंसी' शीर्षक के साथ एक प्रार्थना में उन्होंने युद्ध के निषेध के ज़रिये मानव जाति को बचाने की अपील की। अपनी प्रार्थना में उन्होंने कहा, ''मृत्यु के हाथ से, स्वार्थ के हाथ से, अहंकार के हाथ से हमारी रक्षा करो। हिंसा का निषेध हो। मा मा हिंसी।'' 'लड़ाई का मूल' नामक एक लेख में उन्होंने कहा—

> आज दुनिया में व्यापारी राज के युग की स्थापना हो चुकी है। वाणिज्य आज केवल वाणिज्य नहीं है, साम्राज्यवाद के साथ उसका गन्धर्व विवाह हो चुका है...ऐसा विपुल प्रभुत्व जगत में कभी नहीं रहा। यूरोप के इस प्रभुत्व का क्षेत्र है एशिया और अफ़्रीका। अब जर्मनी मुसीबत में है। उसकी नींद देर से टूटी। भोज की आखिरी घड़ी में वह हाँफ़ते हुए आ पहुँचा है...आज भूखा जर्मनी कह रहा है कि मालिक और गुलाम—ये दो किस्म के इन्सान हैं। मालिक सब कुछ हड़प लेगा, गुलाम सब कुछ मुहैया करायेगा...जब तक यूरोप के बाहर यह नीति चलाई जा रही थी तो यूरोप को इसकी कटुता समझ में नहीं आई। आज वह ख़ुद इसका शिकार है।

यहाँ ध्यान दिया जाना चाहिए कि रवीन्द्रनाथ ने सम्पूर्ण रूप से युद्ध और हिंसा को धिक्कारा, उसका विरोध किया। कांग्रेस उस समय युद्ध में ब्रिटिश पक्ष का समर्थन कर रही थी। गाँधीजी दक्षिण अफ़्रीका से लौट आने के बाद ब्रिटिश सेना में भर्ती होने की वकालत कर रहे थे।

विश्व युद्ध की छाया

अपनी कविताओं में वह अध्यात्म के जगत से बाहर निकल आये। लेकिन एक नया काव्य जगत उन्हें अभी तक नहीं मिला था। *बलाका* की कविताओं में इस सिलसिले में एक छटपटाहट देखने को मिलती है, जिसमें आने वाले दशक में कवि का विकास छिपा हुआ है।

लेकिन यह कहना तथ्यों से परे होगा कि *बलाका* की कविताएँ सिर्फ़ पहले विश्वयुद्ध के साये में रची गईं। युद्ध छिड़ने से पहले ही वह इस ग्रन्थ की चार कविताएँ लिख चुके थे। ऊपर की पंक्तियों में पहली कविता का ज़िक्र किया गया है। प्रस्तुत हैं यहाँ दूसरी, तीसरी और चौथी कविताओं की कुछ पंक्तियाँ—

अब आया वह सर्वनाश।
वेदना की बाढ़ में
रुदन बह जाय रे।
ख़ूनी बादल में चमक है,
बिजली की कड़क है

कोई पागल बार-बार
करता है अट्टहास।
अब आया वह सर्वनाश।
...
चलते हैं हम सामने की ओर,
रोकेगा हमें कौन।
पीछे से जो बँधे पड़े हैं
रोएँगे वे मौन।
पैर हमारे लहूलुहान, बाधा तोड़
धूप-छाँव में कदम जोड़,
और वे अपने में ख़ुद को ओढ़
फंदा डालने में मगन।
रोएँगे वे मौन।
...
तुमसे आराम माँगकर
पाई है सिर्फ़ लज्जा।
अब तुम मेरे अंग में
पहनाओ रणसज्जा।
बाधा आती रहे हर पल,
चोट खाकर रहेंगे अटल,
मेरे सीने में तुम्हारा दुख
बजाये जयडंका।
सारी शक्ति लगानी है, लेकर
अभय तुम्हारा शंख।

अपने जीवन व रचना-जीवन के इस महत्त्वपूर्ण मोड़ पर रवीन्द्रनाथ को ज़रा नज़दीक से देखा जाय। बांग्ला के कवि व आलोचक विष्णु डे का एक महत्त्वपूर्ण लेख है Let the Crisis Face the Indian Writer। अपने संकट का सामना करना लेखक के लिये अत्यंत महत्त्वपूर्ण है। *बलाका* की कविताएँ लिखने से पहले रवीन्द्रनाथ तीन बार ब्रिटेन सहित यूरोप व अमेरिका की यात्रा कर चुके थे। इनमें से दो यात्राएँ किशोरावस्था की थीं और तीसरी यात्रा को प्रवास कहना बेहतर होगा—1912 में वह एक साल साढ़े चार महीनों तक यूरोप व अमेरिका में रहे। इसी यात्रा के दौरान अंतर्राष्ट्रीय क्षितिज पर उन्हें पहचाना गया। लेकिन थके-हारे

यूरोप के अधेड़ों के लिये लचर अनुवाद में ब्रिटिश राज की एक गौण भाषा की कविताएँ, यानी अंग्रेज़ी *गीतांजलि*, पढ़ना दरअसल मन की शान्ति के लिये रविवार को चर्च जाने के समान था। उन्हें एक संत या बाबा के रूप में देखा गया, उनमें एक मसीहा की खोज की कोशिश की गई (बाद में यह अपेक्षा निराशा में बदल गई थी, जो लाज़िमी है)। रवीन्द्रनाथ ने अपनी यह भूमिका व्यवहारतः स्वीकार कर ली थीं। अपने जीवन के मिशन में—जिसे वह जीवनदेवता की साधना के रूप में देखते थे—यह मान्यता उनके लिये व्यापक सम्भावनाएँ मुहैया कर रही थीं। उन्हें नोबेल पुरस्कार मिला, अंग्रेज़ी *गीतांजलि* की भारी मात्रा में बिक्री होने लगी, आने वाले वर्षों में विभिन्न देशों में उनकी व्याख्यान यात्राएँ हुईं। मसलन हर व्याख्यान यात्रा के लिये उन्हें एक लाख डॉलर मिलते थे। इस सबका उपयोग उन्होंने विश्वभारती व दूसरे रचनात्मक कार्यों के लिये किया। अफ़सोस की बात है कि पश्चिम की यह धारणा भारत में भी उनके बारे में आम धारणा बन गई, जो आज भी कायम है।

लेकिन क्या सिर्फ़ इतना ही था?

नहीं, पारस्परिक परिचय के इस दौर में वह भारत से परे व्यापक सांस्कृतिक धाराओं, यूँ कहा जाय कि विश्व इतिहास से रू-ब-रू हुए, उसका अंग बनने लगे। राष्ट्रवाद को ठुकराने का दौर पहले ही शुरू हो चुका था, राष्ट्र के स्थान पर अब उनके ध्यान के केंद्र में मानव था। लेकिन *बलाका* के दौर में ही प्रकाशित उनके उपन्यास *घर और बाहर* में भी यह मानव भारतीय था। यहीं हमें एक महत्त्वपूर्ण परिवर्तन दिखाई देता है : भारतीय मानव अब विश्व मानव होता जा रहा था। प्रथम विश्वयुद्ध से पहले ही वह स्वार्थ और लोभ पर आधारित यूरोपीय समाज में हो रहे विकास से विचलित थे, उसके विरुद्ध उनका आह्वान वहाँ के समाज को भी सम्बोधित होने लगा। विश्वयुद्ध की शुरुआत से पहले ही लिखी *बलाका* की चार कविताओं में व्यक्त छटपटाहट में यह कशमकश देखी जा सकती है।

बलाका की शुरू की कविताओं के सिलसिले में सबआल्टर्न इतिहासकार रणजित गुहा अपनी रवीन्द्र आलोचना पुस्तक *कबिर नाम ओ सर्बनाम* (कवि का नाम और सर्वनाम) में कहते हैं कि *गीतालि* की अन्तिम कविताओं में आश्वस्त होने का जो भाव दिखता है, वह स्वस्ति यहाँ है या नहीं, यह कहना मुश्किल है। आनन्द के बदले यहाँ जेल के फाटक के सामने तुरन्त रिहा हुए कैदी के भय व उसकी भ्रान्ति की छवि ही मन में आती है।

यही शायद वह क्राइसिस है, लेखक की अनिवार्य आवश्यकता के रूप में विष्णु डे जिसका उल्लेख करते हैं। लेकिन *बलाका* की कविताओं की समग्रता

में यह मूल भाव नहीं है। पाँचवीं कविता में ही वह कहते हैं—

समय बहुत हो चुका निकला है कब से
मेरा माँझी उद्विग्न होकर
रात अभी तक कटी नहीं है, समय तो लगेगा
फिर आयेगा नाव खेकर।
तूर्य भेरी नहीं बजेगी, जानेगा न कोई नर,
सिर्फ़ अँधेरा दूर होगा, प्रकाशित होगा घर,
दीनता उसकी धन्य होगी, पुण्य होगी देह
आनन्द का स्पर्श पाकर।
नीरव ही सन्देह मिटायेगा माँझी
तट पर आकर।

और *बलाका* की 37वीं कविता में कवि कहता है—

मौत आँखमिचौनी खेलती है
सारे विश्व में फैलकर।
तैरते हुए वे चले जाते हैं
जीवन से कर जाते हैं क्षणिक विद्रूप
आज देखो उनका विराट स्वरूप।
फिर उनके सामने खड़े होकर
कहो निडर होकर
तुमसे मैं डरता नहीं
इस दुनिया में मैंने जीत पाई है बार-बार
तुमसे बड़ा सत्य मैं हूँ, प्राण दूँगा इस विश्वास के साथ
शान्ति सत्य, शिव सत्य, सत्य वही चिरन्तन एक।

कुत्सित और दुर्मद से उबरते हुए जीवन एक निरन्तर यात्रा है—*बलाका* की कविताओं में रह-रहकर यह विश्वास झलकता है। 36वीं कविता, जिसे 'बलाका' नाम से भी प्रकाशित किया गया है, उसकी अंतिम पंक्तियों में कवि श्रीनगर में उड़ते हुए बगुलों की पांत को देखकर अपना मनोभाव व्यक्त करता है—

सुना मैंने मानव के कितने सन्देश
उड़कर जाते किसी देश
अस्पष्ट अतीत से अस्फुट दूर कोई दौर।
सुना मैंने अपने अन्तर्मन में

असंख्य पंछियों के साथ
दिन-रात
बसेरा छोड़ वे उड़ जाते हैं रोशनी और अँधेरे के बीच
इस पार से पता नहीं किस पार।
ध्वनित होता है महाशून्य के आर-पार उनका गीत –
''यहाँ नहीं, कहीं और, कहीं और, और कोई ठौर।''

अपनी पिछली यात्रा के दौरान रवीन्द्रनाथ फ्रांसीसी दर्शनशास्त्री ऐंरी बैर्गसाँ से भी मिले थे। कई आलोचकों के अनुसार *बलाका* की कविताओं में बैर्गसाँ के गत्यात्मकता के सिद्धान्त का प्रभाव देखा जा सकता है। लेकिन बैर्गसाँ के लिये गति ही सब कुछ है, लक्ष्य कुछ नहीं। रवीन्द्रनाथ के लिये लक्ष्य अस्पष्ट है, लेकिन है। उसकी ओर एक नये स्तर पर उनकी यात्रा अब शुरू हो चुकी थी।

विश्वमानव की विडंबनाएँ

यायावर मन छटपटा रहा था। कवि ने 1912-13 में आख़िरी बार यूरोप की यात्रा की थी। उसके बाद विश्वयुद्ध शुरू हो गया। युद्ध के बाद हर देश में ताश के पत्ते नये सिरे से फेंटे गये, नक्शे बदले गये। बीच में उन्होंने जापान व अमेरिका की यात्रा की थी। लेकिन परिचित यूरोप और वहाँ के मित्रों की यादें उन्हें सता रही थीं।

इसके अलावा एक दूसरा मक़सद भी था। शान्तिनिकेतन में ब्रह्मचर्य आश्रम का ख़र्च रवीन्द्रनाथ स्वयं उठाते थे। लेकिन एक विश्वविद्यालय के ख़र्च उठाना उनके बूते के बाहर की बात थी। देश में जगह-जगह घूमकर वह धन इकट्ठा कर रहे थे। उन्हें उम्मीद थी कि यूरोप के मित्रों से भी मदद मिलेगी।

इस बीच दो महत्त्वपूर्ण घटनाएँ हो चुकी थीं। जलियाँवाला नरसंहार के बाद रवीन्द्रनाथ ने नाइट उपाधि का परित्याग किया था, जिसकी चर्चा पहले के एक अध्याय में की गई है। इसके अलावा रोम्याँ रोलाँ की पहल पर सारे विश्व के बुद्धिजीवियों, लेखकों व कलाकारों की एक शांतिवादी घोषणा प्रकाशित की गई थी, जिस पर रवीन्द्रनाथ ने भी हस्ताक्षर किए थे। अब वह इंग्लैंड व यूरोप जाकर मानवतावाद की इस विश्व चेतना के साथ जुड़ना चाहते थे।

बम्बई से 21 दिनों की जहाज़ यात्रा के बाद 5 जून, 1920 को वह प्लाइमाउथ पहुँचे। उनके साथ बेटा रथीन्द्रनाथ व उनकी पत्नी तथा उनके भतीजे सुरेन्द्रनाथ ठाकुर की बेटी मंजु, जो इंग्लैंड में अध्ययन करना चाहती थी। अगले ही दिन वह लन्दन पहुँचे। रोदेनश्टाइन ने लन्दन में उनका स्वागत किया व एक भव्य होटल में उन्हें ठहराया गया। अख़बारों में रिपोर्ट छप चुकी थी कि नोबेल पुरस्कार विजेता कवि आये हुए हैं। जगह-जगह उन्हें सांध्यभोज में आमंत्रित किया गया। कई लोगों से उनकी मुलाक़ात हुई, जिनमें शामिल थे प्रसिद्ध रूसी चित्रकार निकोलास रोएरिख।

लेकिन जल्द ही रवीन्द्रनाथ को पता चल गया कि उनके मेज़बानों में शालीनता

तो है, लेकिन मित्रता का वह भाव नहीं, जो उन्हें पिछली यात्रा के दौरान देखने को मिला था। नाइट की उपाधि ठुकराने को अंग्रेज़ अपने राष्ट्रीय अपमान के रूप में देख रहे थे। 19 जून को ऑक्सफ़ोर्ड विश्वविद्यालय में कवि का भाषण था और पोएट लॉरिएट रॉबर्ट ब्रिजेस उस आयोजन में भाषण देने वाले थे। लेकिन उन्होंने आमंत्रण ठुकरा दिया। इसके बाद एक पत्र में ब्रिजेस ने लिखा था कि वह रवीन्द्रनाथ के कई पत्रों के जवाब देने से हिचकते रहे, क्योंकि उनकी राय में उनकी ख़ामोशी से कहीं ज़्यादा उनकी बातों से दोनों के बीच ग़लतफ़हमी पैदा हो सकती है।

रवीन्द्रनाथ का मन उचट गया था। वह स्कैन्डिनेवियाई देशों की यात्रा करना चाहते थे। इसी बीच एक महिला आई, जो दुभाषिये के रूप में काम करना चाहती थी। यात्रा की सारी तैयारियाँ हो चुकी थीं, इसी बीच पता चला कि ब्रिटिश गुप्तचर विभाग की ओर से कवि पर नज़र रखने के लिये उस महिला को भेजा गया है। स्कैन्डिनेवियाई देशों की यात्रा रद्द कर दी गई।

लन्दन में रवीन्द्रनाथ भारत सचिव मोन्टेगु से भी मिले। देश की हालत के बारे में जानकारी देते हुए उन्होंने कहा कि भारतवासियों की दिलचस्पी जनरल डायर को सज़ा देने में नहीं है। वे चाहते हैं कि ब्रिटेन जलियांवाला नरसंहार को अनैतिक घटना के रूप में स्वीकार करे। मोन्टेगु ने कहा कि वह ऐसा आश्वासन नहीं दे सकते हैं। लेकिन वह भारत की आन्तरिक व्यवस्था में ऐसे परिवर्तन लाने की कोशिश कर रहे हैं, जिनसे ऐसी घटनाओं की पुनरावृत्ति न हो।

बहरहाल, रवीन्द्रनाथ पेरिस पहुँचे, जहाँ उनकी मुलाक़ात दर्शनशास्त्री ऐंरी बैर्गसाँ, प्राच्यविद सिलवाँ लेवी व अन्य मनीषियों से हुई। युद्धविध्वस्त फ्रांस में उनका कोई सार्वजनिक कार्यक्रम आयोजित नहीं किया जा सका। लेकिन वहाँ से वह हॉलैंड व बेल्जियम गये, जहाँ उनके कई व्याख्यानों का आयोजन किया गया था। इन देशों में उन्हें पता चला कि हज़ारों लोग स्थानीय भाषाओं में उनकी कविताओं के अनुवाद पढ़ चुके हैं। रोटरडम में शहर के मुख्य चर्च में व्याख्यान देने वाले वह पहले ग़ैर ईसाई रहे।

लेकिन कवि की यात्रा का एक प्रमुख उद्देश्य था अपनी विश्वभारती परियोजना के लिये धन व संसाधन जुटाना। युद्ध में यूरोप इस कदर तबाह हो चुका था कि वहाँ इसकी कोई सम्भावना नहीं दिख रही थी। वह अमेरिका की यात्रा करना चाहते थे, लेकिन पिछली यात्रा के दौरान उनके कार्यक्रमों के आयोजक मेजर पौंड ने सूचित किया कि इस वक़्त उनके कार्यक्रम आयोजित करना आसान नहीं होगा। इसके बावजूद वह अक्टूबर के अन्त में पियर्सन को साथ लेकर न्यूयॉर्क पहुँचे।

अमेरिका पहुँचने के बाद कवि को पता चला कि वहाँ काफ़ी ठंडे तरीके से उनका स्वागत किया जा रहा है। नाइटहुड त्यागना अमेरिकियों को भी पसन्द नहीं आया था। अख़बारों में उनकी यात्रा को बिलकुल संज्ञान में नहीं लिया गया। हॉर्वर्ड विश्वविद्यालय व दो-तीन अन्य स्थानों में उनके व्याख्यान हुए, लेकिन उनके अंतर्राष्ट्रीयतावाद या विश्वभारती की परियोजना में किसी की दिलचस्पी नहीं थी। इसी बीच पौंड ने उनके लिये टेक्सास प्रदेश में 15 व्याख्यानों का आयोजन किया। टेक्सास उस ज़माने में एक पिछड़ा हुआ प्रदेश माना जाता था। फिर भी न्यूयॉर्क छोड़कर रवीन्द्रनाथ बेहद ख़ुश हुए।

भारत छोड़ते समय कवि को उम्मीद थी कि अमेरिका में उन्हें अपनी विश्वविद्यालय परियोजना के लिये दसियों लाख डॉलर मिलेंगे। वह नहीं मिले। ख़ैर वह पूरी तरह से खाली हाथ नहीं लौटे। साथ ही विश्व रंगमंच पर आने के साथ जुड़ी हुईं विडम्बनाओं का अनुभव भी उनके जीवन के लिये एक आवश्यक सीख रही।

24 मार्च, 1921 को इंग्लैंड वापस आकर रवीन्द्रनाथ ने राहत की साँस ली। कुछ भी हो, यहाँ का परिवेश अमेरिका के निर्मम भौतिकवादी परिवेश से कहीं बेहतर था। इस बीच यूरोप के कई देशों से उन्हें आमंत्रित किया गया था और तीन हफ़्ते बाद वह पेरिस पहुँचे, जहाँ रोम्याँ रोलाँ के साथ उनकी पहली मुलाक़ात हुई। यह सम्पर्क आने वाले वर्षों में कवि की विश्वदृष्टि के उन्मेष के लिये अत्यन्त महत्त्वपूर्ण साबित होने वाला था। पेरिस के मुज़े ग्रिमे संग्रहालय में उनके व्याख्यान का आयोजन किया गया था तथा संग्रहालय के प्राच्यबंधु-समिति ने चंदा इकट्ठा करते हुए विश्वभारती के लिये दुष्प्राप्य ग्रंथों का उपहार प्रदान किया। ये ग्रंथ आज भी विश्वभारती में मौजूद हैं। इसी प्रकार स्विट्ज़रलैंड के लुसर्न नगर में अपने कार्यक्रम के दौरान उन्हें पता चला कि उनके जर्मन प्रेमियों ने उनके जन्मदिन के अवसर पर उनके विश्वविद्यालय के लिये जर्मन साहित्य का एक विशाल संग्रह उपहार के रूप में दिया है। उपहार पाकर कवि बेहद ख़ुश हुए।

स्विट्ज़रलैंड से जर्मनी के डार्मश्टाट व हाम्बुर्ग होते हुए वह कोपेनहेगेन पहुँचे। वहाँ विश्वविद्यालय में उनके व्याख्यान के बाद छात्रों ने मशाल जुलूस निकालकर उन्हें होटल तक पहुँचाया। देर रात तक एक त्योहार का माहौल बना रहा। कवि की उम्र साठ से अधिक हो चुकी थी। इतनी यात्राओं के बाद वह थके हुए थे। फिर भी वह छात्रों के बीच रहे। अगला पड़ाव था स्टॉकहोम, जहाँ नोबेल

समिति के सदस्यों ने उनका स्वागत किया। नोबेल समिति के नियमानुसार पुरस्कार विजेताओं को स्वीडिश अकादमी में भाषण देना पड़ता है। रवीन्द्रनाथ अब तक इस औपचारिकता का पालन नहीं कर पाये थे। इस बार उन्होंने भाषण दिया और उसके उपरान्त उपसाला के आर्चबिशप ने उनके बारे में कहा कि टैगोर में उन्हें एक कवि के साथ-साथ एक ऋषि के दर्शन का भी अवसर मिला।

स्वीडन से कवि फिर जर्मनी लौट आये, जहाँ बेचैनी से उनका इन्तज़ार किया जा रहा था। बर्लिन विश्वविद्यालय में उनका व्याख्यान सुनने 15 हज़ार लोग इकट्ठा हो चुके थे। उनके अनुरोध पर अगले दिन उन्हें दुबारा व्याख्यान देना पड़ा। जर्मनी में उन दिनों कुर्ट वोल्फ़ प्रकाशन गृह से छपे उनकी कविताओं के अनुवाद अत्यन्त लोकप्रिय हो चुके थे। जिस तरह बाद में योग का एक जुनून पैदा हुआ, उसी तरह उन दिनों टैगोर-भक्ति की एक हवा चल रही थी। बर्लिन से वह डार्मश्टाट पहुँचे, जहाँ कवि की उपस्थिति में सारे शहर में टागोरे-वोखे, यानी टैगोर सप्ताह का पालन किया गया, जिसके अन्तर्गत उनकी कविताओं, गीतों व नाटकों के कार्यक्रमों के साथ-साथ स्थानीय कला व संगीत की भी भव्य प्रस्तुति देखने को मिली। सप्ताहव्यापी इस कार्यक्रम की एक विशेषता थी कवि के साथ सवाल-जवाब। लोग दिनभर उन्हें अपने सवाल भेजते थे, शाम को एक कार्यक्रम में रवीन्द्रनाथ उनके जवाब देते थे।

डार्मश्टाट में रवीन्द्रनाथ का एक अनोखा अनुभव हुआ। नगर के औद्योगिक केन्द्र में श्रमिकों के एक अड्डे में उन्हें ले जाया गया। धुएँ से भरे कमरे में सारे दिन की मेहनत के बाद कामगार अपने में ही मगन थे, उन्होंने कवि की कोई परवाह नहीं की। धीरे-धीरे उन्होंने उनके साथ बातचीत शुरू की। कामगारों ने अपने सिगार बुझा दिये, बियर की बोतलें टेबल के नीचे छिपा दीं, और वे ध्यानमग्न होकर दुभाषिये की मदद से कवि की बातें सुनने लगे। कवि के लिये भी यूरोप में कामगारों के साथ सीधे सम्पर्क का यह पहला मौक़ा था। कहा जा सकता है कि दोनों पक्षों के लिये यह एक नई, अपरिचित दुनिया थी।

यायावर अब घर लौटने के लिये व्याकुल था। लेकिन इसी बीच ऑस्ट्रिया की राजधानी वियेना से आमंत्रण आया, जिसे वे टाल नहीं सके। इसके अलावा चेकोस्लोवाकिया एक नया देश बना था। उसकी राजधानी प्राग के विश्वविद्यालय में प्रख्यात प्राच्यविद विन्टरनित्ज़ उनका इन्तज़ार कर रहे थे। रवीन्द्रनाथ को वहाँ जाना पड़ा।

देश की ख़बरें भी उन्हें बेचैन कर रही थीं। असहयोग आन्दोलन शुरू हो

चुका था। शान्तिनिकेतन में भी उसका प्रभाव दिख रहा था। सारे दूसरे आमंत्रणों को नकारते हुए 1921 की जुलाई में कवि भारत लौट आये। लगभग तेरह महीनों की यह यात्रा शायद उनकी प्रत्याशा के अनुरूप नहीं थी, लेकिन अनुभवों की दृष्टि से अत्यन्त समृद्ध थी। अब वह सही मायनों में विश्वमानव बन चुके थे। या शायद अब भी कुछ बाकी था?

गाँधी और रवीन्द्रनाथ

1914 में गाँधीजी ने फ़ैसला किया कि वह दक्षिण अफ्रीका छोड़कर भारत आ जाएँगे। लेकिन भारत आने से पहले उन्हें इंग्लैंड में कुछ काम निपटाने थे। दक्षिण अफ्रीका में उन्होंने एक स्कूल की स्थापना की थी, जहाँ 20-25 छात्र व कुछ शिक्षक थे। उन्हें भी भारत आना था, लेकिन भारतीय मूल के होने के बावजूद भारत उनके लिये पूरी तरह अपरिचित था। उन्हें कहाँ भेजा जाय। गाँधीजी भी लम्बे समय तक देश से बाहर रहे। गाँधी व रवीन्द्रनाथ के मित्र थे सी.एफ़ एन्ड्रूज़। उनके प्रस्ताव के अनुसार इन छात्रों को शान्तिनिकेतन भेजने की व्यवस्था की गई। रवीन्द्रनाथ ने ख़ुशी के साथ उनका स्वागत करते हुए गाँधीजी को एक पत्र भेजा। यह दोनों के बीच पहला सम्पर्क था।

इंग्लैंड से भारत आने के बाद फ़रवरी, 1915 में गाँधी सीधे शांतिनिकेतन पहुँचे। रवीन्द्रनाथ कलकत्ता में थे, दोनों की मुलाक़ात नहीं हो पाई। गाँधी उनके लौटने का इन्तज़ार कर रहे थे, लेकिन गोखले की मृत्यु के कारण उन्हें पुणे जाना पड़ा। मार्च में वह फिर शांतिनिकेतन आये। उन्हें यह बात बिलकुल पसन्द नहीं आई कि छात्रावासों में रसोई व अन्य जगह काम करने के लिये नौकर रखे गये हैं। उन्होंने कहा कि ये सारे काम छात्रों और शिक्षकों को ख़ुद करने चाहिए। छात्रों को उनका विचार पसन्द आ गया। छात्रावासों से नौकर हटा दिये गये। एक अजीब सी अव्यवस्था फैल गई। छात्र और अध्यापक अब अध्ययन-अध्यापन के बदले नौसिखियों की तरह छात्रावास के प्रबंधन में जुट गये। जो प्रयोग बाद में गाँधीजी के आश्रम में सफल रहा, शान्तिनिकेतन में उसका पालन नहीं हो पाया।

1915 में रवीन्द्रनाथ को 'सर' की उपाधि मिली। हर साल ब्रिटिश शासन के कुछ समर्थकों या विज्ञान व आर्थिक जगत के प्रतिनिधियों को यह उपाधि दी जाती थी। रवीन्द्रनाथ पहले लेखक थे, जिन्हें यह उपाधि दी गई। नोबेल पुरस्कार पाने के बाद यह उपाधि ब्रिटिश शासन के लिये एक मजबूरी सी थी। इसे कोई ख़ास महत्त्व भी नहीं दिया गया। चार साल बाद जब रवीन्द्रनाथ ने इस उपाधि को त्यागा तो वह राष्ट्रीय व अन्तर्राष्ट्रीय महत्त्व की एक घटना हो गई और वह महात्मा व गुरुदेव के बीच सम्बन्धों में भी एक प्रासंगिक घटना थी।

तूफ़ानी गति के साथ इस दौर में राजनीतिक घटनाएँ हो रही थीं। पहले विश्वयुद्ध के दौरान गाँधीजी ने ब्रिटिश युद्ध प्रयासों का समर्थन किया था। उन्हें व कांग्रेस के नरमपन्थी नेताओं को उम्मीद थी कि युद्ध के बाद भारतीय स्वशासन की दिशा में कदम उठाये जाएँगे। इसके बदले आया रौलट एक्ट। इस बीच रूस में कम्युनिस्ट क्रांति की ख़बरों से ख़ासकर नौजवानों के बीच एक नयी हलचल पैदा हो रही थी। 1906 से ही दक्षिण अफ्रीका में गाँधीजी सत्याग्रह और अहिंसा के हथियार अपना चुके थे। भारत में 1917 में चम्पारण में उसका श्रीगणेश हुआ। 24 फ़रवरी, 1919 से सारे देश के स्तर पर सत्याग्रह और अहिंसात्मक आन्दोलन शुरू किया गया। गाँधीजी इस बीच सर्वमान्य राष्ट्रीय नेता बन चुके थे। 1920-21 से उनके नेतृत्व में असहयोग आन्दोलन शुरू हुआ।

सर्वभारतीय स्तर पर सत्याग्रह की शुरुआत के बाद 12 अप्रैल, 1919 को रवीन्द्रनाथ ने गाँधीजी के नाम एक पत्र लिखा। इसमें उन्होंने कहा—

> मुझे पता है, आपका आदर्श है न्याय की सहायता से अन्याय के खिलाफ़ लड़ना। लेकिन ऐसा संग्राम सिर्फ़ वीर ही कर सकते हैं, क्षणिक भावनाओं से चालित इन्सान नहीं। एक पक्ष का दुष्कर्म स्वाभाविक रूप से दूसरे पक्ष का दुष्कर्म पैदा करेगा। अन्याय से हिंसा और अपमान से प्रतिहिंसा जन्म लेगी। दुर्भाग्य से ऐसी अपशक्ति सामने आ चुकी है।

(इसी दौर में लिखे गये अपने उपन्यास *घर और बाहर* में उन्होंने गहराई से इस समस्या का चित्रण किया था।) 16 अप्रैल, 1919 को *Indian Daily News* में यह पत्र प्रकाशित हुआ।

और इसी बीच 13 अप्रैल, 1919 को घटित हुआ जलियाँवाला बाग का नरसंहार। ब्रिटिश शासन ने लगभग एक महीने तक इस ख़बर को दबाये रखा। गाँधीजी ने 18 अप्रैल को सत्याग्रह आन्दोलन को वापस लेते हुए इसे अपनी 'हिमालय के आयाम की भूल' कहा था। वह ब्रिटिश शासन के अत्याचार से कहीं ज़्यादा जनता में अनुशासन के अभाव से क्षुब्ध थे। इस सिलसिले में कोई जानकारी नहीं मिलती है कि सत्याग्रह वापस लेते समय उन्हें जलियाँवाला नरसंहार के बारे में पता था या नहीं।

रवीन्द्रनाथ को जब ख़बर मिली तो वह शान्तिनिकेतन में थे। तुरन्त वह कलकत्ता चले आये। अगले ही दिन सुबह वे जोड़ासाँको में सी. एफ़ एंड्रूज़ व प्रशान्तचन्द्र महलानवीश से मिले। रवीन्द्रनाथ चाहते थे कि वह गाँधीजी के साथ पंजाब की यात्रा करें। इस प्रस्ताव के साथ उन्होंने एंड्रूज़ को गाँधीजी से बात करने के लिये दिल्ली भेजा। गाँधीजी के पंजाब जाने पर पाबन्दी लगी हुई थी। वह रवीन्द्रनाथ के

प्रस्ताव पर राज़ी नहीं हुए। उन्होंने कहा कि वह अभी सरकार को परेशान करना नहीं चाहते। ज़ाहिर है कि दोनों अगर पंजाब जाते तो प्रदेश की सीमा पर उन्हें गिरफ़्तार कर लिया जाता व सारी दुनिया में ब्रिटिश शासन की किरकिरी होती।

रवीन्द्रनाथ अत्यंत निराश हुए। कलकत्ता में चित्तरंजन दास से मुलाक़ात करते हुए उन्होंने प्रस्ताव किया कि कांग्रेस की ओर से एक जनसभा का आयोजन किया जाय, जिसमें वह ख़ुद भी वक्ता के रूप में भाग लेंगे। चित्तरंजन दास ने कहा कि अगर वह वक्ता होते हैं तो किसी दूसरे वक्ता की ज़रूरत ही नहीं है। साथ ही, यह कांग्रेस की नहीं, बल्कि रवीन्द्रनाथ टैगोर की सभा होनी चाहिए।

रवीन्द्रनाथ समझ गये कि कांग्रेस की ओर से समर्थन नहीं मिलने वाला है। वह बेहद परेशान थे, रात को सो नहीं पा रहे थे। 30 मई को सारी रात जागने के बाद उन्होंने वाइसरॉय लॉर्ड चेम्सफ़ोर्ड के नाम एक पत्र लिखा, जिसमें उन्होंने नाइट या सर की उपाधि को त्यागने की घोषणा की। अपने पत्र में उन्होंने लिखा—

> पंजाब सरकार ने कुछ स्थानीय उपद्रवों को दबाने के लिए जिस तरह के भयावह क़दम उठाये हैं, वे हमारे मन में ब्रिटिश नागरिक के रूप में हमारी स्थिति की असहायता को प्रकट करते हैं।...अपने देश के लिए जो मैं न्यूनतम कर सकता हूँ वह अपने देश के उन निवासियों के विरोध की आवाज़ को स्वर देकर उसके हर परिणाम को झेलना है, जो एक मूक क्रोध से आतंकित हैं। वह समय आ गया है जब सम्मान के प्रतीक हमें अपमान के बेतुके संदर्भ में चिढ़ा रहे हैं।

गाँधीजी ने इस पर प्रतिक्रिया व्यक्त करते हुए एक पत्र में लिखा था—

> पंजाब के आतंक से कवि ने एक जलता हुआ पत्र लिखा है। मुझे निजी तौर पर लगता है कि यह थोड़ी जल्दबाज़ी है। लेकिन उन्हें इसका दोष नहीं दिया जा सकता।

रवीन्द्रनाथ का प्रतिवाद एक व्यक्तिगत प्रतिवाद बनकर रह गया, लेकिन उसकी गूँज आज भी सुनाई देती है। सबसे बड़ी बात कि रवीन्द्रनाथ ने इसे भारत में हुई एक विच्छिन्न घटना के रूप में नहीं देखा। उनके लिये यह पहले विश्वयुद्ध में प्रकट हुए साम्राज्यवादी लालच का अंग था। एक सोच, जो आनेवाले सालों में विकसित होती रही, और अपनी मौत से पहले-पहले 'सभ्यता का संकट' नामक लेख में जिसे उन्होंने पूरी तरह से संवारा। ब्रिटेन के दैनिक *डेली हेराल्ड* ने कवि के दृष्टिकोण को सराहा था, लेकिन लगभग सभी दूसरे ब्रिटिश समाचार पत्रों में उनकी आलोचना की गई थी।

विवाद-संवाद-विवाद

दोनों के दृष्टिकोण में अंतर सुप्त विवाद के रूप में जारी रहा। दोनों एक-दूसरे की महानता व उनके योगदान को सराहते भी रहे, और 1934 में फिर एक विवाद खुले रूप से सामने आया। बिहार में आये भयानक भूकंप में दसियों हज़ार लोगों की मौत हो गई थी। गाँधी ने कहा कि यह अस्पृश्यता के पाप के लिये भगवान का दिया हुआ दंड है। रवीन्द्रनाथ ने तीखी भाषा में इस अवैज्ञानिक रुख की आलोचना की। उन्होंने कहा कि प्राकृतिक विपदाओं के वैज्ञानिक कारण और व्याख्याएँ हैं, उन्हें मनुष्य की नैतिकता से जोड़ना मनुष्यों, व साथ ही, भगवान के साथ अन्याय है।

कवि की आलोचना का जवाब देते हुए गाँधी ने कहा था कि उन्होंने सम्पूर्ण आस्था के साथ अपनी बात कही है। जिस तरह भगवान के अस्तित्व का सबूत नहीं दिया जा सकता, उसी तरह अपने दृष्टिकोण का भी वह सबूत नहीं दे सकते हैं। उनका एक दूसरा तर्क काफ़ी दिलचस्प था। उन्होंने कहा कि भले ही उनकी बात का कोई तार्किक आधार न हो, लेकिन उनका दृष्टिकोण मानव कल्याण के प्रति निवेदित है। यहाँ ध्यान देना ज़रूरी है कि गाँधी अपने सम्पूर्ण जीवन में परिणामों के मुकाबले साधनों के महत्त्व पर ज़ोर देते रहे। लेकिन रवीन्द्रनाथ के तर्क का जवाब देते हुए वह अपने ही उस सिद्धान्त से विचलित हो गये।

कहा जाता है कि सबसे पहले रवीन्द्रनाथ ने गाँधी को महात्मा व गाँधी ने रवीन्द्रनाथ को गुरुदेव कहा था। कम-से-कम इतना कहा जा सकता है कि दोनों ने पारस्परिक रूप से इन नामों को प्रतिष्ठित किया था। उनमें एक-दूसरे के प्रति असीमित श्रद्धा थी, गाँधी ने कवि के गीत की पंक्ति 'एकला चलो रे' को अपने राजनीतिक जीवन का ध्येय माना, वह बार-बार शान्तिनिकेतन आते रहे, दोनों के बीच नियमित पत्राचार होता रहा, गाँधी जब अनशन पर बैठे तो रवीन्द्रनाथ उनसे मिलने गये, गाँधी के अनुरोध पर उन्होंने अपना गीत गाकर सुनाया—'जीवन जब शुष्क हो जाय, करुणा की धारा बनकर आओ।' लेकिन अक्सर उनके विचार एक-दूसरे के बिलकुल विपरीत रहे और सार्वजनिक रूप से भी उन्होंने इन्हें सामने रखा।

दोनों की सामाजिक व राजनीतिक गतिविधियों पर व्यापक बहस की गुंजाइश है। सामुदायिक जीवन में आम लोगों की भागीदारी दोनों के लिये महत्त्वपूर्ण थी। इस सिलसिले में गाँधी का योगदान और उस योगदान की सफलता इतिहास में बेजोड़ है। एक अंतर था। गाँधी के लिये इस भागीदारी की पूर्व शर्त और उसका मूलतत्व अनुशासन था और यह अनुशासन आत्मनियंत्रण के ज़रिये और एक महानायक के नेतृत्व में प्राप्त किया जाना था। रवीन्द्रनाथ में भी ऐसा एक पात्र देखने को मिलता है, कभी वह दादाठाकुर तो कभी राजा के रूप में आता है। लेकिन वह महानायक

नहीं, इतिहास के विस्फोट में उत्प्रेरक है। अपने राजा के राज्य में हम सभी राजा हैं—एक गीत में वह कहते हैं। रवीन्द्रनाथ के लिये पूर्व शर्त है जनता की शिक्षा, उसका वैचारिक उत्थान। मूलतत्व भी अनुशासन नहीं, आनंद है।

गाँधी और रवीन्द्रनाथ में और एक बुनियादी अंतर था, गाँधी पश्चिम की सभ्यता व उसके अंग के रूप में पश्चिम के ज्ञान को भी ठुकराते थे। रवीन्द्रनाथ पर उपनिषद्‌ों का वैचारिक प्रभाव कहीं अधिक था, लेकिन वह पश्चिम की सभ्यता में सकारात्मक तत्व देखते थे। वह पश्चिम के ज्ञान को स्वीकार करते थे, लेकिन सत्ता विमर्श में हथियार के रूप में उस ज्ञान की भूमिका को सम्पूर्ण रूप से नकारते थे। अन्य शब्दों में कहा जाय तो रवीन्द्रनाथ पश्चिम के ज्ञान के वैज्ञानिक मिज़ाज (temper) और वैज्ञानिक तरीके (method) के पक्षधर थे। वह सत्ता के हथियार के रूप में ज्ञान की धारणा को ठुकराते थे।

एक और महत्त्वपूर्ण अंतर यह था कि गाँधी जनता के बीच घुल जाते हुए प्रतीत होते थे, लेकिन वह उसके ऊपर होते थे, वह भीड़ को अपनी मुट्ठी में कस लेते थे, उसे निरूपित करते थे, पब्लिक फ़िगर होना उनका स्वभाव था - चाहे वह चंपारन हो, या दांडी, या गाली खाते हुए फ़कीर के रूप में नोआखाली और कलकत्ता। इसके विपरीत रवीन्द्रनाथ मजबूरी में पब्लिक फ़िगर बने, उनके स्वभाव में गहरा संकोच था, वह भीड़ से त्रस्त हो जाते थे। यही वजह है कि गाँधी अपनी आलोचना सुनकर मुस्करा सकते थे, मुस्कराते हुए उसके खिलाफ़ घातक रणनीति तैयार कर सकते थे। रवीन्द्रनाथ स्पर्शकातर थे, आलोचना उन्हें आहत करती थी।

रवीन्द्रनाथ के साथ विवाद में गाँधी उनकी सोच को कवि की सोच, कवि का उद्वेग कहते थे। लेकिन 1941 में उनकी मौत के बाद कवि के पुत्र रथीन्द्रनाथ को लिखे एक पत्र में उन्होंने कहा था—

> वह सिर्फ़ एक महान कवि ही नहीं, बल्कि एक राष्ट्रवादी व मानवतावादी थे। जनजीवन का कोई भी ऐसा अंग नहीं था, जहाँ उनके प्रभावशाली व्यक्तित्व की छाप न दिखी हो।

गाँधीजी से असहमत होते हुए कहा जा सकता है कि रवीन्द्रनाथ की जीवन साधना राष्ट्रवाद से उबरने की साधना थी। सहमति व्यक्त करते हुए कहना पड़ेगा कि भारत के जनजीवन पर वह मानवतावाद की अमिट छाप छोड़ गये थे। सारे झंझावातों के बावजूद वह विरासत आज तक कायम है।

कौन है अधिनायक? राष्ट्रगान विवाद

राष्ट्रगान 'जन-गण-मन' जितना पुराना है, उस पर विवाद भी लगभग उतना ही पुराना है।

बांग्ला में मूल गीत की कोई पांडुलिपि नहीं मिलती। इसलिए इसकी रचना की तारीख बताना मुश्किल है। 27 दिसम्बर, 1911 को कलकत्ता के कांग्रेस अधिवेशन में पहली बार शांतिनिकेतन की समवेत गान मंडली ने इसे गाया था। अगले दिन गीत के अंग्रेज़ी अनुवाद के साथ द *बेंगाली* नामक समाचार पत्र में इसकी रिपोर्ट दी गई थी।

पूरा गीत पांच बन्दों (स्टैंज़ा) में है, जिनमें से पहले बन्द को राष्ट्रगान के रूप में लिया गया है। अगले दो बन्द इस प्रकार हैं—

अहरह तव आह्वान प्रचारित, सुनूँ उसकी उदार वाणी
हिन्दू, बौद्ध, सिख, जैन, पारसी, मुसलमान, ख्रिस्तानी,
पूरब पश्चिम आते तुम्हारे सिंहासन के पास
प्रेमहार है बँधता
जन गण ऐक्यविधायक जय है, भारत भाग्य विधाता
जय हे, जय हे, जय हे, जय जय जय जय हे।
पतन अभ्युदय बंधुर पन्था, युग युग से धावित यात्री
हे चिरसारथी, तुम्हारे रथचक्र से मुखरित है दिनरात्रि
भीषण क्रान्ति के बीच सुनाई देती है तुम्हारी शंखध्वनि
संकटदुःखत्राता
जनगणपथपरिचायक जय हे, भारत भाग्य विधाता
जय हे, जय हे, जय हे, जय जय जय जय हे।

इस सिलसिले में उस वक्त के राजनीतिक हालात पर नज़र डालना ज़रूरी है। एडवर्ड सप्तम की मौत के बाद जॉर्ज पंचम ब्रिटिश सम्राट बने थे और दिसम्बर

में उन्होंने भारत की यात्रा की। कलकत्ता के बदले दिल्ली को राजधानी बनाया गया। साथ ही बंगाल विभाजन के निर्णय को वापस लिया गया। ऐसी स्थिति में कलकत्ता के कांग्रेस अधिवेशन के दूसरे दिन शिष्टाचार के तहत ब्रिटिश सम्राट की यात्रा के स्वागत का कार्यक्रम रखा गया था। ज्ञातव्य है कि उस समय तक कांग्रेस ने देश की आज़ादी की माँग नहीं की थी।

विवाद की शुरुआत

बहरहाल, अधिवेशन में यह गीत गाये जाने के बाद तुरन्त कलकत्ता के रवीन्द्र विरोधियों ने आरोपों की बौछार शुरू कर दी कि रवीन्द्रनाथ ने जॉर्ज पंचम की प्रशस्ति में अपने गीत की रचना की है। उनके आरोपों का आधार ऐंग्लो इंडियन अंग्रेज़ी प्रेस की रिपोर्टें थीं। मसलन 28 दिसम्बर को ही समाचार पत्र द *इंग्लिशमैन* की रिपोर्ट में कहा गया कि सम्राट के सम्मान के लिये रवीन्द्रनाथ टैगोर द्वारा विशेष रूप से रचित एक गीत के गायन के साथ अधिवेशन का कार्यक्रम शुरू हुआ। इससे एक कदम आगे बढ़ते हुए *द स्टेटमैन* ने लिखा कि बंगाली कवि रवीन्द्रनाथ टैगोर ने सम्राट का स्वागत करने के लिये स्वरचित एक गीत गाया।

भारत की घटनाओं के बारे में ब्रिटिश समर्थक ऐंग्लो-इंडियन प्रेस में ऐसी भ्रामक रिपोर्टें छपती रहती थीं। जैसा कि *स्क्रैल* में प्रकाशित एक लेख में ध्यान दिलाया गया था कि *द संडे टाइम्स* ने रवीन्द्रनाथ को वंदेमातरम् का रचयिता व 'जन-गण-मन' को एक हिन्दी गीत कहा था। उस दिन की घटनाओं का सटीक और विशद विवरण *द बैंगाली* समाचार पत्र में दिया गया था—

> कांग्रेस का वार्षिक अधिवेशन महान बांग्ला कवि रवीन्द्रनाथ टैगोर द्वारा रचित एक गीत के साथ शुरू हुआ। उसके बाद सम्राट के प्रति विश्वसनीयता व्यक्त करते हुए एक प्रस्ताव पारित किया गया। फिर बच्चों की एक मंडली ने सम्राट जॉर्ज पंचम के प्रति श्रद्धा व्यक्त करते हुए एक गीत गाया।

सम्राट की प्रशस्ति में यह गीत हिन्दी में था व उसके रचयिता थे रामभुज चौधरी।

बहरहाल, रवीन्द्रनाथ पर आरोप लगाने वालों में एक युवक पुलिनबिहारी सेन भी थे, जिन्होंने बाद में रवीन्द्र साहित्य के सम्पादन के क्षेत्र में महत्त्वपूर्ण भूमिका निभाई। 1937 में रवीन्द्रनाथ को एक पत्र लिखकर उन्होंने जानना चाहा कि क्या इस गीत का जॉर्ज पंचम से कोई सम्बन्ध था। पत्र का जवाब देते हुए रवीन्द्रनाथ ने लिखा था—

> उस वर्ष भारत सम्राट के आगमन का आयोजन चल रहा था। सरकार में प्रतिष्ठावान मेरे एक मित्र ने सम्राट के जयगान के लिये विशेष रूप से अनुरोध किया था। विस्मित होने के साथ ही मेरे मन में क्रोध भी उत्पन्न हुआ। उसी की प्रबल प्रतिक्रिया में मैंने 'जन-गण-मन' गीत में उस भारत भाग्य विधाता के जय की घोषणा की, पतन-अभ्युदय-बंधुर-पन्था में युग-युग से धावित यात्रियों के जो चिरसारथी हैं, जो जनता के अन्तर्यामी पथपरिचायक हैं। मेरे राजभक्त मित्र भी समझ गये थे कि युग-युगान्तर के वह मानव-भाग्यरथ-चालक किसी भी हालत में पाँचवें या छठे जॉर्ज नहीं हो सकते।

कुछ आलोचकों के अनुसार यह मित्र थे बैरिस्टर आशुतोष चौधरी, जबकि 9 खंडों में रवीन्द्रनाथ के जीवनीकार प्रशांत पाल का कहना था कि वह पाथुरियाघाटा के ठाकुर पट्टीदार परिवार के सर व महाराजा उपाधि प्राप्त प्रद्योत कुमार ठाकुर थे।

'जन-गण-मन' राष्ट्रगान कैसे बना?

आंध्र प्रदेश के मदनपल्ले में स्थित बेसेंट थेओसोफ़िकल कॉलेज के अध्यक्ष व विवादास्पद आयरिश कवि जेम्स एच कज़िन्स रवीन्द्रनाथ के मित्र थे। 1918-1919 में उन्होंने रवीन्द्रनाथ को आमंत्रित किया। उनके अनुरोध पर 28 फ़रवरी को उन्होंने छात्रों की एक सभा में यह गीत गाकर सुनाया। कज़िन्स व उनकी पत्नी मार्गरेट गीत सुनकर अत्यन्त मुग्ध हुए। इसके चंद दिनों के बाद रवीन्द्रनाथ ने अंग्रेज़ी में इस गीत का अनुवाद किया। पाश्चात्य संगीत में पारंगत मार्गरेट ने इसकी स्वरलिपि की रचना की। आज भी यह गीत उसी स्वरलिपि में गाया जाता है। जैसा कि शुरू में बताया गया है, मूल बांग्ला में इस गीत की पांडुलिपि नहीं मिलती है। लेकिन उस कॉलेज में इसके अंग्रेज़ी अनुवाद की पांडुलिपि संग्रहीत है।

1930 के सितम्बर में जब रवीन्द्रनाथ सोवियत संघ की यात्रा पर थे, तो मास्को में पायोनियर्स कम्युन के अनाथ बच्चों ने उनसे एक गीत गाने का अनुरोध किया था। रवीन्द्रनाथ ने उन्हें यह गीत सुनाया था।

1937 में सुभाषचंद्र बोस ने पहली बार राष्ट्रगान के रूप में 'जन-गण-मन' का प्रस्ताव रखा था। 5 जुलाई, 1943 को आज़ाद हिन्द फ़ौज के गठन की घोषणा की गई और उसी दिन पहली बार राष्ट्रगान के रूप में 'जन-गण-मन' गाया गया। इसके बाद 21 अक्टूबर को सिंगापुर में अरजी हुकूमत-ए-हिन्द की स्थापना की गई। वहाँ भी राष्ट्रगान के रूप में यह गीत गाया गया। 1944 में मौडक के युद्ध

में विजय के बाद आज़ाद हिन्द फ़ौज भारत की भूमि में घुसी और इस अवसर पर आज़ाद भारत की भूमि पर पहली बार राष्ट्रगान के रूप में 'जन-गण-मन' गाया गया।

1947 में स्वतंत्रता के समय राष्ट्रगान के बारे में कोई निर्णय नहीं लिया गया था। उन दिनों 'जन-गण-मन' के अलावा 'वंदेमातरम्' व 'सारे जहाँ से अच्छा' राष्ट्रीय गीतों के रूप में सम्मानित थे। स्वतंत्रता के तुरन्त बाद संयुक्त राष्ट्र के एक आयोजन के लिये वहाँ पहुँचे भारतीय प्रतिनिधि दल से एक राष्ट्रीय गीत के लिये अनुरोध किया गया। प्रतिनिधि दल ने भारत सरकार से सम्पर्क करते हुए 'जन-गण-मन' की सलाह दी, जिसे सरकार ने मान लिया। देश में राष्ट्रगान के बारे में विचार-विमर्श जारी रहा। विशेषज्ञों की राय में 'जन-गण-मन' की गायनयोग्यता सबसे अधिक थी। इसके अलावा एक हिन्दू देवी के रूप में वंदेमातरम् में देश की निहित धारणा अनेक मुसलमानों के लिये स्वीकरणीय नहीं थी। अंततः 24 जनवरी, 1950 को भारतीय संविधान सभा में इसे औपचारिक रूप से राष्ट्रगान की मान्यता दी गई। साथ ही, तय किया गया कि आज़ादी के आन्दोलन में विशिष्ट भूमिका के कारण वंदेमातरम् को भी समान मर्यादा मिलेगी।

एक गीत, जिस पर साम्राज्य की प्रशस्ति का आरोप लगाया गया, दरअसल राजद्रोह का गीत था। अंततः वह राष्ट्रगान बना।

प्रकृति की गोद में शिक्षा : शान्तिनिकेतन

सत्यजित राय, अमर्त्य सेन, इन्दिरा गाँधी, सैयद मुजतबा अली, कनिका बंद्योपाध्याय, सुचित्रा मित्र, अरुन्धती घोष, शिवानी—इन सबमें कौन सी समानता है?

ये सभी विश्वभारती के पूर्व छात्र रहे हैं।

1901 में ही पिता देवेन्द्रनाथ ठाकुर की प्रेरणा से रवीन्द्रनाथ ने शान्तिनिकेतन में ब्रह्मविद्यालय के रूप में एक शिक्षा संस्थान की स्थापना की थी। ख़ासकर 1919 में दक्षिण भारत की यात्रा और वहाँ कई विश्वविद्यालयों के परिदर्शन के बाद उनके मन में एक नई शैली के विश्वविद्यालय की परिकल्पना तैयार हो रही थी। उनकी राय में विश्वविद्यालय को केवल ज्ञान प्रदान करने का नहीं, बल्कि ज्ञान की सृष्टि का स्थल होना चाहिए।

शिक्षा के बारे में रवीन्द्रनाथ का दृष्टिकोण पुस्तकाकार में नहीं, बल्कि यहाँ-वहाँ व्यक्त विचारों में मिलता है और उसका मूर्त रूप हमें विश्वभारती की परिकल्पना में दिखाई देता है। 1921 में इसकी स्थापना के बाद उनके सारे प्रयास उसके लिये वित्तीय व्यवस्था को समर्पित थे। इस बीच उनकी उम्र 60 वर्ष की हो चुकी थी। अस्वस्थ होने के बावजूद वह देश-विदेश में धन इकट्ठा करने के लिये यात्रा करते रहे, व्याख्यान देते रहे, अपनी सारी सम्पत्ति व पुस्तकों की रॉयल्टी उन्होंने विश्वभारती को दे दी थी। उन्हें विभिन्न स्रोतों से मदद तो मिली, लेकिन इस समग्र परिकल्पना को आत्मसात् कर सके, ऐसा कोई व्यक्तित्व उभरकर सामने नहीं आया। यही वजह है कि उनकी मौत के बाद इस विश्वविद्यालय के अतुलनीय चरित्र को बचाकर नहीं रखा जा सका।

शिक्षा के बारे में उनके विचार

कई स्कूलों में भटकने के बाद 15 वर्ष की उम्र में उन्होंने अपनी असमाप्त स्कूली शिक्षा छोड़ दी थी। अपने संस्मरणों में उन्होंने स्कूल को एक कैदखाना कहा था।

यह अनुभव उन्हें ज़िन्दगीभर कचोटता रहा और यहीं से शिक्षा व शिक्षा संस्थान के बारे में उनकी वैकल्पिक धारणा पनपी। ज़मींदारी की देखभाल के दौरान किसानों के जीवन को नज़दीक से देखने का मौक़ा उन्हें मिला था, इसके अलावा अपने बच्चों को उन्होंने घर में ही प्राथमिक शिक्षा दी थी। उनके अनुभव भी उनके साथ थे। यहाँ यह भी कहना आवश्यक है कि उनकी देखरेख में शान्तिनिकेतन में 1901 से कार्यरत संस्थान का नाम भले ही ब्रह्मविद्यालय हो, वहाँ धार्मिक शिक्षा के बदले सेकुलर आधुनिक जीवनमुखी शिक्षा दी जाती थी। यह सच है कि वहाँ आधुनिक साधन उपलब्ध नहीं थे, साथ ही नमूने के तौर पर उन्होंने प्राचीन तपोवन में गुरु से शिक्षा के आदर्श को ग्रहण किया था, लेकिन जहाँ तक विषयों का सवाल है, तो बच्चों को आधुनिक, उदारवादी विचारों की भावना में शिक्षा दी जाती थी। इन्हीं अनुभवों के साथ उन्होंने विश्वभारती की आधारशिला रखी।

इस सिलसिले में उस समय की आधुनिक शिक्षा व्यवस्था पर नज़र डालना आवश्यक है। 1835 में ब्रिटिश औपनिवेशिक शासन ने भारत में अंग्रेज़ी शिक्षा चालू करने का फ़ैसला लिया था। मैकाले के शब्दों में इसका उद्देश्य था एक ऐसे वर्ग का निर्माण, जो देखने से भारतीय लगे, लेकिन जिसकी सोच ब्रितानी हो, जो ब्रितानी शासन की सेवा करने वाला एक अ-भारतीय तबका हो। इस नीति के फलस्वरूप देश में पश्चिमी विचारों का परिचय मिला व तेज़ी से उनका विस्तार हुआ। साथ ही, एक सामान्य भाषा(अंग्रेज़ी) में शिक्षा के चलते अ-भारतीय तबके के साथ-साथ देश के विभिन्न हिस्सों के शिक्षित लोगों के बीच एक सर्वभारतीय एकजुटता भी पनपी।

स्वामी विवेकानन्द ने इसे 'क्लर्क उत्पादन की विशाल मशीन' कहा था। रवीन्द्रनाथ ने इस व्यवस्था की बुनियादी कमियों को रेखांकित किया। 'शिक्षा समस्या' नामक एक लेख में उन्होंने चार खामियों का विशेष रूप से उल्लेख किया। पहली बात कि शिक्षा व्यवस्था एक विशाल मशीन है और शिक्षक उसके अंग हैं। इसके परिणामस्वरूप छात्रों के साथ शिक्षकों का सम्बन्ध यांत्रिक हो जाता है, वह मानवीय नहीं रह जाता। रवीन्द्रनाथ ने ध्यान दिलाया कि व्यवस्था का स्तर ऊँचा है, लेकिन उस व्यवस्था के साथ मानवीय कारकों के सम्बन्ध का स्तर नीचा है। उनकी तीसरी आपत्ति यह थी कि इस व्यवस्था में नैतिक मूल्यों के स्वाभाविक विकास के स्थान पर ये मूल्य थोपे जाते हैं और अन्त में उन्होंने ध्यान दिलाया कि ऐसी शिक्षा का प्रकृति से कोई सम्पर्क नहीं रह जाता है। ईंट-पत्थर से बने एक कृत्रिम परिवेश में छात्रों को शिक्षा दी जाती है और यह कृत्रिम परिवेश छात्रों के स्वाभाविक विकास में बाधक होता है।

अपने पिता व आध्यात्मिक गुरु की प्रेरणा से चालीस वर्षीय राष्ट्रवादी रवीन्द्रनाथ ने 1901 में ब्रह्मचर्य विद्यालय का बीड़ा उठाया था। यह धार्मिक या साम्प्रदायिक नहीं, लेकिन एक राष्ट्रवादी परियोजना थी। आने वाले वर्षों में राजनीति में उनका हस्तक्षेप भी राष्ट्रवादी हस्तक्षेप था। लेकिन क्रमागत वैचारिक विकास की प्रक्रिया में यह राष्ट्रवादी रवीन्द्रनाथ एक मानवतावादी अन्तर्राष्ट्रीयतावादी रवीन्द्रनाथ बनते गये। 'जीवन देवता' की साधना के लिये प्रेरणा का स्रोत क्रमशः उन्हें परिवेश में, प्रकृति में दिखने लगा। 1921 में जब उन्होंने विश्वभारती की स्थापना की तो उनका यह समग्र वैचारिक विकास शिक्षा की उनकी धारणा, उनकी परिकल्पना में अभिव्यक्त हुआ।

रवीन्द्रनाथ की शिक्षा की परिकल्पना में बच्चों से लेकर युवाओं तक की शिक्षा का समावेश था। वह नहीं मानते थे कि बच्चे असम्पूर्ण वयस्क हैं। उनके बीच अन्तर को रेखांकित करते हुए वह बच्चों पर वयस्कों की सोच लादने के खिलाफ़ थे। जापान में शिक्षकों की सभा में भाषण देते हुए उन्होंने कहा था,

> यह फूलों पर फल का मिशन थोपने के समान है। फूल को अपने अवसर का इन्तज़ार करना पड़ता है। उसे धूप और हवा के लिये अपना हृदय उन्मुक्त करना पड़ता है, इन्तज़ार करना पड़ता है कि कोई पतंगा शहद की खोज में उसके पास आएगा। फूल चमत्कारों की एक दुनिया में जीता है, लेकिन फल को अपना हृदय बन्द रखना पड़ता है, ताकि उसके अन्दर बीज परिपक्व हो...वयस्क का दिमाग फल का दिमाग है और फूल के दिमाग के लिये वहाँ कोई सहानुभूति नहीं है।

विश्वभारती में ब्रह्मचर्य विद्यालय के रूप में स्कूली शिक्षा जारी रही। 1925 में इसे 'पाठ भवन' का नाम दिया गया। इस नाम के साथ यह आज भी जारी है। 1925 से ही उच्चशिक्षा के लिये शिक्षा भवन की स्थापना की गई। इससे पहले ही विद्या भवन की स्थापना की गई थी, जिसका प्रमुख काम था शोध। इस प्रकार रवीन्द्रनाथ की धारणा के प्रतिकूल ही अंग्रेज़ी शिक्षा व्यवस्था की संरचना के अनुरूप स्कूल, कॉलेज व स्नातकोत्तर कॉलेज की संरचनाएँ विकसित होने लगीं। विश्वभारती में शैक्षणिक परिचालना के लिये आचार्य, अध्यापक, छात्र और बान्धव चार प्रमुख अंग थे। यहाँ भी आधुनिक शिक्षा की औपचारिक संरचनाएँ धीरे-धीरे प्रभावी होने लगीं। छात्रावास में भोजन के बाद छात्रों को ख़ुद बरतन साफ़ करने पड़ते थे। अभिभावकों की आपत्ति के बाद यह व्यवस्था बन्द कर देनी पड़ी।

लेकिन कला भवन और संगीत भवन के ज़रिये अध्ययन के साथ-साथ इन विषयों को जोड़ा गया। श्रीनिकेतन में कारीगरी का केंद्र चालू किया गया, जहाँ

छात्र अध्ययन के साथ हस्तशिल्प भी सीखते थे। शुरू से ही यहाँ सारे विश्व के मनीषियों को बुलाया गया। प्रख्यात भारतविद सिलव्यां लेवी विश्वविद्यालय में पहले विज़िटिंग प्रोफ़ेसर थे। इटली से प्रोफ़ेसर तुच्ची आये, जर्मनी से प्रोफ़ेसर विंटरनीत्स, रूस से इस्लाम विशेषज्ञ बोगदानोफ़, भाषाशास्त्र के विद्वान मार्क कॉलिन्स व रेवरेंड स्टैनली जोन्स। चार्ल्स एंड्रूज़ व एल्महार्स्ट शुरू से ही विश्वविद्यालय की परिकल्पना के साथ जुड़े हुए थे। विश्वभारती विभिन्न क्षेत्रों में प्रतिभाओं का एक मिलन स्थल बना, जहाँ अवनीन्द्रनाथ ठाकुर, नन्दलाल बोस, क्षितिमोहन सेन, विधुशेखर शास्त्री, रामकिंकर बेज, कनिका बंद्योपाध्याय या सुचित्रा मित्र जैसी प्रतिभाएँ छात्रों को शिक्षा देती थीं। नोबेल विजयी कवि के विश्वविद्यालय में शिक्षा के लिये देश-विदेश से छात्र आने लगे।

~

रवीन्द्रनाथ की उम्र 60 वर्ष से अधिक हो चुकी थी। इससे पहले ब्रह्मचर्य विद्यालय का सारा ख़र्च वह ख़ुद उठाते थे। विश्वभारती के मामले में यह सम्भव नहीं था। सारे देश में व दुनिया के विभिन्न देशों की यात्रा करते हुए, व्याख्यान देते हुए वह विश्वभारती के लिये धन इकट्ठा करते रहे। अपनी सारी सम्पत्ति व रचनाओं की रॉयल्टी उन्होंने विश्वविद्यालय को दे दी। गाँधीजी ने भी अपने सम्पर्कों के ज़रिये उनकी मदद की। 1941 में कवि के देहांत के बाद विश्वविद्यालय के लिये आर्थिक प्रबंध बेहद मुश्किल हो चुका था। मदद के लिये नेहरूजी सामने आये। इसे एक राष्ट्रीय विश्वविद्यालय घोषित किया गया। आर्थिक समस्याएँ तो मिटीं, लेकिन अब राष्ट्रीय विश्वविद्यालयों के नियमों के अनुसार इसे चलाया जाने लगा। रवीन्द्रनाथ की मूल परिकल्पना में से शायद ही कुछ बचा रहा।

यहाँ उल्लेखनीय है कि विलगन (alienation) के सिद्धान्त के प्रतिपादन के साथ मार्क्स की सैद्धान्तिक यात्रा शुरू हुई थी, जिसकी पराकाष्ठा हमें उनके ग्रन्थ पूँजी में देखने को मिलती है। मार्क्सवादी सिद्धान्त के साथ रवीन्द्रनाथ का कोई सम्बन्ध नहीं था। लेकिन शिक्षा के बारे में उनकी सोच के प्रारम्भ में प्रचलित शिक्षा प्रणाली में निहित विलगन का अनुभव था, जो उन्हें अपने बचपन में ही मिला था। विश्वभारती की स्थापना के साथ उस सोच को मूर्तरूप दिया गया। अंग्रेज़ी शिक्षा प्रणाली के वर्चस्व के विकल्प के रूप में यह ग्राम्शी के आशय में प्रतिवर्चस्व का एक प्रयास था।

रवीन्द्रनाथ, आप इटली क्यों आये?

1926 में इटली की यात्रा व उसके दौरान कवि द्वारा मुसोलिनी की तारीफ़ के बाद फ़ासीवादी इटली से जान बचाकर भागी हुई अप्रवासी सिन्योरा सलवादोरे ने वियेना में एक मुलाक़ात के दौरान रवीन्द्रनाथ से पूछा था, "रवीन्द्रनाथ आप इटली क्यों आये?" इस प्रकरण की चर्चा से पहले उस समय की स्थिति पर नज़र डालना ज़रूरी है।

पहले विश्वयुद्ध के दौरान इटली ब्रिटिश-फ्रांसीसी नेतृत्व वाली मित्रशक्ति के साथ था। लेकिन युद्ध के बाद वैर्साई की संधि में जब लूट का माल बाँटा जा रहा था, तो इटली को खाली हाथ लौटना पड़ा। इतना ही नहीं, उसके रहे-सहे उपनिवेश भी छीन लिये गये। देश एक गहरे राजनीतिक व आर्थिक संकट में था, कम्युनिस्ट व सोशलिस्ट आपस में लड़ रहे थे। मुसोलिनी के नेतृत्व में नवगठित फ़ासीवादी पार्टी के पीछे जनसमर्थन तो नहीं था, लेकिन सड़क पर गुंडागर्दी करने वाले लठैत कार्यकर्ता थे। देश में बढ़ते राष्ट्रवाद के माहौल में धीरे-धीरे उसका प्रभाव बढ़ता गया, इटली की सड़कों पर काली शर्ट की वर्दी वाले उसके तीन लाख स्वयंसेवक कहर मचाने लगे। 1922 में 27 अक्टूबर की रात को मुसोलिनी के तीस हज़ार गुंडों ने राजधानी को घेर लिया। राष्ट्रपति विक्टोर इमानुएल ने मार्शल लॉ लगाने से इनकार कर दिया। सरकार के इस्तीफ़े के बाद राष्ट्रपति ने मुसोलिनी को सत्ता सौंप दी। सत्ता में आने के बाद प्रेस का गला घोंटते हुए उसने विरोधियों व बुद्धिजीवियों पर एक अभूतपूर्व दमन चक्र शुरू कर दिया। हज़ारों लोगों की हत्या कर दी गई, दसियों हज़ार लोग किसी तरह जान बचाकर विदेश भाग गये।

रोम विश्वविद्यालय में संस्कृत के प्रोफ़ेसर कार्लो फ़ॉर्मिकि छात्र जीवन से ही भारत से निकटता का सपना देखते आ रहे थे। इसी उद्देश्य से उन्होंने स्वामी विवेकानन्द से भी सम्पर्क किया था। 1920 के दशक के आरम्भ से कवि से उनका पत्राचार शुरू हुआ। फ़ॉर्मिकि भारतविद्या के पंडित होने के साथ-साथ फ़ासीवाद के समर्थक थे। रवीन्द्रनाथ को उस समय यह पता नहीं था। उन्हें लगा

कि इटली के यह विद्वान विश्वभारती की परियोजना के लिये उपयोगी हो सकते हैं। 1925 में जब रवीन्द्रनाथ आर्जेंटीना की सरकार के आमंत्रण पर उस देश की यात्रा करने वाले थे, तो फ़ॉर्मिकि की कोशिशों के ज़रिये यह तय हुआ कि रास्ते में वह इटली की भी यात्रा करेंगे।

आर्जेंटीना से वापस लौटते समय जनवरी, 1925 में इटली आये। उनकी यात्रा से पहले ही इटली के विभिन्न शहरों के बीच प्रतिस्पर्धा शुरू हो चुकी थी कि कहाँ-कहाँ उनके कार्यक्रम आयोजित किये जाएँगे। जेनोआ में किसी को कोई सूचना दिये बिना वह जहाज़ से उतरे। लेकिन घंटेभर के अन्दर सारे शहर में यह ख़बर फैल गई कि रवीन्द्रनाथ आ चुके हैं। सभी लोग उनसे मिलना चाहते थे। फ़ॉर्मिकि को उम्मीद नहीं थी कि कवि के इतने भक्त होंगे। बहरहाल, मिलान शहर में उनका पहला कार्यक्रम था। ट्रेन से वहाँ के सफ़र के दौरान फ़ॉर्मिकि ने उन्हें बताया कि मुसोलिनी ने एक आसन्न विनाश से देश की रक्षा की है और इस वजह से सारे देशवासी उनके अत्यन्त आभारी हैं।

उस समय तक सारे विश्व में फ़ासीवादी इटली के दानवीय चरित्र के बारे में लोगों को कम पता था। भारत में ब्रिटिशप्रेमी अंग्रेज़ी अख़बारों में उसकी आलोचना की जाती थी, लेकिन इन अख़बारों के ब्रिटिश प्रेम की पृष्ठभूमि के चलते रवीन्द्रनाथ पर उस आलोचना का उल्टा ही प्रभाव पड़ा था। वह दान्ते, लिओनार्दो दा विंची, माइकेल एंजेलो व रेनेसाँस के सपनों के इटली से प्रभावित थे। मिलान में अपने भाषण में उन्होंने कहा—

> मैं मानवता की आवाज़ की खोज में आपके द्वार पर आया हूँ, जो अपनी चुनौती पेश करते हुए गुलामों के मालिकों की भीड़ से उबर पाएगी। शायद वह आवाज़ बन्द दरवाज़ों के पीछे मद्धिम स्वर में उच्चारित हो रही है और वह निर्मम ताकत के अश्लील शोर को खामोश कर देगी।

कट्टर फ़ासीवादियों को ऐसे विचार पसन्द नहीं आये, लेकिन आम लोगों ने उसे सराहा। मिलान में उनकी अभ्यर्थना समिति व अन्य विशिष्ट नागरिकों की एक बैठक में विश्वभारती की मदद के लिये ठोस कदमों की एक योजना तैयार की गई।

21 जनवरी से 4 फ़रवरी तक रवीन्द्रनाथ इटली में रहे। उन्हें और ज़्यादा दिन ठहरना था, लेकिन उन्हें इनफ़्लुएंज़ा हो गया था, और डॉक्टर ने सलाह दी कि वह अपनी यात्रा बीच में रोककर स्वदेश वापस लौट जायँ। महत्त्वपूर्ण बात यह है कि वह रोम नहीं जा पाये, इसलिए मुसोलिनी से उनकी मुलाक़ात नहीं हुई।

रवीन्द्रनाथ विभिन्न देशों से विद्वानों को विश्वभारती में लाने की कोशिश कर रहे थे। उन्होंने प्रोफ़ेसर फ़ॉर्मिकि को भी इतालवी भाषा के अध्यापक के रूप में आमंत्रित किया। लेकिन वहाँ अध्यापन की सुविधाएँ या पठन सामग्री नहीं थी। फ़ॉर्मिकि ने मुसोलिनी से मदद की अपील की। मुसोलिनी ने ऐसी मदद के साथ-साथ इटली की सरकार के ख़र्च पर रोम विश्वविद्यालय के युवा प्रोफ़ेसर जुसेप्पे तुच्ची को भी विश्वभारती भेजा, जो बहुभाषाविद होने के साथ-साथ बौद्ध दर्शन के भी विशेषज्ञ थे। फ़ॉर्मिकि के हाथों एक सन्देश भी भेजा, जिसे फ़ॉर्मिकि ने विश्वभारती में अपने अभ्यर्थना समारोह में पढ़कर सुनाया।

रवीन्द्रनाथ मुसोलिनी की ऐसी उदारता से अभिभूत थे। उन्होंने अगले साल फिर से इटली आने का वादा किया था और वह चाव से अपना वादा पूरा करना चाहते थे। फ़ॉर्मिकि तीन महीने के लिये विश्वभारती आये थे, मार्च, 1926 में वह इटली लौट गए। अब उन्होंने फ़ासीवादी इटली सरकार के साथ रवीन्द्रनाथ की यात्रा की तैयारियाँ शुरू कीं।

15 मई को एक बड़े प्रतिनिधिमंडल के साथ रवीन्द्रनाथ की विवादास्पद इटली यात्रा शुरू हुई। 30 मई को वह नेपल्स पहुँचे, जहाँ उन्हें पता चला कि वह सरकार के औपचारिक मेहमान हैं। एक विशेष ट्रेन से प्रतिनिधिमंडल के साथ उन्हें ले जाया गया, वहाँ सरकारी ख़र्च पर ग्रैंड होटल में ठहराया गया। अनेक कार्यक्रम आयोजित किये गये, कहीं भी शान-शौकत की कमी नहीं थी। लेकिन हर कहीं सरकार के लोग उनकी निगरानी कर रहे थे, किसी भी मुलाक़ात के दौरान फ़ॉर्मिकि साथ रहते थे। रवीन्द्रनाथ इटली के दर्शनशास्त्री बेनेदेत्तो क्रोचे से मिलना चाहते थे। उन्हें पता नहीं था कि क्रोचे उन दिनों अपने पर में नज़रबन्द थे। ख़ैर, मुसोलिनी को पता चलते ही क्रोचे को उनके पास लाया गया। बातचीत के दौरान सारा समय फ़ॉर्मिकि मौजूद रहे, क्रोचे अपनी या देश की हालत के बारे में कुछ भी बता नहीं पाये, साहित्य और दर्शन के बारे में बात करते रहे।

मुसोलिनी कई बार रवीन्द्रनाथ से मिले। पहली मुलाक़ात में ही उन्होंने कहा कि वह इतालवी में अनूदित कवि की सारी रचनाएँ पढ़ चुके हैं व उनके साहित्य के अनन्य भक्त हैं। रवीन्द्रनाथ को ऐतिहासिक कोसोसियम में एक भव्य समारोह में लाया गया, मुसोलिनी उनके साथ गये, उन्होंने ख़ुद कवि का स्वागत करते हुए उनका परिचय दिया। वहाँ मौजूद 25-30 हज़ार लोगों ने तालियाँ बजाकर उनका स्वागत किया।

सारे यूरोप के बुद्धिजीवी स्तम्भित थे कि रवीन्द्रनाथ कर क्या रहे हैं? कवि

इस सबसे बेफ़िक्र थे। उन्हें जो कुछ दिखाया जा रहा था, वह देख रहे थे, देखकर ख़ुश हो रहे थे, मुसोलिनी की तारीफ़ में क़सीदे काढ़ रहे थे। उनके लिये कुछ ऐसी व्यवस्था की गई थी, मानो विदेशी मेहमान की नज़र से बचाने के लिये दीवार बनाकर बदहाली छिपा दी जाय। हालाँकि रवीन्द्रनाथ ने फ़ासीवादी शासन के समर्थन में कुछ नहीं कहा था, लेकिन मेज़बान मुसोलिनी की तारीफ़ में कहे गये उनके शब्दों को तोड़-मरोड़कर फ़ासीवादी प्रेस उन्हें फ़ासीवाद के समर्थक के रूप में पेश कर रहा था।

ग़लती का एहसास

22 जून, 1926 को इटली से रवाना होकर रवीन्द्रनाथ स्विट्ज़रलैंड के विलनाव (Villeneuve) पहुँचे। रोम्याँ रोलाँ बेचैनी से उनका इन्तज़ार कर रहे थे और उसी दिन रात को उनकी पहली मुलाक़ात हुई। रोलाँ उन्हें फ़ासीवाद की इस खाई से निकालना चाहते थे। सफ़ाई देते हुए रवीन्द्रनाथ ने कहा कि उन्होंने फ़ासीवाद के पक्ष में कुछ नहीं कहा है। जहाँ तक निन्दा का सवाल है, तो बिना स्पष्ट जानकारी के वह किसी बात की निन्दा नहीं कर सकते हैं। रोम्याँ रोलाँ ने इसके बाद इटली से भागे बुद्धिजीवी शरणार्थियों के साथ उनकी मुलाक़ात की व्यवस्था की। उनकी दर्दभरी कहानियाँ सुनकर रवीन्द्रनाथ को समझ में आ गया कि उन्होंने कितनी बड़ी ग़लती की है।

रवीन्द्रनाथ ने एन्ड्रूज़ को एक लम्बा पत्र लिखा, जिसमें उन्होंने फ़ासीवादी विचारों की निन्दा करते हुए कहा कि इटली के प्रेस में उनके वक्तव्यों को तोड़-मरोड़कर पेश किया गया है। स्विट्ज़रलैड से पेरिस होकर लन्दन पहुँचने के बाद उन्होंने पत्रकारों से बात करते हुए कहा—

> फ़ासीवाद की कार्य पद्धति व नीति सारी मानवता का सवाल है। जो आन्दोलन निर्ममता के साथ अभिव्यक्ति की स्वतंत्रता का गला घोंटता है, लोगों को अनैतिक कार्यों के लिये मजबूर करता है और हिंसा के ख़ूनी मार्ग पर चलता है व गुप्त रूप से अपराध में लिप्त रहता है, मैं ऐसे आन्दोलन का समर्थन कर सकता हूँ, यह सोचने का कोई कारण नहीं है।

इटली के फ़ासीवादी प्रेस में रवीन्द्रनाथ के खिलाफ़ गालियों की बौछार शुरू हो गई। मसलन, बोलोन्या के *ऐसोलटो* पत्रिका में लिखा गया—

> उनका बर्ताव लगभग वेश्याओं की तरह है, जो हमेशा अपने आख़िरी ग्राहक से कसम खाती हैं कि उसे उससे ही प्यार है। आज हम कहते हैं

> कि कवि के रूप में टैगोर हमें पसन्द नहीं हैं, क्योंकि वह नपुंसक और बेरीढ़ हैं। इन्सान के रूप में हमारे लिये वह घृणित हैं, क्योंकि नकली, बेइमान और बेशर्म हैं।

रवीन्द्रनाथ ने कहा था कि वह बेहद बेचैन हैं और इस बेचैनी के परिणाम जल्द ही देखने को मिलेंगे और ऐसा ही हुआ। इस शर्मिंदगी से राजनीतिक रूप से परिपक्व एक फ़ासीवाद-विरोधी रवीन्द्रनाथ उभरे, जो आख़िरी दम तक विश्व के शान्तिवादियों की अगली पाँत में खड़े रहे।

लेकिन यह प्रकरण हुआ क्यों? इसके तीन कारण बताये जा सकते हैं। पहली बात कि अन्तर्राष्ट्रीय राजनीति व उसकी वैचारिकता को समझने के मामले में अभी तक वह बिलकुल भोले-भाले रहे। भारत के अनुभवों के अलावा उनके अन्य अनुभव अत्यन्त सतही थे। दूसरी बात यह है कि समाज के उद्धार के लिये नायक के आविर्भाव व उसकी भूमिका में अभी तक उनकी गहरी आस्था थी, और इसके चलते मुसोलिनी की लफ़्फ़ाज़ी और निजी मुलाक़ात में उसकी शिष्टता ने उन पर गहरी छाप छोड़ी।

एक तीसरा कारण भी महत्त्वपूर्ण है : रवीन्द्रनाथ चापलूसी पसन्द करते थे और तारीफ़ सुनने पर वह पिघल जाते थे और मुसोलिनी ने इसमें कोई कंजूसी नहीं की थी।

इससे पहले कि दिन ढल जाय

1925 में रवीन्द्रनाथ आर्जेंटीना से लौटते वक़्त इटली गये थे। दरअसल पेरु की सरकार ने देश की स्वतंत्रता की सौंवीं वर्षगाँठ के अवसर पर समारोह में भाग लेने के लिये उन्हें आमंत्रित किया था। लेकिन आर्जेंटीना पहुँचते-पहुँचते उनका स्वास्थ्य बिगड़ गया, और वहाँ से पेरु की यात्रा का कार्यक्रम रद्द कर देना पड़ा। उनके मित्र व भक्त लिओनार्ड एल्महार्स्ट उनके साथ थे। उन्होंने राजधानी बुएनोस आयर्स के एक होटल में उन्हें ठहराया।

और यहाँ उनके भावनात्मक और रचनात्मक जीवन का एक नया पर्व शुरू हुआ। मुलाक़ात हुई आर्जेंटीना की स्त्रीवादी लेखिका विक्टोरिया ओकाम्पो के साथ। रवीन्द्रनाथ इस बीच 63 साल के हो चुके थे, विक्टोरिया की उम्र थी 34 साल।

अंग्रेज़ी *गीतांजलि* के प्रकाशन के बाद पश्चिमी दुनिया में प्राच्य के आध्यात्मिक संत के रूप में रवीन्द्रनाथ की छवि बनी, जो किसी हद तक ग़लत भी नहीं थी। उसी व्यक्तित्व में छिपा हुआ था युद्ध और राष्ट्रवाद का निषेध, वैश्विक मानवता और वैश्विक सभ्यता के निर्माण के लिये अपील। मुसोलिनी से उनके मिलने के बाद रोम्यां रोलाँ ने टिप्पणी की थी कि विश्व रंगमंच पर रवीन्द्रनाथ को उनकी कविताओं से कहीं अधिक मानवता और सभ्यता के लिये उनके संदेश की वजह से जाना जाता है और इस मुलाक़ात से उस छवि को चोट पहुँची है।

और रवीन्द्रनाथ में परिवर्तन आया—आध्यात्मिकता से ऐतिहासिकता के धरातल तक। नोबेल पुरस्कार के बाद ही यह प्रक्रिया शुरू हो चुकी थी, और *गीतांजलि* पर्व के बाद *बलाका* की कविताओं में उद्घोष की तरह यह भावना आई। लेकिन इसका प्राथमिक परिणाम यह था कि उनकी काव्यधारा कई वर्षों के लिये सूख सी गई—1916 में *बलाका* के बाद 1924 तक *पलातका* के अलावा कोई महत्त्वपूर्ण काव्यग्रंथ नहीं आया। यह बेचैनी, उससे उत्पन्न आत्ममंथन, और एक नई काव्यशैली के जन्म के लिये प्रस्तुति का पर्व था।

अपने एक गीत में रवीन्द्रनाथ ने कहा था, "मैं चंचल हूँ। मैं दूर का प्यासा

हूँ।'' जो दूर है, अज्ञात है, सागर के उस पार है—उसके लिये ललक उनकी कविताओं और गीतों में बार-बार उभरकर आई है। एक मायने में यह अचरज की बात है कि विदेश यात्राओं के दौरान उन्हें अनेक विदूषियों और सुन्दरियों से मिलने का मौक़ा मिला, वे उनके प्रति आकर्षित भी हुईं, लेकिन कोई भी सम्पर्क सम्बन्ध तक, प्रेम तक नहीं पहुँचा।

आर्जेन्टीना की यात्रा इससे बिलकुल अलग होनी थी।

~

बुएनोस आयर्स पहुँचने के बाद रवीन्द्रनाथ बीमार पड़ गये। वहाँ उनका कोई स्थानीय मेज़बान नहीं था, महँगे होटल का ख़र्च उनके ब्रिटिश मित्र व सचिव एल्महार्स्ट उठा रहे थे। स्थानीय समाचार पत्रों में उनके आने की ख़बर छपी थी। विक्टोरिया ओकाम्पो की नज़र उस पर पड़ी।

ठाकुर परिवार की तरह ओकाम्पो परिवार भी आर्जेन्टीना के अभिजात परिदृश्य का हिस्सा था। विक्टोरिया बचपन में अपने माता-पिता के साथ पेरिस में रह रही थीं। आर्जेन्टीना की स्पेनी भाषा के मुकाबले वह फ्रांसीसी में कहीं अधिक दक्ष थीं। बाद में जब यह परिवार आर्जेन्टीना लौट आया, तो वह स्पेनी सीखने लगीं, लेकिन फ्रांसीसी भाषा से उन्हें ज़्यादा लगाव था। रवीन्द्रनाथ की तरह उनकी शिक्षा भी घर में हुई। लेकिन दोनों की पृष्ठभूमि में अन्तर भी था। ओकाम्पो परिवार ठाकुर परिवार की तरह सुधारवादी नहीं, बल्कि एक अनुदारवादी कैथलिक परिवार था। रूढ़िवादी परम्पराओं के अनुसार विक्टोरिया का पालन-पोषण हुआ। वह अत्यन्त प्रतिभाशाली थीं व साहित्य और कला में उनकी गहरी रुचि थी। इन प्रतिभाओं को अनदेखा करते हुए एक समृद्ध परिवार में उनकी शादी कर दी गई। दाम्पत्य जीवन सुखी नहीं था। दोनों अलग हो गये। दूर के रिश्ते के एक भाई से विक्टोरिया को प्यार हो गया। आर्जेन्टीना में ऐसे रिश्ते को अत्यन्त हिकारत से देखा जाता था। वह छटपटा रही थीं, अवसाद में डूब रही थीं। ऐसी हालत में विक्टोरिया को आंद्रे जींद के फ्रांसीसी अनुवाद में *गीतांजलि* पढ़ने को मिली। उन्हें लगा कि उनकी ज़िन्दगी बदल गई।

अपनी उस मन:स्थिति के बारे में विक्टोरिया ओकाम्पो लिखती हैं : 'मैं किसी पर विश्वास की ज़रूरत महसूस कर रही थी और यह ईश्वर ही हो सकता था। बहरहाल, मुझे ईश्वर में विश्वास नहीं था, जो प्रतिशोधात्मक, माँग करने वाला, क्षुद्र, संगदिल और सीमित हो, जिस ईश्वर की पूजा करना मुझे सिखाया

गया था...ऐसी मन:स्थिति में मैंने *गीतांजलि* के पृष्ठ खोले।

> They come with their laws and their codes to bind me fast; but I evade them ever, for I am only waiting for love to give myself up at last into his hands.

ओकाम्पो लिखती हैं कि इन कविताओं को पढ़ते हुए उनका हृदय आनन्द और आभार से भर उठा और वह रोने लगीं।

ओकाम्पो सीधे उस होटल में पहुँचीं, जहाँ कवि ठहरे थे। वह बीमार थे और वहाँ उनकी ठीक से देखभाल नहीं हो रही थी। वह एक विला किराये में लेकर रवीन्द्रनाथ को वहाँ ले आईं। वह प्रतिदिन वहाँ आती थीं, अक्सर वे एक साथ भोजन करते थे, बात करते थे। विक्टोरिया लिखती हैं कि कवि के साथ उनकी उपस्थिति उन्हें गँवाया हुआ वक़्त लगता था, क्योंकि वह उसका पूरा फ़ायदा नहीं उठा पा रही थीं। आगे वह लिखती हैं, 'इस तरह मैं धीरे-धीरे टैगोर व उनके मिज़ाज को जानने लगी। धीरे-धीरे उन्होंने इस युवा पशु को पालतू बना लिया, जो कभी वन्य तो कभी समर्पित होती थी, जो कुत्ते की तरह उनके दरवाज़े के बाहर ज़मीन पर सोती नहीं थी, क्योंकि यह ठीक न होता।'

ओकाम्पो तो उन्हें *गीतांजलि* व अन्य रचनाओं के माध्यम से जानती थीं, लेकिन रवीन्द्रनाथ उनके बारे में बहुत कम जानते थे। धीरे-धीरे एक आकर्षक, विदुषी, सुसंस्कृत लेखिका का व्यक्तित्व उनके सामने खुलता गया, जो उनके प्रति समर्पित थी। दोनों नदी के किनारे बाग में टहलते थे, विक्टोरिया उन्हें फ्रांसीसी कविता, ख़ासकर बोदलेयर की कविताओं के बारे में बताती थी और रवीन्द्रनाथ को लगता था कि जो मानससुन्दरी अब तक उनकी कल्पना में थी, अब वह साक्षात उनके सामने है। उन्हें विला मिरालरिओ में एक हफ़्ता रहना था, वह बढ़ते-बढ़ते एक महीना और बीस दिन हो गया। डॉक्टरों से बातचीत करने के बाद ओकाम्पो ज़िद करने लगी थीं कि उनके स्वास्थ्य के चलते पेरु की यात्रा करना उचित नहीं होगा। कवि आख़िरकार मान गये।

क्या यह प्रेम था? हाँ, कम-से-कम रवीन्द्रनाथ के लिये। मिरालरिओ में पहुँचने के बाद पहले ही दिन उन्होंने एक कविता लिखी—विदेशी फूल। इसमें कहा गया है—

ओ विदेशी फूल, मैंने तुमसे पूछा,
क्या है तुम्हारा नाम?
हँसकर सिर हिलाया तुमने, और मैं समझ गया,
नाम में क्या रखा है –

और कुछ भी नहीं,
मुस्कान ही तुम्हारा परिचय है।

दो दिन बाद 'शेष वसन्त' नामक एक कविता में वह लिखते हैं—

इससे पहले कि दिन ढल जाय
तुम्हें मेरी बात है सुनना -
सिर्फ़ और एक बार
वसन्त के फूल दो-चार
हम दोनों को अब है चुनना।
तुम्हारे बाग में फागुन आयेगा बार-बार।
उसमें से एक आज माँगूँ मैं तुम्हारे द्वार।

क्या इस सम्बन्ध में यौनिकता का कोई पक्ष था? अपनी आत्मकथा में विक्टोरिया ओकाम्पो लिखती हैं—

> एक अपराह्न के दौरान, जब मैं उनके कमरे में पहुँची और वह लिख रहे थे, मैं मेज़ पर फैले कागज़ पर झुककर देख रही थी। अपना सिर उठाये बिना उन्होंने अपनी बाँह पसार दी, और जिस तरह शाख से लटके फल को सहलाया जाता है, उन्होंने मेरे एक स्तन को सहलाया। मैं घबराई हुई उस घोड़ी की तरह काँप उठी, जिसे उसका मालिक अप्रत्याशित रूप से उसके बदन पर थपकी देता है। मेरे अन्दर का पशु चीख उठा। मेरे अन्दर एक दूसरी सत्ता ने उस पशु को चेतावनी दी—शान्त रहो... मूर्ख। यह तो बस आदिम कोमलता का स्पर्श है। उस लगभग अशारीरिक स्पर्श के बाद वह हाथ शाख से दूर हट गया। लेकिन उन्होंने फिर कभी ऐसा नहीं किया। हर दिन वह मेरे मस्तक या गालों को चूमते थे और मेरी बाँह पकड़कर कहते थे—कितनी ठंडी बाँहें हैं।

इससे अधिक यौनिकता रवीन्द्रनाथ के लिये सम्भव नहीं थी और विक्टोरिया ओकाम्पो के लिये? उनके जीवन में रवीन्द्रनाथ से पहले व उसके बाद अनेक पुरुष आये। इनमें बोर्गेस और ओक्टावियो पाज़ जैसे मशहूर लेखक शामिल थे। उनके लिये यह उतना ही था, जितना उन्होंने लिखा है।

एक माह और बाईस दिन बाद रवीन्द्रनाथ आर्जेन्टीना से वापस आ गये। विक्टोरिया को उन्होंने विजया नाम दिया था। अपना अगला काव्यग्रंथ *पुरबी* उन्होंने विजया को समर्पित किया। उन्होंने कई बार शान्तिनिकेतन में विक्टोरिया को आमंत्रित किया। लेकिन विक्टोरिया नहीं आई। शान्तिनिकेतन में अक्सर

विदेशी महिलाएँ आती थीं। वह उनमें से एक नहीं होना चाहती थीं। साथ ही वह विवेकानन्द की सिस्टर निवेदिता या गाँधी की मीराबेन भी नहीं बनना चाहती थीं। रवीन्द्रनाथ कविता लिखते वक़्त संशोधन के लिये शब्दों को काटकर पत्तों और शाखों की शक्ल में नक्काशी या डूडल बनाते थे। ओकाम्पो ने उन्हें प्रोत्साहित किया कि वह चित्र बनावें। उनकी प्रेरणा से रवीन्द्रनाथ चित्रकारी करने लगे। 1930 में पेरिस में दोनों की मुलाक़ात हुई। रवीन्द्रनाथ अपने चित्र साथ ले आये थे। ओकाम्पो की मदद से एक प्रदर्शनी आयोजित की गई। यहीं से चित्रकार के रूप में रवीन्द्रनाथ की जययात्रा शुरू हुई।

रवीन्द्रनाथ के जीवन के अन्तिम दिनों तक दोनों के बीच पत्राचार जारी रहा। एक पत्र में विक्टोरिया ने लिखा था—आपके जाने के बाद मेरे दिन ठहर से गये हैं।' रवीन्द्रनाथ का जवाब था : 'जब हम साथ थे, शब्दों के खेल में ही डूबे हुए थे, सारा समय हँसी-ख़ुशी बीत जाता था। जब आसमान का आखिरी पंछी भी घर लौटता है, मेरा मन परदेसी पंछी की तरह असीम क्षितिज की ओर उड़ जाना चाहता है...

ओकाम्पो के प्रभाव से रवीन्द्रनाथ के जीवन में रुमानी रचनाशीलता का एक नया दिगन्त उन्मुक्त हुआ। उनके अन्दर का चित्रकार जाग उठा। कहा जा सकता है कि स्त्री विमर्श में भी उनका एक नया स्त्रीवादी पक्ष देखने को मिला। विक्टोरिया के जीवन में रवीन्द्रनाथ एक छोटे से अध्याय थे, लेकिन एक अनुपम अनुभव, जिसकी तुलना और किसी अनुभव के साथ नहीं की जा सकती थी। उन्होंने रवीन्द्रनाथ के साथ अपने बीते दिनों पर एक पुस्तक लिखी।

उस पुस्तक के अन्तिम अध्याय का नाम रोमन अक्षरों में बांग्ला का एक शब्द है—भालोबाशा।

अवसान के दौर में रविरंग

अपनी चित्रकारी के बारे में रवीन्द्रनाथ ने कहा था—

> इससे पहले मेरा मन आसमान में आहट सुनता था, बयार में तैरकर सुर आते थे, बातें सुन पाता था, आज उसकी आँखें रूप के राज्य में खुली हैं, रेखा की भीड़ के बीच। पेड़-पौधों की ओर नज़र दौड़ती है, उन्हें देख पाता हूँ, स्पष्ट रूप से समझ पाता हूँ कि यह जगत आकार की महायात्रा है.. आवेग नहीं, भाव नहीं, चिन्तन नहीं, रूप का समावेश है।

ठाकुर परिवार में चित्रकला की एक परम्परा रही है। रवीन्द्रनाथ के चचेरे भाई गुनेन्द्रनाथ चित्रकार थे, जिनके बेटे अवनीन्द्रनाथ, गगनेन्द्रनाथ और समरेन्द्रनाथ भारत के मूर्धन्य चित्रकार बने। इसके अलावा कवि के बड़े भाई ज्योतिरिन्द्रनाथ, पुत्र रथीन्द्रनाथ व पतोहू प्रतिमा देवी की भी चित्रकला में दिलचस्पी थी, हालाँकि वे कलाकार के रूप में प्रसिद्ध नहीं हुए। लेकिन ये सभी परम्परागत शैली में चित्रकारी करते थे। रवीन्द्रनाथ ने अमूर्त कला के ज़रिये आधुनिक भारतीय चित्रकला की एक नयी शैली विकसित की, जिसे नन्दलाल बोस ने आगे बढ़ाया।

चित्रकला में रवीन्द्रनाथ की रुचि प्रारम्भिक वर्षों से ही देखी जा सकती है, लेकिन उन्होंने इसे कभी गम्भीरता से नहीं लिया था। अपनी पाण्डुलिपि में काटे गये शब्दों को स्याही से भरकर उन्हें एक रूप देने का काम वह कभी-कभी करते रहे। 1923 में रचित व 1926 में प्रकाशित नाटक 'रक्तकरवी' की पाण्डुलिपि में यह देखने को मिलता है। उसके बाद 1925 में आर्जेंटीना यात्रा के दौरान लिखी गई *पुरवी* काव्यग्रंथ की कविताओं की पाण्डुलिपि में लगभग हर पृष्ठ पर ऐसे अंकन रहे। इन्हें देखकर विक्टोरिया ओकाम्पो ने उन्हें प्रोत्साहित किया कि वह इस शैली में चित्रकारी करें। स्वदेश वापस लौटने के बाद रवीन्द्रनाथ ने स्याही और वाटर कलर से चित्रकारी शुरू की।

इस सिलसिले में एक दूसरी कहानी यह भी है कि किशोरावस्था में उपनयन संस्कार के बाद उनके पिता देवेन्द्रनाथ ने उनसे कहा था कि उपनयन के बाद सारे जीवन के लिये किसी एक चीज़ का त्याग करना पड़ता है। तुम क्या त्यागोगे?

रवीन्द्रनाथ ने कहा था—'मैं तो रवि हूँ और रवि दिन में नहीं सोता है। मैं दिन की नींद का परित्याग करता हूँ।' 1926 में विदेश यात्रा से लौटने के बाद 65 वर्षीय अस्वस्थ कवि को डॉक्टर ने सलाह दी कि वे दिन में एक-दो घंटा सो लिया करें। रवीन्द्रनाथ ने किशोरावस्था की अपनी प्रतिज्ञा की याद दिलाई। फिर यह समझौता हुआ कि वह आरामकुर्सी में अधलेटे आराम करेंगे। इस अवस्था में लिखना सम्भव नहीं था। चित्रकारी उन्होंने शुरू कर दी थी। अब उन्होंने अधलेटी अवस्था में चित्र बनाना शुरू किया।

विक्टोरिया ओकाम्पो ने इस सिलसिले में लिखा है कि कटे हुए शब्द आपस में जुड़कर उनकी कलम से विभिन्न रूप धारण करते थे। कविता से बहिष्कृत शब्दों को इस तरह चित्रों में नया जीवन मिलता था। बहरहाल, इसके बाद अपने जीवन के बाकी 17 सालों के दौरान रवीन्द्रनाथ हर दिन चार-पाँच चित्र बनाते रहे। सिर्फ़ रवीन्द्रनाथ की कूँची व कलम के कारण नहीं, बल्कि आधुनिक भारतीय कला के अवांगार्द निदर्शन के रूप में सारी दुनिया में उन्हें सराहा गया, अनेक देशों में उनकी प्रदर्शनियाँ हुईं, ऊँची क़ीमत पर उन्हें ख़रीदा गया। प्रख्यात कलाकार व उनके भतीजे अवनीन्द्रनाथ ने ज्वालामुखी के विस्फोट के रूप में इन्हें वर्णित किया है। जामिनी राय का कहना था कि रवीन्द्रनाथ यूरोप की शैली में चित्रकारी करते हैं। बेशक उनके चित्रों में यूरोप में उन दिनों लोकप्रिय अभिव्यंजनावाद या एक्स्प्रेशनिज़्म की झलक दिखाई देती है, कुछ हद तक परायथार्थवाद या सुररियलिज़्म (surrealism) का भी प्रभाव है, लेकिन बुनियादी रूप से यह आधुनिक भारतीय चित्रकला की शैली है, वह जिनके प्रवर्तक थे व जो शैली उनके बाद भी विकसित होती रही। कहा जा सकता है कि यह केवल आधुनिकता नहीं, बल्कि आधुनिकतावाद की अभिव्यक्ति है, जहाँ आकार की स्वायत्तता से विचार या भाव की उत्पत्ति होती है।

~

रवीन्द्रनाथ के चित्रों में कुछ ख़ास विषय उभरकर आते हैं। पुरुष व स्त्रियों के पोर्ट्रेट, ख़ासकर स्त्रियों के। वास्तविक व काल्पनिक जीवों के चित्र। प्रकृति की पृष्ठभूमि के साथ मानव के चित्र और अनेक चित्रों में केवल आकृतियाँ। कहा जा सकता है कि आकृतियों के चित्रण के साथ ही उनकी चित्रकारी शुरू हुई थी। रंगों का उनका चयन भी अनोखा रहा। हरा व नीला रंग शायद ही किसी चित्र में दिखता है। लाल है, लेकिन चमकीला नहीं। कत्थई रंग का उपयोग उदारता के साथ किया गया है। चेहरे व मनुष्याकृतियाँ अमूर्त की सीमा पर हैं, लेकिन उनमें से एक भाव या gesture सशक्त रूप से प्रकट होता है। उनमें अमूर्त की साधना

नहीं, बल्कि मूर्त में अमूर्त को खोजने की दृष्टि दिखाई देती है। कहा जा सकता है कि यह उनके कविकर्म का विपरीत ध्रुव है। यह विषय से रूप तक की यात्रा नहीं, बल्कि रूप में विषय का उन्मेष है।

अपनी मृत्यु से दो माह पहले जामिनी राय के नाम एक पत्र में उन्होंने कहा था—

चित्र क्या है—इस सवाल का जवाब यह है कि—वह एक निश्चिन्त प्रत्यक्ष अस्तित्व का साक्षी है...चित्रकार गीत नहीं गाता है, धर्म की बातें नहीं करता है; चित्रकार का चित्र कहता है 'अयम् अहम् भो'—यह, यह मैं हूँ।

यह वक्तव्य 1936 में प्रकाशित उनके काव्यग्रंथ *श्यामली* की कविता 'मैं' की पंक्तियों के बिलकुल विपरीत है, जहाँ वह कहते हैं—

मेरी ही चेतना के रंग में पन्ना हरा हुआ,
चुन्नी रंगीन हो उठी।
मैंने आसमान की ओर देखा,
प्रकाशमान हो उठा
पूरब और पश्चिम।
गुलाब को देखकर मैंने कहा 'सुन्दर',
वह सुन्दर हो उठा।

कहा जाता है और वह ख़ुद भी स्वीकार करते थे कि वह आंशिक रूप से colour blind थे। यही वजह है कि उनके चित्रों में कुछ रंग प्रमुखता से दिखते हैं, जबकि कुछ रंग बिलकुल अनुपस्थित हैं। मसलन लाल रंग दिखता है, लेकिन चमकीला लाल रंग कहीं नहीं, बल्कि एक किस्म का जला हुआ लाल रंग। यह यथार्थवादी भी हो सकता है, जैसा कि कुछ आलोचकों ने ध्यान दिलाया है—प्रकृति में लाल रंग अधिकतर जले हुए लाल रंग के रूप में दिखता है, चमकता हुआ लाल कम ही दिखता है। आश्चर्य की बात है कि रवीन्द्रनाथ को जब भी कोई नीला फूल या प्रकृति में नीला रंग दिखता था, वह बच्चों की सी ख़ुशी के साथ अपने साथवालों को कहते थे—वह देखो, नीले रंग का फूल। लेकिन उनके चित्रों में नीला रंग बिलकुल नहीं दिखाई देता है। यहाँ तक कि पृष्ठभूमि के रूप में जहाँ प्रकृति है, वहाँ नीला आसमान नहीं है। रंगों के इस चयन पर अभी और ज़्यादा अध्ययन की आवश्यकता है।

1930 में पेरिस में रवीन्द्रनाथ के चित्रों की पहली प्रदर्शनी हुई। संयोग से विक्टोरिया ओकाम्पो इस प्रदर्शनी के आयोजन से भी निर्णायक रूप से जुड़ी हुई थीं। अपनी यूरोप यात्रा के दौरान रवीन्द्रनाथ लगभग चार सौ चित्र साथ ले गये थे। वह चाहते थे कि चित्रकला की वैश्विक राजधानी पेरिस में उनकी एक

प्रदर्शनी हो। लेकिन वहाँ पहुँचने के बाद पता चला कि यह क़तई आसान नहीं है। उसी समय उन्हें पता चला कि ओकाम्पो भी पेरिस में है। उन्होंने सम्पर्क किया और ओकाम्पो के कुशल प्रबन्धन से पेरिस की विश्वप्रसिद्ध गैलरी पिगाल में उनके चित्रों की प्रदर्शनी आयोजित की गयी। आँद्रे जींद, पॉल वैलरी व अन्य आलोचकों ने अपने लेखों में उनके चित्रों की प्रशंसा की, हालाँकि रोम्याँ रोलाँ बहुत उत्साहित नहीं थे, और एज़रा पाउंड ने अपनी आदत के मुताबिक तंज़ के साथ कटु भाषा में इन चित्रों की आलोचना की। पेरिस प्रदर्शनी के चित्रों को देखकर अमृता शेरगिल ने कहा था कि कविताओं की तुलना में रवीन्द्रनाथ के चित्र उन्हें कहीं ज़्यादा आकर्षित करते हैं। बहरहाल, पेरिस प्रदर्शनी में अभूतपूर्व सफलता के बाद लन्दन, बर्मिंगहम, बर्लिन, ड्रेस्देन, म्युनिख, कोपेनहेगेन, मास्को, बोस्टन व न्यूयॉर्क में उनकी प्रदर्शनियाँ आयोजित की गईं। हर स्थान पर उनकी कला के अलग-अलग पक्षों को सराहा गया।

मैत्रेयी देवी को लिखे एक पत्र में रवीन्द्रनाथ ने कहा था—

> अपने चित्र मैंने देश में नहीं दिखाये। यहाँ अधिकतर लोग चित्रकारी देखना नहीं जानते हैं, वह सबसे पहले यह देखते हैं कि चेहरा सुन्दर है या नहीं। देखना यह पड़ता है कि वह चित्र हुआ है या नहीं, यह देखना ऐसा देखना है जिसे समझाया नहीं जा सकता...इसीलिए मैंने वहाँ तस्वीरें नहीं दिखाई, पेरिस में उन्होंने मेरी तस्वीरें देखीं, जिस तरह देखा जाता है। मेरी तस्वीरें इस देश के लिये नहीं हैं।

इस प्रसंग में नोबेल पुरस्कार के बाद आयोजित अभिनन्दन समारोह में रवीन्द्रनाथ की तीखी टिप्पणियाँ याद आ जाती हैं। अगर यह अहंकार है, तो व्यक्ति का नहीं, बल्कि शिल्प का अहंकार है।

~

शायद उनके चित्रों के बारे में और एक बात कही जा सकती है। कहीं भी उनमें उल्लास नहीं दिखता है—सारे चित्रों में एक प्रच्छन्न विषाद छाया रहता है। जीवन के इस दौर में उन्हें जितने दुख और शोक सहने पड़े थे, यह स्वाभाविक भी है।

चिन्तन, शिक्षा, साहित्य, संगीत, चित्रकला—हर क्षेत्र में रवीन्द्रनाथ अपने समय से आगे थे। चित्रकला के क्षेत्र में शायद सबसे अधिक, आजतक जिसका पर्याप्त विवेचन नहीं हो पाया है। इसका एक कारण यह भी है कि भारत में साहित्य और संगीत के मुकाबले चित्रकला कहीं ज़्यादा अभिजात विमर्श का अंग है।

शब्द और सुर का स्वर्गिक मिलन

बांग्ला की लेखिका नवनीता देवसेन के घर पर एक सांध्य अड्डे में पचास के दशक के कई रवीन्द्र विरोधी कवि एकजुट हुए थे। उनके तेवर कुछ ऐसे थे कि अगर पूछा जाता कि तुमने रवीन्द्रनाथ की वह मशहूर कविता पढ़ी है, तो उकताये स्वर में जवाब मिलता कि वक़्त मिले तो शायद पढ़ूँगा। ख़ैर, बातचीत के दौरान बिजली चली गई। अंधेरे में क्या किया जाय? तय हुआ कि हर कोई एक गीत गाये।

उस शाम की चर्चा करते हुए कवि शंख घोष कहते हैं कि हर किसी ने एक रवीन्द्रसंगीत गाया।

भारत और बांग्लादेश के राष्ट्रगान रवीन्द्रनाथ द्वारा रचित हैं, यह सबको पता है। कुछ लोगों को यह भी पता होगा कि वन्देमातरम् जिस सुर में गाया जाता है, वह रवीन्द्रनाथ का दिया हुआ है। यह बहुत कम लोगों को मालूम है कि विश्वभारती के छात्र रहे आनन्द समरकुन द्वारा रचित श्रीलंका का राष्ट्रगान भी रवीन्द्रनाथ के गीत व सुर पर आधारित है।

रवीन्द्रनाथ के गीतों के संकलन *गीतवितान* में 2232 गीत हैं। स्वरलिपि सहित संकलन *स्वरवितान* में 1931 गीत हैं। *गीतवितान* में गीतों को पूजा, प्रेम, प्रकृति, स्वदेश जैसे विभागों में बाँटकर प्रकाशित किया गया है। पूजा के अन्तर्गत लगभग 650, प्रेम के अन्तर्गत 450, प्रकृति विभाग में 278, स्वदेश विभाग में 62 गीत हैं। 800 से ऊपर गीत अन्य विभागों में व गीतनाट्यों में हैं।

गीत लिखते हुए या उसके बाद कवि ख़ुद उनके सुर की रचना करते थे। फिर वह अपने भतीजे दिनेन्द्रनाथ ठाकुर को बुलाकर उसे वह गीत सुनाते थे। दिनेन्द्रनाथ की असाधारण स्मरण शक्ति व स्वरलिपि की अद्‌भुत समझ थी। वह गीत सुनकर अपने घर जाते थे, बैठकर उसकी स्वरलिपि तैयार कर लेते थे। कॉपीराइट प्रावधान के तहत इस सुर में किसी प्रकार की हेरफेर की अनुमति नहीं थी। कवि ख़ुद इस पर नज़र रखते थे। उनकी मृत्यु के बाद विश्वभारती को यह अधिकार मिला। अब ये गीत कॉपीराइट मुक्त हो चुके हैं, लेकिन विरले ही

उनके दिये हुए सुर से छेड़छाड़ की जा रही है।

रवीन्द्रसंगीत के महत्त्व को समझने के लिये बंगाल की संगीत परम्परा पर नज़र डालना ज़रूरी है। पश्चिम भारत में हमें शुद्ध संगीत की परम्परा देखने को मिलती है, जो वाक्याश्रित नहीं है। बंगाल में ऐसी कोई परम्परा नहीं थी, वहाँ काव्य और संगीत एक-दूसरे के सहचर रहे हैं। कीर्तन, श्यामा संगीत, बाउल गीत, भाटियाली, कवि गान या जात्रा संगीत इसके उदाहरण हैं। ये लोक जीवन से जुड़े रहे हैं, लेकिन अक्सर उनमें संगीत की शुद्धता नहीं मिलती। आधुनिक युग की शुरुआत के साथ शहरी जीवन में टप्पा का प्रवेश हुआ। लेकिन ऐसे गीतों की कमी थी, भद्रलोक परिदृश्य में लोकजीवन की संगीत परम्परा को कायम रखते हुए जिन्हें गाया जा सके। लेखक प्रमथ चौधरी की शादी ठाकुर परिवार में हुई थी। शादी के बाद परम्परागत वासर रात्रि के कार्यक्रम में जब सालियों ने उनसे एक गीत सुनाने का अनुरोध किया, तो उन्होंने राममोहन राय रचित यह ब्रह्मसंगीत सुनाया था—

याद रखो, वह आख़िरी दिन होगा कितना भयंकर
सारा विश्व बोलता होगा सिर्फ़ तुम होगे निरुत्तर

इसकी तुलना रवीन्द्रनाथ के प्रारम्भिक वर्षों के एक ब्रह्मसंगीत से की जाय—

नयन तुम्हें देख न पाये रहते हो हर नयन में
हृदय तुम्हें जान न पाये हृदय में हो तुम शयन में

रवीन्द्रनाथ ने पहला गीत 11 वर्ष की आयु में लिखा था। इस गीत की पहली पंक्तियाँ - 'गगनेर थाले रोबिचंद्र दीपक ज्वले'—नानक के भजन 'गगन में थाल रविचंद्र दीपक बने' का लगभग अनुवाद है। उस समय वह अपने पिता देवेन्द्रनाथ के साथ यात्रा के दौरान अमृतसर गये थे। अनुमान है कि उसी समय उन्होंने स्वर्ण मंदिर में यह भजन सुना होगा। ठाकुर परिवार में उनके नायक बड़े भाई ज्योतिरिन्द्रनाथ संगीत प्रेमी थे। वह पिआनो बजाया करते थे, विभिन्न सुरों की रचना करते थे। किशोर रवीन्द्रनाथ की संगीत यात्रा उन्हीं की प्रेरणा से शुरू हुई। ज्योतिरिन्द्रनाथ नाटक लिखते थे और अपने नाटकों के लिये वह रवीन्द्रनाथ से गीत लिखवाते थे। इसके अलावा ब्रह्मसंगीत रचना का सिलसिला जारी रहा। 17 वर्ष की आयु में वह बैरिस्टर बनने के लिये विलायत गये। विफल होकर लौट आने के बाद बड़े भाई की प्रेरणा से उन्होंने दो गीतिनाट्यों की रचना की—वाल्मीकि *प्रतिभा* और *कालमृगया*। इनके गीतों में पाश्चात्य संगीत का प्रभाव स्पष्ट रूप से देखा जा सकता है।

रवीन्द्र संगीत की सबसे बड़ी विशेषता यह है कि इसके सुर विभिन्न स्रोतों

से लिये गये, रवीन्द्रनाथ के काव्य की सुषमा से उन्हें पिरोया गया, और अन्ततः उनमें एक विशिष्ट शैली उभरी। रवीन्द्रनाथ के अनेक गीत रागों पर आधारित हैं, टप्पा को उन्होंने अक्सर अपनाया, बाउल, भाटियाली, श्यामा संगीत, कीर्तन जैसे बंगाल के लोक संगीत की धाराओं को ही नहीं, अक्सर उन्होंने मराठी, गुजराती, कन्नड़ व अन्य भाषाभाषी क्षेत्रों के खज़ानों से लोकसंगीत की मोतियाँ चुनीं। बंगाल के बाहर उनका सबसे लोकप्रिय गीत 'एकला चलो रे' का सुर बाउल संगीत से लिया गया है, बांग्लादेश के राष्ट्रगान 'आमार सोनार बांग्ला' का सुर भी। 'फूले फूले ढले ढले' के शब्द व सुर रॉबर्टबर्न्स के प्रसिद्ध गीत Ye Banks से लिया गया। कम-से-कम 12 गीत ऐसे हैं, जिनके सुर, या शब्द, या दोनों किसी प्रसिद्ध पश्चिमी लोकगीत से लिये गये हैं। और इन सबके बावजूद भाषा और सुर में वे एक विशिष्ट शैली के गीत बन गये, जिसे रवीन्द्र संगीत कहा जाता है। यह भी उल्लेखनीय है कि उन्होंने अपने गीतों में छः ऐसे तालों का भी प्रयोग किया, जो उत्तर भारत के संगीत में प्रचलित नहीं थे - षष्ठी, झम्पक, रूपकड़ा, नवताल, एकादशी और नवपंचताल। कहा जा सकता है कि वह इन तालों के प्रणेता थे।

रवीन्द्र संगीत के दायरे में रवीन्द्रनाथ कवि, सुरकार और गीतकार थे। इन तीन भूमिकाओं के बीच कैसा सम्बन्ध था? समयक्रम के अनुसार रवीन्द्र संगीत के विभिन्न दौरों पर नज़र डालने से किसी हद तक इस प्रश्न का उत्तर मिल सकता है। रवीन्द्रनाथ जीवनभर गीत लिखते रहे। जिस दौर में कविताएँ कम लिखी गईं, उस दौर में भी वह गीत लिखते रहे। आरम्भ में उनकी कविताओं और गीतों का सिलसिला एक-दूसरे के समानान्तर चलता रहा। कविताएँ कविताएँ थीं, और गीत गीत। *गीतांजलि पर्व* में हम देखते हैं कि इन दोनों के बीच दूरियाँ मिट गईं, वे जैविक रूप से एक-दूसरे से जुड़ गये। *गीतांजलि पर्व* के बाद यह सिलसिला खत्म हो गया। 1916 में *बलाका* से लेकर 1940 में *नवजातक* काव्यग्रंथ की केवल कुछ ही कविताओं को गीत का रूप दिया गया। 1940 में *सानाई* काव्यग्रंथ में फिर से ये दोनों धाराएँ जुड़ गईं। लेकिन यह कहना ग़लत न होगा कि रवीन्द्रनाथ की सभी कविताएँ गीत नहीं थीं, लेकिन सभी गीत कविताएँ थे। अन्तिम चरण में हमें नृत्यनाटिकाओं के रूप में काव्य, संगीत और नृत्य का एक अपूर्व समावेश दिखता है। इनकी एक विशेषता यह भी है कि इन नृत्यनाटिकाओं के अनेक गीत स्वतंत्र गीत के रूप में बहुत प्रसिद्ध नहीं हुए, लेकिन उनकी सामग्रिक सुन्दरता अतुलनीय है।

खासकर अंग्रेज़ी और हिन्दी में उनके कुछ गीतों का अनुवाद हुआ है, उन्हें गाया भी गया है। लेकिन उनमें रवीन्द्र संगीत का आस्वाद बहुत कम मिलता है।

इतना ज़रूर है कि आज भी बंगाल जाने पर आपका कोई भी दिन ऐसा नहीं बीतेगा, जब आपको कहीं-न-कहीं से रवीन्द्र संगीत न सुनाई देता हो। आधुनिक गान नामक विधा के अन्तर्गत उत्तर रावीन्द्रिक दौर के गीत सामने आये हैं। वे लोकप्रिय तो हैं, लेकिन रवीन्द्र संगीत के विकल्प नहीं बन पाये।

रवीन्द्रनाथ की कविताओं, उनके उपन्यासों, कहानियों, नाटकों को समय की कसौटी पर कसा जा सकता है। लेकिन उनका संगीत समय की सभी धारणाओं को नकारते हुए आज तक बंगाल के जनमानस के मन में अपनी जगह बनाये हुए है। लेखिका मैत्रेयी देवी के साथ बात करते हुए रवीन्द्रनाथ ने कहा था—''देखो, रविठाकुर ने गीत बुरे नहीं लिखे हैं, पहचान लोगी रजनीगन्धा की गंध समीर में, धीरे-धीरे...हज़ारों गीत, गीतों का समुद्र... देश को गान में बहा दिया। मुझे भूल सकती हो, मेरे गीतों को कैसे भूलोगी?''

कविताओं में, गीतों में, और अन्ततः चित्रों में भी—हमें एक रवीन्द्र सत्ता की निरन्तर यात्रा दिखाई देती है। कहाँ? किधर? क्या यह यात्रा एक पथ पर रही है। शायद हमेशा नहीं। लेकिन गान के पथ का उनके लिये केंद्रीय महत्त्व था। जैसा कि वह एक गीत में कहते हैं—

गान के मध्य से जब जगत को देखता हूँ—
तभी उसे पहचानता हूँ, तभी उसे जानता हूँ।

तीर्थयात्रा पूरी हुई

कवि 66 वर्ष के हो चुके थे। स्वास्थ्य साथ नहीं दे रहा था। लेकिन देश और विदेश में उनकी यात्राओं का सिलसिला जारी था। इसका सबसे प्रमुख कारण था विश्वभारती के लिये धन जुटाना, लेकिन उनकी यायावर वृत्ति भी कहीं-न-कहीं इसके पीछे छिपी हुई थी। 1927 में उन्होंने दक्षिण पूर्वी एशिया व थाईलैंड की यात्रा की। 1928 में दूसरी बार सिंहल (आज का श्रीलंका)। 1929 में कोलम्बो, सिंगापुर, हॉन्गकॉन्ग, शंघाई होते हुए जापान, और वहाँ से फिर कनाडा की यात्रा। 1930-31 में ऑक्सफ़ोर्ड में हिबर्ट व्याख्यान देने के लिये यूरोप की यात्रा, वहाँ से अमेरिका की यात्रा, 1932 में फ़ारस के शाह रज़ा शाह पहलवी के आमंत्रण पर ईरान की यात्रा, वहाँ से बगदाद, और अंततः 1934 में तीसरी बार सिंहल की यात्रा। इसके अलावा देश के विभिन्न भागों में यात्रा करते हुए व व्याख्यान देते हुए वह विश्वभारती के लिये धन जुटाते रहे। गाँधी चिंतित थे, कवि के बिगड़ते स्वास्थ्य की ओर ध्यान दिलाते हुए उन्होंने यात्रा न करने का अनुरोध किया। विश्वभारती का कर्ज़ मिटाने के लिये बिरला से धन लेकर उन्होंने कवि को 60 हज़ार रुपये का एक चेक भेजा।

1930 की यूरोप यात्रा विशेष रूप से महत्त्वपूर्ण थी। मई में उन्हें ऑक्सफ़ोर्ड में व्याख्यान देने थे, लेकिन वह अप्रैल में ही इंग्लैंड पहुँच गये और वहाँ से वह सीधे पेरिस चले गये। इसके बाद लन्दन, जेनेवा, कोपेनहेगेन, बर्लिन व म्युनिख में उनकी प्रदर्शनियाँ हुईं। मास्को में भी। जर्मनी की यात्रा के दौरान आइनस्टाइन से उनकी लम्बी बातचीत हुई।

लेकिन इस यात्रा का सबसे महत्त्वपूर्ण पड़ाव था रूस या सोवियत संघ। इससे पहले भी यूरोप की अपनी यात्राओं के दौरान वह सोवियत संघ जाना चाहते थे, लेकिन हर बार कोई-न-कोई समस्या पैदा हो जाती थी। ब्रिटिश सरकार भी उन्हें रूस जाने से रोकने की कोशिश करती रही। अंततः इस बार वह यात्रा करने में सफल रहे। दो हफ़्ते की इस यात्रा के दौरान उनके प्रतिनिधिमंडल में शामिल

थे आइनस्टाइन की बेटी मारगोट व कवि के बड़े भाई द्विजेन्द्रनाथ के पौत्र व उस समय एम. एन. रॉय के बाद सबसे प्रसिद्ध अंतर्राष्ट्रीय ख्यातिप्राप्त भारतीय कम्युनिस्ट नेता सौमेन्द्रनाथ ठाकुर।

अपनी यात्रा के दौरान रवीन्द्रनाथ चिट्ठियाँ लिखते रहे, मसलन पुत्र रथीन्द्रनाथ, प्रशान्तचन्द्र महलानवीस, कवि सुधीन्द्रनाथ दत्त या *भारती* के सम्पादक रामानन्द चट्टोपाध्याय के नाम। इन पत्रों को कवि द्वारा सोवियत समाज व प्रणाली का आकलन कहा जा सकता है। बाद में *रूस की चिट्ठी* शीर्षक के साथ इनका संकलन प्रकाशित किया गया।

अपने पहले पत्र में वह लिखते हैं—

> आखिरकार रूस आना हुआ। जो देख रहा हूँ, चकित हो जा रहा हूँ। अन्य किसी देश जैसा नहीं है। बिलकुल बुनियादी अन्तर है। शुरू से अन्त तक सभी इन्सानों को वे समान रूप से जागृत कर रहे हैं।

रवीन्द्रनाथ यूरोप व अमेरिका में अनेक बार जा चुके थे। मास्को में पहली नज़र में ही उन्होंने देखा कि यह देश पश्चिम के अन्य देशों की तरह समृद्ध नहीं है। उन्हें ग्रैंड होटल नामक एक बड़े होटल में ठहराया गया था। वह लिखते हैं :

> सिर्फ़ इसका नाम ही ग्रैंड है, लगता है धनी का बेटा दीवालिया हो चुका है, धोबी के साथ उसका कोई सम्बन्ध नहीं है। वह कहते हैं कि सारे देश की यही हालत है। आचार-व्यवहार में ऐसी सर्वव्यापी निर्धनता यूरोप में और कहीं नहीं देखी जा सकती है।

रवीन्द्रनाथ की यह यात्रा सोवियत सरकार द्वारा प्रायोजित यात्रा थी। वह दो हफ़्तों तक वहाँ रहे। सरकार उन्हें जो कुछ दिखाना चाहती थी, वह वही देख पाये। लेकिन कवि की पैनी नज़र से समाज की हालत छिपी नहीं रही। फिर वह कौन सी बात है, जिससे वह इतने प्रभावित हुए?

अपने तीसरे पत्र में वह लिखते हैं—

> फ़िलहाल रूस में आया हूँ—अगर न आता तो इस जन्म का तीर्थदर्शन अत्यन्त अधूरा रह जाता। यहाँ ये लोग जो कुछ कर रहे हैं, उसकी अच्छाई-बुराई के बारे में सोचने से पहले सबसे पहले मन में आता है, कितना असम्भव साहस है। सनातन नाम का पदार्थ मनुष्य की अस्थि, मज्जा, मन, प्राण को हज़ारों तरीके से जकड़ रखता है, कितनी ओर उसके कितने महल, कितने दरवाज़े, कितने पहरे, कितने युगों से कितने टैक्स वसूलते हुए

> उसका खज़ाना पर्वत जैसा हो चुका है। ये उसकी बुनियाद को पकड़कर खींच रहे हैं—मन में कोई डर, चिन्ता या संशय नहीं है।

यहाँ उल्लेखनीय है कि उनके साथ यात्रा कर रहे कम्युनिस्ट सौमेन्द्रनाथ ठाकुर रूस की हालत से इतने उत्साहित नहीं थे। इससे पहले वह रूस की यात्रा कर चुके थे, पार्टी के केन्द्रीय स्कूल में शिक्षा प्राप्त कर चुके थे, बुखारिन से उनकी लम्बी बातचीत हुई थी। इस बार वह एक कम्युनिस्ट की पैनी नज़र से सोवियत संघ को देख रहे थे, वहाँ की खामियों के बारे में उन्होंने अपनी आत्मकथा में लिखा है। रवीन्द्रनाथ को सोवियत संघ में समाज के कर्मयज्ञ में सभी इन्सानों की भागीदारी ने अत्यन्त प्रभावित किया। वह इस बात से प्रभावित थे कि इस व्यवस्था में सभी लोगों के लिये शिक्षा का प्रावधान है। संक्षेप में वह सोवियत समाज की क्रान्तिकारी भावना से प्रभावित थे। लेकिन उस क्रान्ति के कार्यक्रम के बारे में उनके मन में भी सवाल थे। क्रान्तिकारी परिवर्तन के लिये प्रयोग में लाये जा रहे साधनों के बारे में वह शंकित थे।

रवीन्द्रनाथ कहते हैं कि जब उन्होंने सुना था कि सोवियत रूस में शिक्षा का व्यापक प्रसार हो रहा है, तो उनका ख़याल था कि अनपढ़ किसानों को दस्तख़त करने योग्य बनाया जा रहा है, उन्हें दस तक का पहाड़ा सिखाया जा रहा है। उनका कहना था कि वह भी एक बहुत बड़ी बात होती, लेकिन उन्होंने पाया कि वहाँ समूची आबादी को इन्सान होने की शिक्षा दी जा रही है। रवीन्द्रनाथ लिखते हैं—

> ऐसा नहीं है कि इसमें कोई खामी नहीं है—बहुत बड़ी ख़ामी है। इसलिए कभी इन पर विपदा आयेगी। ख़ामी यह है कि शिक्षा प्रणाली के ज़रिये इन लोगों ने साँचा तैयार किया है—लेकिन साँचे में ढली इन्सानियत कभी टिकती नहीं है—सजीव मन के तत्व के साथ अगर विद्या का तत्व न जुड़े, फिर एक दिन साँचा टूट जाता है, नहीं तो जकड़न के चलते मानव का मन मर जाता है, या फिर मशीनी खिलौना बन जाता है।

रवीन्द्रनाथ ने यह भी परिलक्षित किया कि लीग ऑफ़ नेशन्स में सम्पूर्ण निरस्त्रीकरण का प्रस्ताव भेजते हुए सोवियत सरकार ने पश्चिम के कपटी शान्तिकामी देशों का मुखौटा उतार दिया था। उन्होंने कहा कि अपने कामों को पूरा करने के लिये इस देश को शान्ति की ज़रूरत है। फ्रांसीसी क्रान्ति का ज़िक्र करते हुए उन्होंने कहा कि एक दिन वहाँ समता, मैत्री व स्वतंत्रता का उद्‌घोष सारी दुनिया

में फैल गया था। वह किसी एक देश के लिये नहीं, सारे विश्व के लिये था। अफ़सोस कि वह टिक नहीं पाया। कवि कहते हैं—

> इनकी क्रान्ति का सन्देश भी सारे विश्व के लिये है। आज विश्व में कम-से-कम एक देश अपने देश के स्वार्थ से उबरकर सारे इन्सानों के स्वार्थ के बारे में सोच रहा है। यह सन्देश बना रहेगा या नहीं, कहा नहीं जा सकता। लेकिन अपने देश की समस्या सारे इन्सानों की समस्या का हिस्सा है, यह वर्तमान युग का अन्तर्निहित सत्य है।

मास्को से वापसी से पहले सोवियत सरकार के समाचार पत्र *इज़वेस्तिया* को दिये गये एक साक्षात्कार में रवीन्द्रनाथ ने कहा था—

> लेकिन आपने जो महान काम का बीड़ा उठाया है, उसमें मुझे कुछ विरोधाभास दिखते हैं। कुछ ऐसे दृष्टिकोण पाले जा रहे हैं जो आपके आदर्शों के विपरीत हैं। मैं आपसे पूछना चाहता हूँ : क्या आप अपने आदर्शों पर चलते हैं, जब आप अपने प्रशिक्षार्थियों के मन में उनके प्रति गुस्सा, वर्गीय नफ़रत और बदले की भावना रोपते हैं, जो आपके आदर्शों से सहमत नहीं हैं, जिन्हें आप अपना दुश्मन समझते हैं? मानवता की ख़ातिर मुझे उम्मीद है कि आप हिंसा का एक दूषित चक्र नहीं बनाएँगे, जो हिंसा और निर्ममता का एक स्थायी जाल बुनता रहे। आपको ज़ार के शासन से यह विरासत मिली है। यह आपको मिलने वाली सबसे बुरी विरासत है। आप उस शासन की बहुत सी बुराइयों को नष्ट कर रहे हैं। इस बुराई को क्यों न नष्ट किया जाय?

इज़वेस्तिया में इस साक्षात्कार को नहीं छापा गया। चन्द दिनों के बाद एक ब्रिटिश समाचार पत्र में यह छपा।

दो हफ़्तों की यात्रा के बाद रवीन्द्रनाथ बर्लिन लौट आये। लौटने के बाद उन्होंने पाया कि किसी-न-किसी बहाने से उनके सार्वजनिक व्याख्यान के सारे कार्यक्रम रद्द कर दिये गये हैं। यह भी कहा गया कि इतनी यात्राओं के बाद स्वास्थ्य का ख़याल रखते हुए उन्हें आराम करना चाहिए। कवि की आध्यात्मिकता में लहालोट होने वाले उनके जर्मन मित्रों को डर था कि कहीं वह बोलशेविक रूस का प्रचार न करने लगें।

इतना ज़रूर है कि इस यात्रा का उन पर गहरा प्रभाव पड़ा। बर्लिन लौटने के बाद उन्हें शान्तिनिकेतन से पत्र मिले, जिनमें कहा गया था कि वहाँ बारिश

शुरू हो चुकी है, बादलों के साये में और बारिश में भीगते हुए शाल के वन कैसे दिख रहे हैं। रवीन्द्रनाथ ने पत्र का जवाब देते हुए कहा कि पहले इन तस्वीरों के बारे में सोचते हुए उनका मन नाच उठता था। लेकिन रूस से वापस आने के बाद सुन्दरता की तस्वीरें मन में नहीं आ रही हैं। वह सिर्फ़ देश में किसानों की दुर्दशा के बारे में सोच रहे हैं।

दिल अभी भरा नहीं

कवि 65 साल के हो चुके थे। बांग्ला साहित्य जगत में कवियों की अगली पीढ़ी उभर रही थी—सत्येन्द्रनाथ दत्त, मोहितलाल मजुमदार, अचिन्त्य कुमार सेनगुप्ता, आनेवाले वर्षों में बुद्धदेव बोस, कल्लोल युग के बाद आनेवाले थे सुधीन्द्रनाथ दत्त व *परिचय* पत्रिका से जुड़े अन्य कवि। एक धमाके की तरह नज़रुल इसलाम का उदय हुआ था। इन कवियों में अक्सर रवीन्द्र विद्रोह तेवर देखे जा सकते थे, लेकिन अपनी शैली में वे रवीन्द्र प्रभाव से उबर नहीं पा रहे थे।

और रवीन्द्रनाथ? उनकी रचनाओं में नये क्षितिज उन्मुक्त हो रहे थे, कविताओं में नई शैलियाँ उभर रही थीं।

जहाँ तक रोमैंटिक कविताओं का सम्बन्ध है, तो उनके जीवन में कम-से-कम तीन दौर देखने को मिलते हैं। *मानसी* काव्यग्रंथ तक इन कविताओं में कामना प्रमुख स्वर है। इसके बाद आता है *चित्रा, चैताली, क्षणिका, उत्सर्ग* और अतंत: *गीतांजलि* पर्व, जिनमें स्वच्छंदता धीरे-धीरे भक्ति की भावना की ओर प्रवाहित होने लगती है। *पूरबी* की प्रेम कविताओं के साथ एक नया दौर शुरू होता है, जिसे मानससुन्दरी व जीवनदेवता के बाद लीलासंगिनी का दौर कहा जा सकता है। कवि अब कहीं ज़्यादा अपने अन्दर झाँकने लगता है, पीछे मुड़कर अपने जीवन की ओर देखने लगता है। *पूरबी* की कविताओं का एक बड़ा हिस्सा विक्टोरिया ओकाम्पो को समर्पित है। इसके बाद प्रकाशित काव्यग्रंथ *महुआ* में नारी अपनी स्वायत्तता और आत्मविश्वास के साथ प्रेम में समान अधिकार के साथ साझेदार है। *कुमारसंभवम्* की कथा पर आश्रित अपनी कविता तपोभंग में वह कहते हैं—

यौवनवेदना-रस में उच्छल दिन वे मेरे,
ओ काल के अधीश्वर, क्या तुम भूल गये वे सारे,
ओ भोले संन्यासी।
चंचल चैत्र की रात

किंशुकमंजरी के साथ
यत्न बिना क्या वे शून्य के अकूल में झरे?
...
भग्न तपस्या के बाद मिलन की विचित्र वह छवि
देखता हूँ युग-युग से, वीणा की तंत्री में बजाता हूँ भैरवी,
मैं हूँ वह कवि।

लीलासंगिनी कविता में कवि कहता है—

देखा नहीं क्या, समय बीत गया, -
पूरा हो चुका दिन।
पूरवी के छंद में बजता रवि का
अन्तिम राग में बीन।
अभी तक यहाँ मैं था परवासी,
खो गई है उन दिनों की बाँसी,
आज संध्या में छाई है उदासी
गीत खोकर उदासीन।
असमय खेल में क्यों मुझे बुलाया, पूरे हो चुके दिन।

महुआ की कविता 'असमाप्त' में एक दूसरा सुर उभरता है—

मेरे सीने के बीच
छिपी हुई है पूर्णिमा,
तुमने देखी है सिर्फ़ अमा।
प्रतिदिन अर्घ्य मम
पूर्ण होगा प्रियतम,
आज मेरा दैन्य कर दो क्षमा।

कसक बाकी रह गई है। प्रौढ़ कवि थोड़ी निराशा के साथ *वीथिका* की कविता 'उदासीन' में कहते हैं—

कुंजवन में तुम्हें जब मैंने पुकारा
अभी तो थी आम के वन में गंध।
पता नहीं तुम क्यों थीं अनमनी
क्यों तुम्हारा द्वार था बंद।
मेरी शाखों में आया फलों का गुच्छ,

भरी अंजलि तुमने कर दिया तुच्छ -
पूर्णता के प्रति आँखें थीं अंध।

इस कविता में प्रेम के अलावा अपने दौर के पाठकों से कवि की निराशा भी झलकती है, जो अभी उनकी कविताओं के लिये तैयार नहीं हो पाया है।

इसी दौर में रवीन्द्रनाथ ने अपने उपन्यास *शेषेर कविता* की रचना की। अभिजात पृष्ठभूमि का बुद्धिदीप्त संस्कृतिसम्पन्न युवक अमित और शिलांग पहाड़ के प्राकृतिक परिवेश में पली-बढ़ी विदुषी युवती लावण्य। दोनों के बीच एक व्यापक फ़ासला, जिसे पाटकर प्रेम होता है। अमित का जीवन फ़ैशन के दायरे में रहा है, लेकिन स्टाईल उसका नशा है। लावण्य फ़ैशन से दूर है, उसकी अपनी स्टाइल है। जितने गहन रूप से वे एक-दूसरे से जुड़ते हैं, उतनी ही निर्ममता के साथ उन्हें अलग होना पड़ता है। लेकिन यह दुखान्त उपन्यास नहीं है, उसकी मिठास रह जाती है। साथ ही उदास करने वाला यह बोध कि प्रेम और घर बसाना—ये दोनों एक नहीं हैं। प्रेम घोंसला चाहता है और आसमान भी—पंछी का स्थान दोनों में हो सकता है—लेकिन वे दोनों ख़ुद आपस में नहीं जुड़ते। प्रेम के इस जटिल मनोविज्ञान के लिये ज़रूरी था कि प्रेमी-प्रेमिका दोनों की आत्मविश्वास से भरपूर स्वतंत्र, सार्वभौम व स्वायत्त सत्ता हो। इस उपन्यास की यही शायद सबसे बड़ी विशेषता है—शायद लावण्य के चरित्र अमित से कहीं ज़्यादा। शायद इसका भी उल्लेख अप्रासंगिक नहीं है कि अमित नये सुर का रवीन्द्र विरोधी कवि है। इस उपन्यास में दस कविताएँ हैं। इनमें से नौ कविताओं को *महुआ* काव्यग्रंथ में शामिल किया गया है। पहली कविता सिर्फ़ इस उपन्यास में मिलती है, जिसकी पहली पंक्तियाँ इस प्रकार हैं—

मैं लाया
अपरिचित का नाम
इस धरती पर
परिचित जनता के बीच, -
गैं हूँ आगन्तुक।
मैं जनगणेश का प्रचंड कौतुक।
खोलो द्वार,
पहुँचा हूँ विधाता की वार्ता लेकर,
महाकालेश्वर

भेजते हैं दुर्लक्ष्य अक्षर,
बोलो, किसमें है साहस
मौत की बाज़ी के साथ
दे सके दुरूह उत्तर।

इस उपन्यास में अमित और लावण्य के प्रेम में रोमान्स की पराकाष्ठा देखने को मिलती है। लेकिन उसकी एक सीमा है : यह प्रेम शारीरिक नहीं है। शायद इस मामले में ब्राह्म समाज की पृष्ठभूमि में रवीन्द्रनाथ की मानसिकता विक्टोरियाई रूढ़िवादिता से प्रभावित थी। शरीर का अभाव उनकी प्रेम कविताओं के लिये भी चरित्रात्मक है। युवावस्था में शादी के ठीक बाद लिखी गईं चार-पाँच कविताएँ अगर छोड़ दी जाएँ, तो कहीं भी प्रेम के उनके वर्णन में शरीर का पक्ष किसी भी रूप में उपस्थित नहीं है। क्या रचनाओं के साथ-साथ उनके जीवन के बारे में भी ऐसा कहा जा सकता है? यह बात उनके पूरे परिवार के लिये नहीं कही जा सकती है। पितामह द्वारकानाथ की बात तो छोड़ ही दी जाय, उनकी प्यारी भाभी कादम्बरी देवी के पति उनके बड़े भाई ज्योतिरिन्द्रनाथ के एक अभिनेत्री के साथ सम्बन्ध बने थे। कादम्बरी देवी को पति की जेब में इस आशय की एक चिट्ठी मिली थी। संभवत: यह उनकी आत्महत्या का कारण था। उनके पुत्र रथीन्द्रनाथ भी अपने मित्र की पत्नी के साथ रहने लगे थे। इनके विपरीत अनेक नारियों के साथ निकटता के बावजूद रवीन्द्रनाथ के जीवन में किसी तथाकथित अवैध सम्बन्ध का कोई वस्तुगत प्रमाण नहीं मिलता है। हाँ, सीमाओं के अन्दर अटकलें लगाने की कोशिशें ज़रूर हुई हैं।

प्रेम के बारे में रवीन्द्रनाथ की धारणा को समझने के लिये उपरोक्त बातों की चर्चा ज़रूरी थी। रूढ़िवादिता एक कारण हो सकती है। दूसरा महत्त्वपूर्ण कारण हमें कहीं और ढूँढ़ना पड़ेगा। उनकी आध्यात्मिकता की चर्चा के दौरान हमने देखा कि उसका विकास समर्पण से शुरू होकर गहन आत्मानुभव की ओर जाता है। कहा जा सकता है कि प्रेम के मामले में भी यह सुन्दर व प्रिय के प्रति आकर्षण से उबरते हुए अपने अन्तर्मन के उच्छ्वास, पीड़ा और आनन्द की ओर एक यात्रा है। यह 'तुम' के दर्पण में ख़ुद को देखते हुए 'मैं' की गहन अनुभूति है। *श्यामली* काव्यग्रंथ की कविता आमि (मैं) में वह कहते हैं—

मेरी ही चेतना के रंग में पन्ना हरा हुआ,
चुन्नी रंगीन हो उठी।

मैंने आसमान की ओर देखा,
प्रकाशमान हो उठा
पूरब और पश्चिम।
गुलाब को देखकर मैंने कहा 'सुन्दर',
वह सुन्दर हो उठा।
तुम कहो, ये सिद्धान्त की बातें हैं,
यह कवि का स्वर तो नहीं है।
मैं कहूँ, यह सत्य है,
इसलिए काव्य है।

1940 तक, यानी 79 वर्ष की उम्र हो जाने के बाद भी रवीन्द्रनाथ प्रेम कविता लिखते रहे। इस दौर में उनकी कविताओं में स्मृति की एक प्रमुख भूमिका थी। उनकी एक कविता की पंक्ति के अनुसार 'रात के सारे सितारे छिपे हैं दिन के प्रकाश के पीछे' 1938 में अपनी कविता 'माया' में वह कहते हैं—

तुम हो इस मन की किस सीमा पर
युगान्तर की प्रिया।
दूर उड़ जाते बादल के पीछे से
आती हो कभी धूप कभी छाया,
मेरे जीवन में तुम आज केवल माया;
सहज ही तुमसे मिलाता अपना सुर,
सहज ही पुकारता, सहज ही रखता दूर।

सहज—रवीन्द्रनाथ के जीवन व उनकी रचनाओं में प्रेम को समझने के लिये यह बीजशब्द है।

सभ्यता के संकट के सम्मुख

रूस सहित यूरोप की यात्रा से जब कवि वापस लौटे तो पता चला कि गोलमेज़ सम्मेलन से लौटने के एक हफ़्ते बाद ही गाँधीजी को गिरफ़्तार कर लिया गया है। वह यरवदा जेल में अनशन कर रहे हैं। वह वहाँ जाकर गाँधीजी से मिले, उनके अनुरोध पर अपना गीत सुनाया : 'जीवन जब सूखता जाय, करुणा की धारा बनकर आओ।' उन्हीं दिनों ख़बर मिली कि हिजली के जेल में राजनीतिक बन्दियों पर निर्ममता के साथ लाठीचार्ज किया गया है। क्षुब्ध कवि 'प्रश्न' कविता में अपने भगवान से पूछते हैं, क्या तुमने उन्हें माफ़ कर दिया?

युग-युग में, ओ भगवान, तुमने दूत भेजे बार-बार
इस निर्दय संसार में।
उन्होंने कहा, क्षमा कर दो, कहा सबसे प्रेम रखो -
अन्तर्मन से विद्वेष के विष का नाश करो।
वे वरणीय हैं, स्मरणीय हैं, फिर भी दहलीज़ पर
इस दुर्दिन में लौटाया उन्हें व्यर्थ नमस्कार के साथ।

मैंने देखा, गुप्त हिंसा कपट रात्रि के साये में
असहाय पर टूट पड़ी।
मैंने देखा, प्रतिकारहीन ताकतवर के अपराध पर
न्याय की आवाज़ निःशब्द रोती रही
मैंने देखा, मरते हुए उन्माद तरुण बालक को
यंत्रणा के साथ पत्थर पर माथा कूटकर।

मेरा कंठ आज रुद्ध है, बाँसुरी में संगीत नहीं।
अमावस्या के कारागार में
लुप्त हो चुकी मेरी दुनिया एक दुःस्वप्न में।
तभी आँसुओं के साथ तुमसे पूछना चाहता हूँ :

जिन्होंने तुम्हारी हवा में ज़हर घोला, तुम्हारे प्रकाश को बुझा दिया,
क्या तुमने उन्हें क्षमा कर दिया, क्या तुम्हें उनसे प्यार है?

रवीन्द्रनाथ राजनीतिज्ञ नहीं थे, एक अरसे से वह कांग्रेस अधिवेशन में नहीं गये थे, असहयोग आन्दोलन से उनकी असहमति थी, गाँधीजी ने जब बिहार के भूकम्प को छुआछूत के पाप के लिये ईश्वर का दंड बताया तो ऐसे अवैज्ञानिक वक्तव्य के लिये उन्होंने गाँधीजी की कटु आलोचना की। लेकिन दोनों के बीच परम आत्मीय जैसे सम्बन्ध थे। यह भी उल्लेखनीय है कि राजनीतिज्ञ न होने के बावजूद वह राजनीतिक घटनाओं पर अपना वक्तव्य रखते थे, जब भी कभी ब्रिटिश शासन के अत्याचार के खिलाफ़ कोई सभा होती थी, वहाँ कड़े शब्दों में औपनिवेशिक शासन की आलोचना करते हुए वह व्याख्यान देते थे। बंगाल व सारे देश में उनके वक्तव्यों पर ध्यान दिया जाता था, राजनीतिक प्रदर्शनों में उनके गीत गाये जाते थे। गाँधीजी को उनका एक गीत विशेष रूप से प्रिय था : 'जोदि तोर डाक शुने केउ ना आशे, तोबे एकला चलो रे' (अगर तुम्हारी पुकार सुनकर कोई साथ न आवे, फिर अकेले ही चले चलो)। गाँधीजी की वजह से आज भी रवीन्द्रनाथ के प्रतीक के रूप में इस गीत का महत्त्व बना हुआ है। लेकिन सिर्फ़ देश के अन्दर ही नहीं, सारे विश्व में मानवीय विवेक के मूर्धन्य प्रतिनिधि के रूप में वह स्थापित हो चुके थे। युद्ध और फ़ासीवाद के खिलाफ़ अन्तर्राष्ट्रीय मुहिमों में उन्हें आमंत्रित किया जाता था और वह सहर्ष उनमें भाग लेते थे।

साम्प्रदायिक विद्वेष के विरुद्ध और फासीवाद

और वह देश में फैल रहे साम्प्रदायिक विद्वेष से अत्यन्त व्यथित थे। ख़ुद अपनी आँखों से जोड़ासाँको की ठाकुरबाड़ी के सामने ही उन्होंने साम्प्रदायिक हिंसा देखी। धर्मों के प्रति अपनी ऊब को उन्होंने एक कविता में इन शब्दों में व्यक्त किया—

धर्म के भेस में मोह जिसे पकड़ता
वह अन्धा सिर्फ़ मारता और मरता।
नास्तिक को भी मिले विधाता का वर।
वह धार्मिकता का करे न आडम्बर।

यूरोप में फ़ासीवाद के बादल मँडरा रहे थे। 1933 में जर्मनी में हिटलर सत्ता पर काबिज़ हो गया। इटली में मुसोलिनी पहले से ही गद्दी पर था। कभी रवीन्द्रनाथ भी उसके व्यक्तित्व के प्रति आकर्षित हुए थे, लेकिन अब उनके मन में कोई दुविधा नहीं रह गयी थी, वह खुलकर फ़ासीवाद के खिलाफ़ विश्व के

लेखकों, कलाकारों व बुद्धिजीवियों का साथ दे रहे थे। 1935 में पेरिस में संस्कृति की रक्षा के लिये लेखकों की विश्व कांग्रेस आयोजित की गई। भारत की ओर से प्रतिनिधि के रूप में मुल्कराज आनन्द उपस्थित थे। उनकी व सज्जाद ज़हीर की पहल पर प्रगतिशील लेखक संघ की स्थापना के लिये मसौदा तैयार किया गया व 1936 में लखनऊ में संघ का पहला अधिवेशन आयोजित किया गया। दूसरा अधिवेशन कलकत्ता में हुआ। रवीन्द्रनाथ सांगठनिक रूप से प्रगतिशील लेखक संघ के साथ जुड़े नहीं थे, लेकिन उसका समर्थन कर रहे थे व उन्होंने अधिवेशन के नाम अपनी शुभकामनाएँ भेजी थीं। 1936 में ही प्रगतिशील लेखक संघ की ओर से ब्रसेल्स में आयोजित विश्व शान्ति कांग्रेस के नाम एक सन्देश भेजा गया था। इस सन्देश पर अन्य लोगों के अलावा रवीन्द्रनाथ टैगोर, जवाहरलाल नेहरू, मुन्शी प्रेमचंद, शरतचंद्र चट्टोपाध्याय व नन्दलाल बोस ने हस्ताक्षर किये थे। इस सन्देश में कहा गया था—

> भीषण प्रतिक्रिया व जंगवाद आज सभ्यता की किस्मत से खेल रहा है व संस्कृति के ध्वंस पर उतारू है। इस समय हमारे लिये खामोश रहना अपराध है। यह समाज के प्रति हमारे कर्तव्य की अवहेलना होगी...युद्ध से हमें घृणा है। हम हमेशा के लिये युद्ध को खत्म करना चाहते हैं। उसमें हमारा कोई हित नहीं है। युद्ध के ज़रिये घिनौना फ़ासीवाद चिरस्थायी होना चाहता है।

रवीन्द्रनाथ के स्वास्थ्य की हालत लगातार बिगड़ती जा रही थी। फिर भी वह ऐसे कार्यक्रमों में भाग लेते रहे। गोर्की के स्मृति दिवस पर प्रगतिशील लेखक संघ के आयोजन में उन्होंने व्याख्यान दिया। 1937 में जब भारत में फासीवाद व युद्धविरोधी लीग की स्थापना की गई, तो रवीन्द्रनाथ उसके अध्यक्ष बने। महासचिव थे सौमेन्द्रनाथ ठाकुर। चीन पर हमला करते हुए जापान ने 1938 में नानकिंग पर कब्ज़ा कर लिया। तीन लाख नागरिक मार डाले गये। रवीन्द्रनाथ तड़प रहे थे। उन्होंने एक कविता लिखी—

नागिनें चारों ओर लेती हैं ज़हरीली साँस
शान्ति का ललित स्वर लगेगा व्यर्थ परिहास
इससे पहले कि मुझे जाना है
उनसे मुझे कुछ कहना है
दानवों के साथ जो घर-घर में
जुटे हैं एक भीषण रण में।

1 सितम्बर, 1939 को पोलैंड पर हिटलर जर्मनी के हमले के साथ औपचारिक रूप से द्वितीय विश्वयुद्ध शुरू हुआ। 9 सितम्बर को कलकत्ता में इंडो-पोलिश ऐसोसिएशन की स्थापना की गई। रवीन्द्रनाथ उसके अध्यक्ष बने। जब हिटलर ने फ्रांस पर हमला करते हुए उसे रौंद डाला तो कवि ने अमेरिकी राष्ट्रपति रूज़वेल्ट को तार भेजते हुए अनुरोध किया कि अमेरिका हिटलर जर्मनी के खिलाफ़ युद्ध में शामिल हो। उनका शान्तिवाद युद्ध को पीठ दिखाते हुए शान्ति चाहना नहीं था। वह गाँधीजी की अहिंसा से भी अलग था। शान्ति के लिये संघर्ष का अर्थ उनके लिये सक्रिय प्रतिरोध था। 20 सितम्बर, 1939 को लिखे गये एक पत्र में वह कहते हैं—मैं पूरे हृदय से चाहता हूँ कि इस युद्ध में इंग्लैंड-फ्रांस की जीत हो। क्योंकि मानव इतिहास में फ़ासीवाद-नाज़ीवाद का कलंक प्रलेप अब सहा नहीं जाता।

स्वास्थ्य लगातार बिगड़ता जा रहा था। लगभग सारे यूरोप पर कब्ज़ा करते हुए आखिरकार हिटलर ने सोवियत संघ पर धावा बोला। शुरू में नाज़ी सेना बेरोकटोक आगे बढ़ती गई। बेहोशी की हालत में कालिम्पंग से शान्तिनिकेतन लाये जाने के बाद वह बिस्तर पर पड़े रहते थे। उन्हें ऑपरेशन के लिये कलकत्ता ले आया गया। 30 जून को ऑपरेशन से आधा घन्टा पहले आखिरी बार प्रशान्तकुमार महलानवीश से उनकी बात हुई। कवि ने उनसे पूछा : रूस की क्या ख़बर है? प्रशान्तकुमार ने कहा कि थोड़ा बेहतर है। लगता है कि अब नाज़ियों को रोक दिया गया है। रवीन्द्रनाथ का चेहरा खिल उठा। उन्होंने कहा : यह तो होना ही है। देखना, वही लोग कर पाएँगे।

1941 में अस्सी वर्ष पूरे होने पर रवीन्द्रनाथ ने एक लेख लिखा—'सभ्यता का संकट'। शांतिनिकेतन में उनके जन्मदिन के आयोजन में इसे पढ़कर सुनाया गया। अपने लम्बे जीवन पर नज़र डालते हुए उन्होंने कहा कि अंग्रेज़ों के इतिहास के माध्यम से विशाल विश्व के साथ उनके परिचय का सिलसिला शुरू हुआ था। वह अपने देश की स्वतंत्रता चाहते थे, लेकिन अंग्रेज़ों की उदारता में उनका विश्वास था। अंग्रेज़ों के चरित्र में उन्हें मानवीयता का परिचय दिखा था। यह परनिर्भरता गर्व की बात नहीं थी, लेकिन यह प्रशंसा के योग्य था कि मानवता का रूप अगर विदेशियों में भी मिले तो हमारे अन्दर उसे श्रद्धा के साथ ग्रहण करने की शक्ति थी, कोई कुंठा नहीं थी।

रवीन्द्रनाथ ने कहा कि साहित्य के रसग्रहण के दायरे से उन्हें बाहर आना पड़ा। उन्होंने देखा कि भारत की जनता कैसी भयानक ग़रीबी में जी रही है।

जीवन के लिये अति आवश्यक चीज़ें उन्हें मिल नहीं रही हैं, लेकिन लम्बे समय से वह अंग्रेज़ों के ऐश्वर्य की पूर्ति कर रही है। यूरोप में फ़ासीवाद के उदय को उन्होंने पाश्चात्य की सभ्यता से उभरी हुई बर्बरता बताया। उनके शब्दों में—

> सारे यूरोप में बर्बरता अपने दाँत और नाखून बाहर निकालते हुए विभीषिका फैला रही है। मानवपीड़न की यह महामारी पाश्चात्य की सभ्यता की मज्जा से जाग्रत होकर मानवता की आत्मा का अपमान करते हुए हर दिशा में वातावरण को कलुषित कर रही है।

उन्होंने सवाल किया कि क्या उसी अपमान का आभास भारत की बदकिस्मती से भरी दरिद्रता में नहीं दिखता है?

ऐसे मूल्यांकन के बावजूद रवीन्द्रनाथ भविष्य के प्रति निराश नहीं थे। अपने लेख के अन्त में वह कहते हैं कि जीवन के आरम्भ में यूरोप की आन्तरिक सम्पदा इस सभ्यता के दान में उन्होंने सम्पूर्ण हृदय से विश्वास किया था। आज विदाई की वेला में वह विश्वास दीवालिया हो चुका है। लेकिन मनुष्य में विश्वास खोना पाप है, वह अन्त तक इस विश्वास की रक्षा करते रहेंगे। उन्हें उम्मीद है कि महाप्रलय के बाद वैराग्य के मेघमुक्त आकाश में पूरब में सूर्योदय से इतिहास का निर्मल आत्मप्रकाश शुरू होगा। मानवता के अन्तहीन प्रतिकारहीन पराभव को अन्तिम समझ लेना उनकी राय में अपराध है।

रवीन्द्रनाथ फ़ासीवाद की पराजय देख नहीं पाये। लेकिन यह एक संयोग था कि उनके देहावसान के चार साल बाद उनके जन्मदिन के ठीक एक दिन बाद नाज़ी जर्मनी का पतन हुआ।

कौन हो तुम? जवाब नहीं मिला

आम तौर पर देखा जाता है कि उम्र बढ़ने के साथ-साथ लोग रूढ़िवादी होने लगते हैं, धार्मिक आस्था बढ़ने लगती है, दकियानूसी दिखने लगती है।

रवीन्द्रनाथ इसके विपरीत थे। उम्र बढ़ने के साथ वह उदारवादी होते गये, तेज़ आमूल परिवर्तन के पक्षधर होते गये, उनकी आध्यात्मिकता धार्मिक आस्था से मुक्त होती गई।

आखिरी दौर में कवि की कविताओं में बार-बार अपने अन्दर झाँकने की कोशिश दिखाई देती है। 1936 में लिखी अपनी कविता 'परिचय' में वह कहते हैं—

किसी दिन नाव आकर रुकी थी इस तट पर,
वसन्त की नई हवा के जोश में,
तुम सबने पूछा था मुझे पुकारकर
क्या परिचय है तुम्हारा,
जाना कहाँ है तुम्हें,
मैंने सिर्फ़ कहा था, क्या पता, किसे पता।

...

सितार में तार साधकर,
मैंने गाया फिर एक बार -
मेरे नाम को इतनी ही शोहरत मिले,
कि मैं तुममें से ही हूँ।
और कुछ नहीं,
यही मेरा अन्तिम परिचय।

बिगड़ते स्वास्थ्य के चलते उन्हें पता चल गया था कि अब उनके पास अधिक समय नहीं रह गया है। 1939 में कांग्रेस अध्यक्ष सुभाषचन्द्र बोस उनसे मिलने आये। उसके बाद नेहरू भी आये व उन्होंने विश्वभारती में हिन्दी भवन का उद्घाटन किया। कवि के साथ दोनों नेताओं की लम्बी बातचीत हुई। उस समय

कांग्रेस के दूसरे नेताओं के साथ सुभाष के मतभेद गहराने लगे थे।

कवि की यात्रा करने लायक हालत नहीं रह गई थी। लेकिन एक जगह ठहरना उनके स्वभाव में नहीं था। शांतिनिकेतन से कलकत्ता की यात्रा का क्रम जारी रहा। इसके अलावा वह दो बार हिमालय की गोद में मंपु शहर में मैत्रेयी देवी के पास गये। दूसरी बार यात्रा के दौरान कालिम्पोंग में बीमार पड़ने के कारण बेहोशी की हालत में उन्हें शांतिनिकेतन वापस ले आया गया। यह उनकी आख़िरी यात्रा थी। उनकी दृष्टिशक्ति कमज़ोर हो चुकी थी, ठीक से सुन नहीं पाते थे, उँगलियाँ काँपती थीं। चित्रकारी बन्द हो चुकी थी, जल्द ही लिख पाने की क्षमता भी जाती रही। वह अपनी नयी कविताएँ कहते थे, उनकी देखभाल करने वाले उन्हें लिख लेते थे।

ऐसी हालत में अन्तिम दो वर्षों में भी उनकी कविताओं के कई संग्रह आये—*नवजातक, सानाई* (शहनाई), *रोगशय्याय* (रोगशय्या में), *आरोग्य* और *जन्मदिने* (जन्मदिन पर)। उनके अन्तिम हफ़्तों में ज़बानी कही गई कविताओं का संग्रह *शेषलेखा* उनके निर्देशानुसार उनके देहावसान के बाद प्रकाशित हुआ।

दरअसल 1937 के सितम्बर में पहली बार वह गम्भीर रूप से बीमार पड़े, शान्तिनिकेतन में वह अचानक बेहोश हो गये थे। कई दिनों तक उनकी हालत चिन्ताजनक रही। जहाँ तक स्वास्थ्य और सक्रियता का सवाल है, तो उनका जीवन इसके बाद बदल गया। मार्के की बात है कि इसके बाद भी उनकी विभिन्न आस्वाद की रचनाएँ आती रहीं। बच्चों के लिये छन्द में हल्की-फुल्की लघु कविताओं के दो संग्रह—*खापछाड़ा* और *प्रहासिनी*—आये, हास्यरस की कहानियों का संग्रह *गल्पसल्प*, सानाई की प्रेम कविताएँ, प्रेमिका के लिये विफल प्रेमिक के जीवन त्याग की कहानी पर आधारित नृत्यनाट्य *श्यामा*, और अन्तिम कविता संग्रहों में अपने जीवन, आध्यात्मिकता और रचना का निचोड़ प्रस्तुत करने का रुझान स्पष्ट होता गया।

सानाई (शहनाई) 'काव्यग्रंथ की कविता' 'आसा-जाओआ' (आना-जाना) में वह कहते हैं—

प्रेम आया था
ऐसे निःशब्द चरण से
लगा था वह सपना है,
बैठने को मैंने आसन नहीं दिया।
जब उसने विदा ली, दरवाज़ा खोलते ही
उसकी आहट पाकर,
मैं उसे वापस पुकारने को दौड़ा।

लेकिन तब वह स्वप्न था कायाहीन,
हो चुका था निशीथ में विलीन,
दूर पथ पर उसकी दीपशिखा
एक रक्ताभ मरीचिका।

1940 में लिखे गये काव्यग्रंथ *रोगशय्या में* की पहली कविता में कवि अपनी लाचारी व्यक्त करते हुए कहता है—

सुरलोक में नृत्य के उत्सव में
अगर क्षणभर के लिये भी
थकी हुई उर्वशी का
तालभंग हो
देवराज माफ़ नहीं करता।
अर्जित सारी कीर्ति
अभिशाप के तले होती है निर्वासित।
स्वर्ग कभी आकस्मिक त्रुटि भी स्वीकार नहीं करता।
मानव के प्रांगण में भी
चलता है स्वर्ग का नियम।
इसीलिए मेरी काव्यकला है आज कुंठित
ढलते हुए तप्त दिन के अवसाद में।

ऐसी हालत में भी मानवता का भविष्य और उससे जुड़ा आशावाद उनमें बना रहा। एक कविता की शुरू की पंक्तियाँ—

नक्कार का शोर
तूफ़ानी इस युग में आता
दिन बदलने का दौर।

'वे काम किये जाते हैं' कविता में रवीन्द्रनाथ पीछे की ओर इतिहास पर नज़र डालते हैं, जहाँ विजयी सेनाएँ आती गईं, लुप्त होती गईं। वह कहते हैं, आज अंग्रेज़ों का प्रताप है, उसका भी एक दिन नामोनिशान मिट जाएगा। इसके बाद वह कहते हैं—

धरती की ओर जब नज़र फ़ेरता हूँ
देखता हूँ कलकल ध्वनि के साथ
विपुल जनता का आना-जाना
अलग-अलग रास्ते पर अलग-अलग दलों में
युग-युगान्तर से मानव की ज़रूरतें पूरी करते हुए

जीवन और मरण में।
वे हमेशा ही
खेते हैं नाव, सँभालते हैं हल,
खेतों में वे
बीज बोते हैं, फ़सल काटते हैं।
नगर और गाँव में
वे काम किये जाते हैं।
...
सैकड़ों साम्राज्यों के भग्नस्तूप के ऊपर
वे काम किये जाते हैं।

सर्जनात्मकता के उन्मेष से ही कवि के मन में एक सवाल मथ रहा था : अपने अन्दर यह क्या है, जो अलग-अलग रूपों में अपनी अभिव्यक्ति के लिये छटपटाता रहता है? किशोर कवि नें 'निर्झर का जागरण' कविता में लिखा था—

इतने शब्द हैं, इतने गान हैं, इतना प्राण है मेरा
इतने सुख हैं, इतनी चाह है, प्राण भरा है मेरा

इस उल्लास की अभिव्यक्ति के साथ-साथ सवाल जटिल और गहरा होता गया। कविता अब सिर्फ़ अपने हृदय के उल्लास की अभिव्यक्ति नहीं थी, जनमानस के बीच उसका स्थान हो चुका था। कवि को पता था, मानव जीवन नश्वर है। लेकिन क्या उसकी कीर्ति रह जाती है? 'सोनार तरी' कविता में दूर से आया मल्लाह किसान के धान को ढो ले जाता है, लेकिन उसकी नाव में किसान के लिये जगह नहीं है। महाकाल कीर्ति को स्वीकार करता है लेकिन उसका स्रष्टा भुला दिया जाता है। फिर स्रष्टा के पास क्या रह जाता है? अपनी सृष्टि के माध्यम से अपने समय व उससे परे तक सबसे जुड़ना, और इस प्रक्रिया के ज़रिये इस महाविश्व में अपने स्थान की अनुभूति। जिस भावना के साथ सृष्टि रची गई है, वह भी निर्रथक नहीं है। ताजमहल पर लिखी अपनी कविता में कवि शाहजहाँ को सम्बोधित करते हुए कहते हैं, 'तुम अपनी सृष्टि से भी महान हो, जो युग-युग से सन्देश दे रहे हो : भूला नहीं, भूला नहीं, प्रिया, मैं भूल नहीं गया।'

~

जीवन के अन्तिम दिनों में सिंहावलोकन के पर्व में कवि पूछता है : क्या वह काफ़ी था? क्या जो बात कहनी थी, जिनके लिये कहनी थी, कही जा सकी?

उत्तररामचरित में भवभूति ने कहा था : उपत्स्यते हि मम कोह्यपि समानधर्मा, कालोह्यह्ययं निरवधि विपुला च पृथ्वी। कभी-न-कभी मेरे जैसा सोचने वाला पैदा होगा, समय अनन्त है और पृथ्वी विपुल है। इसके विपरीत 'ऐकतान' कविता में रवीन्द्रनाथ कहते हैं—इस विपुल पृथ्वी का कितना थोड़ा सा मैं जानता हूँ। अपनी सम्पूर्ण रचना की सीमाओं को स्वीकारते हुए वह कहते हैं—

मेरी कविता, मुझे है पता,
विचित्र पथों में जाकर भी हो नहीं पाई सर्वत्रगामी।
किसान के जीवन में जो हो साझेदार,
कर्म व वाक्यों जो बन सके उनका अपना,
जो ज़मीन से हो जुड़ा हुआ,
उस कवि को सुनने के लिये हूँ मैं आतुर।
साहित्य के आनन्द के उत्सव में
जो मैं ख़ुद नहीं दे पाता, नित्य ही मैं रहता उसकी खोज में।

ज़मीन से जुड़े भविष्य के उस कवि का आह्वान करते हुए कविता के अन्त में वह कहते हैं—

आओ कवि अख्यातजनके,
निर्वाक मन के।
अन्तर्मन की वेदना बाहर लाकर,
प्राणहीन इस देश में जहाँ गानहीन है चारों ओर,
अवहेलना के ताप से शुष्क उस मरुस्थल को
कर दो तुम रस से पूर्ण।
उसके अन्दर छिपा हुआ है जो स्रोत
उसे तुम कर दो उद्भासित।
साहित्य की समूह संगीतसभा में
उन्हें भी स्थान मिले जिनका इकतारा है -
अपने सुख-दुख में जो बोल नहीं पाते,
विश्व के समक्ष जिनका सिर है झुका हुआ,
ओ गुणी,
निकट रहकर जो दूर हैं, उनका स्वर सुनने दो।
तुम बने रहो उनके अपने,
तुम्हारी ख्याति में मिलती रहे उन्हें ख्याति -

मैं बार-बार
करता हूँ तुम्हें नमस्कार।

और उसके बाद सिर्फ़ एक सवाल रह जाता है : मैं कौन हूँ? क्या था इस जीवन का तात्पर्य? अपनी मौत से दस दिन पहले एक कविता में कवि कहते हैं :

पहले दिन के सूर्य ने
सवाल किया था
सत्ता के नये आविर्भाव पर -
कौन हो तुम।
जवाब नहीं मिला था।
बरसों बीत गये,
दिवस के अन्तिम सूर्य ने
अन्तिम सवाल पूछा पश्चिमी सागर के तट पर,
निस्तब्ध संध्या में -
कौन हो तुम।
जवाब नहीं मिला।

यह सूर्य रवि, अर्थात् कवि के अलावा और कौन हो सकता है?

❑❑❑

संदर्भ ग्रंथ सूची

1. अहमद रफ़ीक, *रवीन्द्र साहित्येर नायिकारा* (बांग्ला)
2. अब्दुस शकूर, *रवीन्द्र जीवनेर अनुज्ज्वल अंचल* (बांग्ला)
3. अबु सईद अय्युब, *आधुनिकता ओ रवीन्द्रनाथ* (बांग्ला)
4. अबू अफ़ज़ल सालेह, *आधुनिक चित्रकलाये रवीन्द्रनाथ* (बांग्ला) www.protidinersangbad.com/todays-newspaper/shahitto-shamoi-ki/227748/
5. अभिजित राय, *चित्रकर रवीन्द्रनाथ, ताँर वर्णांधिता एबं ओकाम्पोर प्रभाव* (बांग्ला)—https://blog.muktomona.com/2015/01/04/44071/
6. डॉ. अभिजित गंगोपाध्याय, *घरे-बाइरेर अवचेतन* (बांग्ला)—International Research Journal of Interdisciplinary & Multidisciplinary Studies (IRJIMS)Volume-III, Issue-I, February 2017, Page No.1-16
7. डॉ. अतीउर रहमान *रवीन्द्रनाथेर शिक्षाभावना* (बांग्ला)—https://shampratikdeshkal.com/print/210957943
8. बुद्धदेव बसु, *संग निःसंगता रवीन्द्रनाथ*
9. चारुचंद्र बन्द्योपाध्याय, *रवि रश्मि* (बांग्ला), खंड 1-2
10. देवेन्द्रनाथ ठाकुर, *आत्मजीवनी* (बांग्ला)
11. इन्दिरा देवी चौधुरानी, *रवीन्द्र स्मृति* (बांग्ला)
12. गौतम नियोगी, *राममोहन राय ओ द्वारकानाथ ठाकुर* (बांग्ला)—KRKS06PRammohonDwarakanath.pdf
13. *कवितर्पण* (बांग्ला) bartamanpatrika.com/detailNews.php?cID= 32& nID=164540
14. कुलदा रॉय, एम.एम.आर. जलाल, *बंगभंग आन्दोलन ओ रवीन्द्रनाथ* (बांग्ला)—https://arts.bdnews24.com/archives/4576
15. मैत्रेयी देवी, *मंपुते रवीन्द्रनाथ* (बांग्ला)
16. डा. मिल्टन विश्वास, *रवीन्द्र भावनाये विश्वविद्यालय* (बांग्ला)—https://

www.jagonews24.com/opinion/article/602239
17. एम.ए. अजीज़ मियां, *फ़ासीवाद ओ युद्धविरोधी रवीन्द्रनाथ* (बांग्ला)—http://dyu.com.bd/blogs/fzasibad-oo-zuddh-birodhee-rbeendrnath.html
18. नाबील अनुसूर्य, *प्रसंग रवीन्द्रनाथेर बलाका* (बांग्ला)—https://mugberiagangadharmahavidyalaya.org/images/ques_answer/1585829780Attachment_267720.pdf
19. प्रशांत कुमार पाल, *रवि जीवनी*-(बांग्ला), खंड 1-9
20. प्रभात कुमार मुखोपाध्याय, *रवीन्द्र जीवनी* (बांग्ला), खंड 1-4
21. प्रभात कुमार मुखोपाध्याय, *रवीन्द्र वर्षपंजि* (बांग्ला)
22. *रवीन्द्र रचनावली* (बांग्ला), खंड 1-27
23. रानी चंदा, *आलापचारी रवीन्द्रनाथ* (बांग्ला)
24. रणजित गुहा, *कविर नाम ओ सर्वनाम* (बांग्ला)
25. सुब्रत रुद्र, *कादम्बरी देवी* (बांग्ला)
26. शंख घोष, *ओकाम्पोर रवीन्द्रनाथ* (बांग्ला)
27. शंख घोष, *कविर अभिप्राय* (बांग्ला)
28. शंख घोष, *आरोप आर उद्‌भावन* (बांग्ला)
29. शंख घोष, *ए आमिर आवरण* (बांग्ला)
30. सुशोभन सरकार, *प्रसंग रवीन्द्रनाथ* (बांग्ला)
31. शिवनारायण राय, *बांग्लार रेनेसां* (बांग्ला)
32. शिवाशीष बसु, *इटालीते रवीन्द्रनाथ* (बांग्ला) https://othervoice.in/article/ov-7-7-21-4
33. सुकान्त पार्थिव, *छोटोगल्पे विश्वजनीन रवीन्द्रनाथ* (बांग्ला)—https://www.banglanews24.com/art-literature/news/bd/487136.details
34. सूर्यालो, *बोई आलोचना गोरा* (बांग्ला)—https://surjalo.wordpress.com/2015/06/01
35. सिराजुल इस्लाम चौधुरी, *रवीन्द्रनाथेर नोबेल पुरस्कार* (बांग्ला)—(kaliokalam.com)
36. विश्वजीत घोष, *छोटोगल्पेर रवीन्द्रनाथ* (बांग्ला)
37. वरेन्दु मंडल, *प्रथम विश्वयुद्ध, बलाका ओ रवीन्द्रनाथ* (बांग्ला)—https://mugberiagangadharmahavidyalaya.org/images/ques_

answer/1586052448Prothom%20biswajudha%20Bolaka%20o%20
Rabindranath.pdf

38. B. King, *Partner in Empire, Dwarakanath Tagore and the Age of Enterprise in Eastern India-Blair*
39. Bishnu Dey, *In the Sun and the Rain*
40. Dipesh Chakrabarty, *Habitations of Modernity*
41. Dipankar Roy, *Representation of the 'National Self'*— Novelistic Portrayal of a New Cultural Identity in *Gora* – https://rupkatha.com/identity-gora/
42. Hiren Mukherjee, *Himself a True Poem*
43. Krishna Kripalani, *Rabindranath Tagore, A Biography*
44. Krishna Kripalani, *Dwarakanath Tagore, A Forgotten Pioneer*
45. Kalyan Kundu, *Mussolini and Tagore: An Essay* by Kalyan Kundu (Parabaas Rabindranath Section)
46. Sushobhan Sarkar, *Bengal Renaissance and Other Essays*
47. *The Mahatma and The Poet - Letters and Debates between Gandhi and Tagore* 1915-1941

जीवन घटनाक्रम

- 7 मई, 1861 देवेन्द्रनाथ ठाकुर की 14वीं सन्तान या आठवे पुत्र के रूप में रवीन्द्रनाथ का जन्म।
- 1868—रवीन्द्रनाथ को पहले ओरिएंटल सेमिनारी स्कूल व फिर नॉर्मल स्कूलमें भर्ती किया गया।
- 1869—बालक रवीन्द्रनाथ ने कविता लिखना शुरू किया।
- 1873—पिता के साथ उत्तर भारत व हिमालय की यात्रा व उनसे संस्कृत व अंग्रेज़ी साहित्य और ज्योतिर्विज्ञान की शिक्षा।
- 1874—सेंट जेवियर्स स्कूल में रवीन्द्रनाथ को भर्ती किया गया। स्कूली शिक्षा देने की कोशिश विफल होने के बाद घर में ही उनकी शिक्षा की व्यवस्था। 12 वर्षीय बालक द्वारा *कुमारसम्भवम्* और मैकबेथ के हिस्सों का अनुवाद।
- 1875—हिन्दू मेला पहली बार कविता का सार्वजनिक पाठ व उसके बाद *अमृतबाज़ार* पत्रिका में उसका प्रकाशन। वनफूल नामक काव्यनाटक का धारावाहिक रूप से प्रकाशन।
- 1878—बैरिस्टर बनने की शिक्षा के लिये रवीन्द्रनाथ को इंगलैंड भेजने का निर्णय। इंगलैंड जाने से पहले बम्बई में डॉ. आत्माराम दादोजी पांडुरंग के घर में प्रवास के दौरान इंगलैंड से लौटी उनकी बेटी आना तड़खड़ के साथ अन्तरंग मित्रता।
- 1879—चार महीने तक लन्दन विश्वविद्यालय में अध्ययन। इंगलैंड के अनुभवों पर उनके पत्रों का यूरोपयात्री के शीर्षक से प्रकाशन।
- 1880—शिक्षा सम्पन्न किये बिना इंगलैंड से वापसी। एक साल बाद उन्हें फिर से इंगलैंड भेजने की विफल कोशिश।
- संध्यासंगीत नामक काव्यग्रंथ की कविताओं का लेखन। कई काव्यनाटकों व यूरोप-प्रवासी के पत्र का प्रकाशन।
- 1882-84—कई काव्यग्रंथों व बहुरानी की हाट नामक उपन्यास का प्रकाशन। 1883 में 11 साल की मृणालिनी देवी के साथ विवाह। 1884 में *आदि*

ब्राह्मसमाज के सम्पादक (सचिव) के रूप में रवीन्द्रनाथ का चयन।

- 1886—काव्यग्रंथों व अन्य रचनाओं के प्रकाशन के बीच कलकत्ता के कांग्रेस अधिवेशन में रवीन्द्रनाथ द्वारा स्वरचित गीत का गायन। पहली बेटी बेला या माधुरीलता का जन्म।
- 1890—दूसरी विलायत यात्रा। कई सालों तक कोई उल्लेखनीय प्रकाशन न होने के बाद मानसी काव्यग्रंथ व विसर्जन काव्यनाटक का प्रकाशन। सांस्कृतिक विषयों पर व्याख्यान। देवेन्द्रनाथ द्वारा ज़मीन्दारियों के प्रबंधन की ज़िम्मेदारी सौंपी गई।
- 1891-97—ग्रामीण बंगाल के अनुभवों की प्रेरणा से कहानी लेखन की शुरुआत। विभिन्न यात्राओं, ज़मीन्दार के रूप में अपने काम व सार्वजनिक व्याख्यानों की व्यस्तता के बीच अनवरत साहित्य रचना। *काव्य ग्रंथावली* के नाम से कविताओं के पहले संकलन का प्रकाशन।
- 1898—शान्तिनिकेतन में विश्वभारती के अंकुर के रूप में ब्रह्मविद्यालय की स्थापना।
- 1899—कई उल्लेखनीय काव्यग्रंथों के अलावा कहानियों के संग्रह *गल्पगुच्छ* के पहले खंड का प्रकाशन। 1901 में दूसरा खंड प्रकाशित।
- 1902—पत्नी मृणालिनी देवी का देहांत। उनकी स्मृति में *स्मरण* नामक काव्यग्रंथ की रचना।
- 1903—पहले महत्त्वपूर्ण उपन्यास *चोखेर बाली* का प्रकाशन।
- 1905—पिता देवेन्द्रनाथ का देहान्त। वाइसरॉय लॉर्ड कर्ज़न द्वारा बंगाल का विभाजन। बंगभंग के खिलाफ़ प्रदेशव्यापी आन्दोलन की पहली पांत में रवीन्द्रनाथ। आन्दोलन में ज़मीनी स्तर पर रचनात्मक काम के अभाव से निराश होकर राजनीतिक क्रियाकलापों से दूरी।
- 1907—राजनीति से दूरी के कारण रवीन्द्रनाथ की आलोचना। कवि द्वारा उग्रवाद व साम्प्रदायिक विभेद के खिलाफ़ चेतावनी। छोटे बेटे शमीन्द्रनाथ की मौत। *प्रवासी* पत्रिका में 32 किश्तों में 'गोरा' उपन्यास के प्रकाशन की शुरुआत।
- 1910—*गीतांजलि* (बांग्ला) के गीतों की रचना। 1910 में उपन्यास के रूप में गोरा व बांग्ला *गीतांजलि* का प्रकाशन।
- 1911—कलकत्ता में कांग्रेस अधिवेशन के लिये जनगणमन अधिनायक गीत की रचना व शान्तिनिकेतन की मंडली द्वारा अधिवेशन में उसकी प्रस्तुति।
- 1912—तीसरी विदेश यात्रा। इंगलैंड व अमेरिका में अनेक लेखकों और

बुद्धिजीवियों से मुलाक़ात। विभिन्न स्थानों में व्याख्यान। कई काव्यग्रंथों की चुनी हुई कविताओं के संकलन अंग्रेजी गीतांजलि का प्रकाशन। शान्तिनिकेतन में विश्वविद्यालय के लिये धनसंग्रह। एक साल व चार महीनो के बाद स्वदेश वापसी।

- 1913—नोबेल पुरस्कार।
- 1915—गांधीजी की स्वदेश वापसी व शान्तिनिकेतन की यात्रा। दोनों की पहली मुलाक़ात। ब्रिटिश सरकार द्वारा कवि को नाइट की उपाधि।
- 1916—अमेरिका से व्याख्यान यात्रा का निमंत्रण। बर्मा, सिंगापुर व जापान होते हुए अमेरिका की यात्रा। दस महीनों की यात्रा के बाद मार्च, 1917 में स्वदेश वापसी।
- 1919—जलियांवाला नरसंहार के बाद गांधीजी के साथ पंजाब जाने की कोशिश। गांधीजी के तैयार न होने के बाद नाइट उपाधि का परित्याग।
- 1920—मई में इंगलैंड व यूरोप की यात्रा। यूरोप से अमेरिका। नाइट उपाधि के परित्याग के कारण उनके स्वागत में गर्मजोशी का अभाव। पेरिस में रोमाँ रोल्याँ से मुलाक़ात। जर्मनी में कवि का खुले दिल से स्वागत व अनेक कार्यक्रम।
- 1921—जुलाई में स्वदेश वापसी। दिसम्बर में विश्वभारती की स्थापना। विश्वविद्यालय के लिये आर्थिक मदद जुटाने की ख़ातिर देश के विभिन्न भागों की यात्रा व सारे विश्व से प्रसिद्ध विद्वानों को बुलाने की कोशिश। 1922 मे सीलोन की यात्रा। 1924 में चीन यात्रा। चीन से जापान, जहाँ विभिन्न शहरों में जनता की भारी भीड़ ने उनका स्वागत किया।
- 1924—पेरु की स्वतंत्रता की सौवीं वर्षगाँठ में कवि को आमंत्रण। आर्जेंटीना पहुँचने के बाद अस्वस्थता के कारण वह पेरु न जा सके। बुएनोस आयर्स में आर्जेंटीना की विदुषी लेखिका विक्टोरिया ओकाम्पो ने अपने आवास में कवि का स्वागत किया व उनकी देखभाल की। दोनों के बीच अन्तरंग मित्रता। ओकाम्पो की प्रेरणा से कवि ने चित्रकारी शुरू की।
- 1926—शान्तिनिकेतन के पूर्व अध्यापक कॉर्मिकी के आमंत्रण पर इटली की यात्रा और वहाँ मुसोलिनी द्वारा उनका स्वागत।
- 1927—अस्वस्थता के बावजूद दक्षिण पूर्वी एशिया के देशों की यात्रा। विदेश यात्राओं व देश में भी व्यस्तता के बीच अनवरत साहित्य रचना। साथ ही विश्वभारती के लिये हर कहीं धनसंग्रह। 1930 में 69 वर्ष की आयु में ऑक्सफ़ोर्ड विश्वविद्यालय में हिबार्ट व्याख्यान देने के लिये यात्रा। वहाँ से

पेरिस, जहाँ विक्टोरिया ओकाम्पो के प्रयासों से यूरोप में उनकी पहली चित्र प्रदर्शनी आयोजित की गई। जर्मनी की यात्रा के दौरान ऐलबर्ट आइनश्टाइन से मुलाक़ात व लम्बी बातचीत। इस बार उनकी यात्रा का अत्यन्त महत्वपूर्ण पड़ाव था रूस, जो उनके शब्दों में तीर्थयात्रा थी।

- 1932-36—इन वर्षों के दौरान गांधीजी की कई बार शान्तिनिकेतन की यात्रा हुई। यरवदा जेल में गांधीजी के अनशन की ख़बर सुनकर कवि जेल में उनसे मिलने गये और जब उन्होंने अनशन तोड़ा तो उन्हें उनका प्रिय रवीन्द्रसंगीत गाकर सुनाया। शान्तिनिकेतन की छात्रा अपनी बेटी इन्दिरा से मिलने जवाहरलाल व कमला नेहरु भी शान्तिनिकेतन आये। 1936 में नेहरू के अनुरोध पर रवीन्द्रनाथ ने नेशनल कौंसिल ऑफ़ सिविल लिबर्टीज़ युनियन की अध्यक्षता स्वीकार की। उन्होंने ब्रसेल्स के शान्ति व स्वतंत्रता की ख़ातिर महिलाओं के अन्तर्राष्ट्रीय संघ के नाम अपना संदेश भेजा। विश्व शान्ति कांग्रेस के नाम प्रगतिशील लेखक संघ के संदेश के हस्ताक्षरकर्ताओं में नेहरू व प्रेमचंद के साथ रवीन्द्रनाथ भी शामिल।
- 1937—'लीग अगेन्स्ट फ़ासिज़्म ऐंड वॉर' की समिति की अध्यक्षता।
- 1939—कांग्रेस में सुभाषचंद्र के साथ अन्य नेताओं के मतभेद के बाद शान्तिनिकेतन में नेहरु और बोस के साथ रवीन्द्रनाथ की बैठक।
- 1940-41—लगातार बिगड़ता हुआ स्वास्थ्य। 1941 में पाश्चात्य सभ्यता की लालच को धिक्कारते हुए उनका लेख 'सभ्यता का संकट'। जुलाई में स्वास्थ्य गम्भीर रूप से बिगड़ने के बाद चिकित्सा के लिये उन्हें कलकत्ता ले आया गया।
- 7 अगस्त, 1941 को रवीन्द्रनाथ टैगोर का देहान्त हो गया।